FAC • UNIVERSITÉS

MÉMENTOS LMD

INTRODUCTION HISTORIQUE AU DROIT

3e édition

Pierre ALLORANT

docteur en droit, agrégé d'histoire, est Maître de conférences en Histoire du droit, habilité à diriger des recherches, responsable de la licence droit-histoire et du master Conseil Politique et Communication à l'Université d'Orléans et spécialiste d'histoire administrative et politique.

Philippe TANCHOUX

est maître de conférences en histoire du droit, il dirige la spécialité Gestion Locale du Patrimoine Culturel du Master Droit et administration publique à l'Université d'Orléans.

33, rue du Mail 75081 Paris cedex 02
ISBN 978 - 2 - 297 - 03238 - 4
ISSN 1288-8184

FAC • UNIVERSITÉS

MÉMENTOS LMD

INTRODUCTION HISTORIQUE AU DROIT

Pierre ALLORANT • Philippe TANCHOUX

3e édition

Gualino
lextenso éditions

Présentation

Grâce à une démarche fondée sur l'histoire du droit, des institutions et de la société, cet ouvrage synthétise les acquis récents de la recherche et présente avec clarté et rigueur l'évolution des sources de droit, depuis la période antique dans les civilisations de l'Orient ancien et de la Grèce jusqu'au système juridique de la France aujourd'hui. Soulignant le détachement progressif du droit par rapport à la religion dans l'Antiquité, il insiste sur l'exemplarité du modèle juridique romain pour l'avenir. Se restreignant au territoire de la France à partir de la chute de l'Empire romain, l'étude souligne les apports diversifiés du droit romain et des normes barbares au système juridique pluraliste de l'Europe chrétienne médiévale et la primauté faite à la norme coutumière dans le contexte féodal. Puis, les origines du droit français contemporain sont éclairées par l'étude du droit commun savant diffusé par les Universités, et par l'examen de l'épanouissement d'un droit national, du roi législateur au droit intermédiaire de la Révolution française. La codification napoléonienne ouvre un nouveau cycle, refermé par l'interpénétration contemporaine des systèmes juridiques qui réintroduit une pluralité des sources et des types de normes internes et internationales dont seule l'histoire permet d'appréhender la richesse et la complexité d'articulation.

Ce livre, destiné aux étudiants en licence de Droit, de Gestion, d'AES et des Instituts d'études politiques, présente en dix chapitres les différentes sources de droit, les notions fondamentales et les repères chronologiques indispensables à la compréhension des systèmes juridiques contemporains.

Sommaire

PARTIE 3
Du pluralisme juridique médiéval à la formation d'un droit national français (XIIe-XVIIIe siècles)

PARTIE 4
Unification et codification du droit français (fin XVIIIe-fin XXe siècles)

Introduction

Les juristes positivistes peinent fréquemment à donner une définition du droit sans s'appuyer sur la sanction de la règle normative et sans la référence à l'État. Le plus couramment, soit ils définissent le droit par son côté pathologique de la sanction du juge, soit ils s'appuient sur le particularisme occidental qu'est le développement de l'État comme instrument d'organisation de la société pour en souligner les spécificités. De là à considérer que les sociétés sans État, sans normes bien répertoriées, relèvent des sociétés primitives, il n'y a plus qu'un pas que les anthropologues nous ont appris à reconsidérer, en soulignant l'existence de modèles de comportements dont la sanction n'est pas automatique dans des sociétés dépourvues d'État et qui s'apparentent pourtant à des règles de nature juridique[1]. Si la définition des positivistes ne suffit pas à caractériser définitivement le droit, la formule antique selon laquelle « *le droit est l'art du bon et du juste* » ou la réduction « *légicentriste* » au contenu de la loi n'épuisent pas davantage son sens.

L'histoire et l'anthropologie juridique participent à une appréhension complémentaire de la matière et du concept de droit.

Premier avantage, elles viennent relativiser la vision statique et ethno-centrée qui est généralement portée sous nos latitudes occidentales, françaises en particulier, sur le rôle dévolu au droit dans la société et sur sa forme matérielle. Elles confirment le fait que le droit ne se définit pas uniquement comme un ensemble de règles spécifiques mais plutôt comme un processus inter-normatif avec la morale et la religion, selon des valeurs qu'une société juge essentielles pour assurer sa perpétuation à un moment donné de son évolution. En cela, son contenu et son effectivité varient selon les cultures.

Par exemple en Chine, une notion de droit proche de celui de l'Occident a été développée au cours de son histoire. Mais par choix politique, l'usage du droit est rejeté au profit de la tradition fortement teintée de morale, qui fait de la vertu des sages et de l'éducation les garants de l'équilibre de la vie collective. Recourir au droit est malvenu et constitue la pire des solutions en rompant l'harmonie ; mieux vaut privilégier la recherche de consensus, la conciliation des points de vue pour régler les différends.

De façon différente en Inde, à côté du système de *common law* introduit par le colonisateur anglais se maintient le droit hindou dans lequel l'humain a été pensé dans tous ses aspects et où nature, religion, structure sociale sont imbriquées dans une planification de l'ordre qui bénéficie à la notion de *Dharma*. Celle-ci fixe la voie à suivre par des guides de comportement, des idéaux, bien plus que par des règles obligatoires. Elle prend en

1. ROULAND (N.), *Anthropologie juridique*, PUF 1988 ; *Aux confins du droit*, Od. Jacob, 1991.

charge la totalité des devoirs qui pèsent sur un individu selon son statut à chaque étape de sa vie et fait se relier le matériel et le spirituel, le séculier et le sacré. Le droit, dans sa définition occidentale, n'y trouve pas véritablement sa place[2].

Ces exemples contemporains peuvent être confrontés à des situations expérimentées au cours de l'histoire. La particularité de l'Occident dans la définition d'un rôle éminent et spécifique reconnu au droit dans l'organisation de la société par rapport au champ distinct réservé aux règles religieuse ou morale ressort avec davantage de relief avec ce regard historique. Bref, le modèle occidental n'est ni universel, ni immuable. Il n'est pas davantage homogène et se subdivise en différentes familles qui, partageant une conception du droit identique, diffèrent dans la définition des outils techniques et des institutions autorisées à dire le droit : c'est ce qui différencie essentiellement les familles de droit romano-germanique et de *common law*[3]. À l'heure de la mise en relation accélérée des systèmes juridiques des États de l'Union européenne appartenant à ces deux familles constitutives du modèle juridique occidental, il apparaît plus que jamais indispensable d'en connaître les fondements communs et les caractéristiques spécifiques tirées de l'histoire.

La seconde vertu de l'histoire dans l'appréhension du droit réside dans la démonstration de son caractère changeant et évolutif, au fil d'une « sédimentation » de strates juridiques, dont l'évolution et le renouvellement ne sont jamais définitifs. La qualité « d'héritage », de « patrimoine », force à considérer le droit comme un produit du passé transmis et transformé à chaque génération, et non comme une construction instantanée ou un théorème à jamais établi par une science exacte. Créé et instrumentalisé par les sociétés pour leur assurer solidité et pérennité, le droit s'inscrit en effet dans une évolution multimillénaire. Depuis la préhistoire, les groupements humains se sont dotés d'usages, de prohibitions qui relèvent du droit et s'imposent à tous quelle que soit leur forme. En cela, l'histoire rejoint l'anthropologie pour souligner que le droit et l'État ne sont pas indissolublement liés, que le droit n'a pas toujours reçu une forme légale mais a longtemps procédé de faits pour relever de la coutume ou de l'usage. Il apparaît avec l'apparition du langage et d'un minimum de pensée abstraite au sein des premières communautés humaines, bien avant l'invention de l'écriture.

Sans en revenir à une préhistoire dont les sources nous sont manquantes, le regard porté sur l''élaboration du droit contraint à revenir à des temps anciens et à élargir le champ géographique et intellectuel aux civilisations dont nous sommes débiteurs et dont l'éloignement temporel ou géographique n'exclut pas une filiation intellectuelle. Voilà le fil directeur qui guide ce mémento et conduit à signaler, sans exhaustivité excessive et dans un ordre chronologique qui nous a semblé facilité l'approche la plus simple et cohérente possible, les couches successives qui se sont amoncelées dans la construction de notre système juridique et dont il conserve les traces.

Les premières sources dont nous disposons encore proviennent du Moyen-Orient et ont été élaborées pour les sociétés des vallées du Tigre, de l'Euphrate, déjà au XVIIIe siècle av. J.-C. Au fil des siècles, le phénomène juridique gagne le centre du bassin méditerranéen, le royaume des Hébreux et surtout les cités-États grecques aux structures politiques distinctes de celles des empires moyen-orientaux et qui, à leur tour, investissent

---

2. CHÊNE (Ch.), DURAND (B.), LECA (A.), *Introduction historique au droit*, Montchrestien, 2004.
3. VANDERLINDEN (J.), *Histoire de la Common Law, Common Law en poche*, Y. Blais Inc, 1996.

le champ du droit. Or, à l'aube des civilisations moyen-orientales, le droit et la religion sont dans des rapports étroits tels qu'en connaissent encore certaines sociétés traditionnelles repérées de nos jours par les anthropologues en Inde, en Afrique... Si de l'Orient ancien à la Grèce, un glissement s'observe pour ce qui concerne le caractère « révélé » du droit et si les hommes tendent à s'approprier l'initiative de l'élaboration juridique inspirée par les dieux, c'est à la civilisation romaine qu'il revient d'avoir détaché le droit de la religion pour en signaler la singularité dans l'organisation politique et sociale. Au-delà de sa technicité sophistiquée et de sa richesse conceptuelle, également porteuses pour l'avenir, cette autonomie du droit par rapport à la religion et son organisation systématique tardive singularisent l'apport romain à l'histoire du droit de la période antique et assurent son exemplarité durable pour l'Occident européen (Partie 1).

À la chute de l'Empire romain d'Occident au Ve siècle après J.-C., alors que les terres de la Gaule romaine sont occupées par des peuples venus du nord-est de l'Europe, aux usages distincts de ceux des autochtones, la Gaule rapidement fédérée par une foi commune se trouve à la croisée de traditions culturelles germanique et romaine. Malgré le recul juridique qui marque la période allant jusqu'à la fin du XIIe siècle, l'imbrication de ces deux traditions sous la forme d'abord de lois nationales respectueuses des groupes ethniques puis de coutumes ancrées seulement sur le territoire constitue le socle de son identité juridique à venir (Partie 2).

L'attention renouvelée portée au droit romain à partir du XIe siècle et l'effort de systématisation qui caractérise le droit de l'Église valorisent l'émergence d'un droit commun savant. Celui-ci imprime un renouveau et une modernisation d'ensemble des sédiments juridiques d'inspiration germanique de l'Europe continentale et identifie la famille romano-germanique face à la *common law* anglaise. La lente reconstruction de l'autorité publique en la personne du roi et la structuration des États-nations entre le XIIIe et le XVIIIe siècle diversifient le paysage juridique du continent européen et enferment progressivement dans les frontières des États les systèmes juridiques en mutation. En France, la reconnaissance à côté du droit savant d'un droit propre au royaume sous forme coutumière anticipe l'affirmation d'un ordre juridique national, indépendant à l'échelle européenne, et dans lequel le pluralisme juridique et les droits savants perdent du terrain au profit de la loi du roi (Partie 3).

Le tournant du XVIIIe au XIXe siècle, de la révolution à la chute du Ier Empire, marque une réaction fondamentale par rapport aux valeurs et fondements de l'Ancien Régime à partir desquels les bases d'un droit nouveau sont posées. Il prolonge, dans le même temps, un mouvement de fond d'unification du droit initié sous la monarchie et qui s'épanouit sous le Consulat. Si techniquement la loi devient la source essentielle du droit et exprime la souveraineté désormais transmise du roi à la Nation, elle est plus que jamais idéalisée comme un instrument destiné à façonner la société à venir sur la base des principes révolutionnaires de liberté et d'égalité et est assortie d'un caractère messianique fort. Au-delà des illusions qui accompagnent pareil enthousiasme, elle conduit à une codification d'ensemble du droit sous le Consulat et l'Empire et le nouveau système juridique national est marqué par une société égalitariste, individualiste et de plus en plus laïque (Partie 4).

PARTIE 1

Fondation de la discipline juridique à la période antique

Si toute société, traditionnelle comme moderne, connaît des modes de régulation des rapports humains, sous forme de règles coutumières ou d'autres modalités, c'est en Mésopotamie, à l'emplacement de l'Irak et de la Syrie actuels, où l'écriture prend naissance sous forme cunéiforme il y a environ cinq mille ans qu'ont été retrouvés les premiers documents juridiques de notre histoire. Les civilisations antiques moyen-orientales ont en effet laissé une documentation juridique considérable, sous la forme de tablettes d'argile qui mettent en lumière les actes de la pratique, les contrats, les constitutions de dot, usités par les contemporains de cette époque, et sous forme également de stèles gravées pour les textes législatifs comme le Code des lois d'Hammourabi conservé au musée du Louvre du XVIIIe siècle av. J.-C.

Les systèmes juridiques en cause font preuve d'une grande stabilité dans le temps et forment un ensemble évolué et cohérent. La règle déjà présente contribue à l'essor de la civilisation au sein de sociétés très hiérarchisées pour constituer une « aurore » de la vie juridique. Ces systèmes sont marqués par deux caractéristiques essentielles. D'abord, ils sont restés essentiellement pragmatiques et n'ont pas fait l'objet d'une réflexion théorique. De ce fait, leur influence sur les systèmes postérieurs est indirecte, par l'intermédiaire des Grecs et des Romains, qui les ont connus et s'en sont parfois inspirés. Quant au droit hébraïque, c'est le christianisme qui lui assurera un certain écho en Occident aux premiers siècles de notre ère. Ensuite, la réflexion religieuse y domine largement la réflexion légale, de façon plus ou moins impérative selon la cosmogonie des sociétés en cause et le caractère exigeant des dieux considérés qui requièrent l'obéissance absolue ou tolèrent l'interprétation et l'application humaine des règles juridiques.

La filiation de nos droits modernes est davantage à rechercher dans les civilisations de la Grèce et de Rome. Les Grecs et les Latins s'installent sur les côtes méditerranéennes à la suite de migrations plus de mille ans avant notre ère et connaissent des civilisations brillantes respectivement entre les VI*e et* IV*e siècles pour les Grecs, entre le* II*e av. J.-C. et* III*e siècle apr. J.-C. pour les Romains.*

Si les Grecs renforcent la place de l'homme dans la définition et l'interprétation du droit en lui assignant un objectif de justice fortement développé par la philosophie, ils conservent un ordre juridique peu systématisé très pragmatique. Le 1er chapitre dressera un panorama rapide de l'apport juridique des civilisations du Moyen-Orient et de la Grèce.

C'est à la civilisation romaine qu'il revient d'avoir détaché le plus profondément le droit de la religion dans l'organisation politique et sociale, d'en avoir systématisé le contenu dans des classements et définitions sophistiqués, et d'avoir différencié explicitement la sphère privée de la sphère publique dans les catégories de règles applicables. Le 2e chapitre s'attachera au modèle romain.

CHAPITRE 1

Droit et religion de l'Orient ancien à la Grèce, l'intime mélange

Les droits des civilisations de la haute Antiquité orientale sont tous l'œuvre des dieux, qui manifestent ainsi sous des principes supérieurs leur volonté profonde aux hommes qui leur doivent obéissance. Ce lien étroit entre droit et religion, non spécifique aux périodes anciennes, caractérise encore certaines sociétés traditionnelles approchées à des périodes récentes par les anthropologues du droit en Afrique, en Asie ou en Océanie.

Dans cette tradition, les sociétés moyen-orientales antiques présentent la particularité d'être structurées autour d'un chef charismatique, élu des dieux et intermédiaire entre eux et les hommes. Au regard des critères de l'anthropologie moderne, les circonstances géopolitiques de ces Empires – aux territoires étendus, aux populations nombreuses tournées vers l'activité agricole, sous la menace durable de possibles agressions des populations extérieures – expliquent facilement l'organisation de monarchies autoritaires établies sur la base du pouvoir militaire, au service de l'État plus que de l'homme, dans lesquelles l'individu s'efface devant le groupe et où un roi surhumain incarne le pouvoir maximal.

C'est dans ce rapport étroit du chef aux dieux qu'est élaborée la règle de droit, sans intervention des hommes – pas même des prêtres –. Les dieux dictent la loi au roi qui la reçoit. Cette révélation divine confère à celle-ci son caractère obligatoire par sa double fonction d'instruire et de corriger le peuple.

Ce point commun entre civilisations moyen-orientales ne doit pas dissimuler en revanche une graduation de situations distinctes, selon que les dieux dictent intégralement la loi ou bien se contentent de la souffler à l'oreille des hommes (1). Les dieux des religions polythéistes de l'Orient se révèlent ici moins catégoriques que ceux des religions monothéistes tels que Yahvé chez les Hébreux qui s'impose en législateur et dont les commandements doivent être respectés et ne peuvent être interprétés par les hommes (2).

De façon intermédiaire dans l'histoire du droit, la civilisation grecque initie le transfert des dieux aux hommes de la compétence d'élaborer le droit, dans un esprit de justice. Si les critères de l'anthropologie peuvent apporter une explication possible à cette évolution, il faut remarquer que les circonstances géopolitiques de la Grèce diffèrent considérablement des civilisations moyen-orientales et ne sont pas propices à l'établissement durable de monarques tout puissants : la Grèce est un territoire étroit ouvert sur la mer, morcelé géographiquement et divisé en différentes villes, îles auxquels s'ajoutent les comptoirs commerciaux établis sur le pourtour méditerranéen, une population tournée vers les échanges et le commerce maritime plus que vers une agriculture aux capacités limitées, une unité de langue et de religion... De fait, dès la fin du VIIIe siècle av. J.-C., les monarques établis en Grèce connaissent des difficultés et sont supplantés par des oligarchies ou des tyrannies. Aux termes de luttes de pouvoirs et d'oppositions d'intérêts entre propriétaires terriens, paysans et commerçants, surgissent au tournant du VIe siècle av. J.-C. des cités-États matures dont l'apogée va caractériser le Ve siècle avant leur déclin jusqu'à la soumission à l'autorité romaine au IIe siècle av. J.-C.

Cette période de la Grèce classique est la plus féconde pour ce qui intéresse l'histoire et la philosophie du droit. Sans être la civilisation de juristes techniciens que va connaître la période de la Rome antique, elle donne lieu de façon innovante à une réflexion théorique sur la définition et les finalités du droit de la part des philosophes. Or ces penseurs défendent l'idée d'un droit humain dont les fondements sont pensés par les hommes et qui, relatif et susceptible de modifications, doit tendre vers l'idéal de justice. Suggéré par les dieux, le droit est désormais l'affaire des hommes (3).

1 • LES DROITS D'ORIGINE DIVINE DE L'ORIENT ANCIEN

La Mésopotamie, « le pays entre les fleuves » littéralement, située entre le Tigre et l'Euphrate au Moyen-Orient, constitue le creuset ancien de nos civilisations occidentales, au croisement des traditions indo-européennes. Depuis le IIIe millénaire avant notre ère s'y organisent au fil des invasions successives différentes monarchies militaires qui se constituent autour de grands centres urbains : Ur, Sumer, Akkad et Babylone. Le développement de l'agriculture conduit à la sédentarisation et à l'augmentation de densité puis à la hausse démographique des populations et favorise l'émergence précoce d'un pouvoir politique organisé. L'instrument de l'écriture 3000 ans avant notre ère, grâce à l'alphabet cunéiforme formé de coins et de pointes, permet le développement de structures administratives, la multiplication des échanges, et le premier contact de l'homme au droit dont nous ayons des traces écrites majeures.

Ces règles juridiques restent de nature essentiellement empirique et font la liste de solutions applicables en différentes situations sans référence à des concepts abstraits ni à une doctrine théorique. Le droit semble être directement inspiré par les divinités mais est immédiatement applicable à l'homme, par lui-même (A). Le roi sert d'intermédiaire entre la divinité et les hommes pour transcrire la règle divine en prescriptions juridiques (B).

A - La révélation du droit par les dieux

Le droit des civilisations de la Mésopotamie et du Moyen-Orient antique est fortement imprégné par la religion et la morale et n'est souvent conçu que comme le contenu d'une révélation divine. Les différentes législations dont nous conservons des éléments illustrent ce rapport étroit du droit à la volonté divine. Plus que des *codes*, ce sont davantage des recueils de lois, d'objets et d'époques divers, reprenant souvent une part du droit local antérieur.

Mal connue faute de sources, la première législation élaborée par un roi sous l'inspiration divine remonterait au roi Urukaniga, en 2400 av. J.-C. Le code d'Ur-Nammu autour de 2100 av. J.-C., en revanche, ne laisse aucun doute sur cette filiation divine ; le roi est considéré comme l'intermédiaire du dieu qui communique aux hommes la volonté de cette autorité supérieure et constitue le gardien de l'ordre divin.

Pour aller aux sources du droit

Texte 1 : Extrait du *Code d'Ur Nammu*, tiré de Samuel Noah Kramer, *L'histoire commence à Sumer*, rééd. Flammarion 1957, 313 p, pp 79-80

Le Code d'Ur-Nammu est la plus ancienne tablette contenant un code juridique qui nous soit parvenue. Elle fut rédigée en sumérien vers 2100-2050 av. J.-C. Le premier exemplaire du code fut découvert en deux fragments à Nippur, puis fut traduit en 1952. Des tablettes furent ensuite trouvées à Ur puis traduites en 1965 permettant la reconstitution de près de 40 des 57 lois d'origine. De façon moderne, ce code institue une forme de compensation financière en cas d'atteinte physique. Les actes de meurtre, vol, adultère et viol restent punis de la peine capitale.

Voici le prologue brièvement résumé (les vides sont remplis par S. K.).

« Quand le monde eut été créé et que le sort de Sumer et de la cité d'Ur eut été décidé, An et [[Enlil]], les deux principaux dieux sumériens, nommèrent roi d'Ur le dieu de la lune, [[Nanna]]. Celui-ci à son tour choisit Ur-Nammu comme son représentant terrestre pour gouverner Sumer et Ur. Les premières décisions du nouveau chef eurent pour objet d'assurer la sécurité politique et militaire du pays. Il jugea nécessaire d'entrer en conflit avec l'Etat voisin de Lagash qui commençait à s'accroître aux dépens d'Ur. Il vainquit son souverain, Namhani, et le mit à mort, puis, fort de l'aide de Nanna, roi de la cité, il rétablit les frontières primitives d'Ur ».

« Alors vint le moment de se consacrer aux affaires intérieures et d'instaurer des réformes sociales ou morales. Il révoqua les fraudeurs et les prévaricateurs ou, comme le code les désigne, les "rapaces" qui s'appropriaient les bœufs, les moutons et les ânes des citoyens. Il établit un ensemble de poids et de mesures honnêtes et invariables. Il veilla à ce que l'orphelin ne devînt pas la proie du riche, la veuve la proie du puissant, l'homme d'un sicle la proie de l'homme d'une mine ». (...)

Le Code d'Hammourabi établi entre 1792 et 1750 av. J.-C. pour maintenir la grandeur de l'État constitue le plus complet des textes juridiques à notre disposition et le meilleur exemple de cette tradition. Le roi Hammourabi qui unifie la Mésopotamie vers 1750 avant J.-C. se pose certes en « roi du droit » mais est présenté, sur la pierre dont on conserve l'exemplaire au musée du Louvre, comme écrivant le droit sous la dictée du dieu Shamash. Expression de la volonté divine appelée à rester inchangée dans la durée, ce droit proche de la morale a peu évolué et se retrouve appliqué sur des bases identiques près d'un millénaire plus tard. Distinct d'une loi religieuse, il s'apparente à un règlement de paix et insiste sur la qualité de justicier et de protecteur du roi. Récompenses et sanctions divines accompagnent néanmoins son application.

Pour aller plus loin

Les civilisations de la Mésopotamie

La Mésopotamie (du grec *Mesopotamía*, de *meso* « milieu, entre » et *potamós*, « fleuve » : désigne le pays « entre deux fleuves ») correspond à une région du Moyen-Orient située entre les fleuves Tigre et l'Euphrate. Elle correspond à peu près à l'Irak actuel.

Le nom de Sumer désigne une région de la basse Mésopotamie antique (actuellement la partie Sud de l'Irak) en bordure du golfe Persique (situé à cette époque au nord-ouest de l'actuel golfe). Il a donné son nom aux Sumériens qui s'y établissent au IVe millénaire av. J.-C. et ont développé l'écriture cunéiforme. Véritablement urbaine, cette civilisation marque la fin de la préhistoire au Moyen-Orient.

Akkad est une ville antique de Basse-Mésopotamie, ancienne capitale de l'Empire d'Akkad, fondé par Sargon l'Ancien. Non retrouvée par les archéologues, sa situation exacte demeure inconnue.

Ur, actuellement Tell al-Muqayyar en Irak, est l'une des plus anciennes villes de Mésopotamie située sur le fleuve Euphrate dans l'Antiquité, proche du golfe Persique. Elle fut une ville sumérienne très puissante au IIIe millénaire av. J.-C.

Les dieux mésopotamiens sont pour la plupart très anciens. Une douzaine de dieux principaux (Anu/An, le Ciel ; Enlil, le dieu de l'Air, souverain des dieux ; Enki/Ea, dieu de l'Abîme ; Shamash, le dieu-soleil...) constituent le panthéon de cette religion dans laquelle les dieux ont créé les humains de manière à en faire leurs serviteurs. De manière concrète, ce respect passe par le culte qui leur est rendu dans les temples. Les hommes pieux sont en principe assurés de la bienveillance divine à leur égard. En revanche, quiconque offenserait les dieux se placerait sous la menace d'une punition divine : maladie, disgrâce, difficultés économiques, etc.

B - Le roi législateur, intermédiaire privilégié

Choisi la plupart du temps par les dieux, le roi, dont la législation prolonge selon les circonstances du moment le souffle inspirateur divin, constitue l'interprète et l'exécuteur de la loi.

Si le terme de « *code* » peut paraître excessif pour la plupart de ces législations, les rôles définis au roi et à la divinité sont clairement établis : à la divinité revient l'initiative de la loi, au roi le soin de l'appliquer. Les normes ainsi formulées précisent de façon casuistique la place de chacun dans la société en fixant les impératifs d'ordre nécessaires au maintien de la vie familiale, économique et sociale.

Au regard des législations précédemment énumérées, le très ancien code d'Ur-Nammu apparaît encore simple dans sa rédaction et établit une liste de *compositions pécuniaires* pour des blessures faites par armes ou instrument. Il semble vouloir réduire la pratique de la vengeance privée et de la *loi du Talion*. À cela s'ajoutent plusieurs interdits édictés pour maintenir la paix sociale.

Plus proche de nous, le Code d'Hammourabi s'adapte plus encore, avec un pragmatisme accentué, à la communauté des hommes en formant la synthèse des législations antérieures en matière de droit pénal, droit de la famille, droit des personnes et des biens. Il différencie de façon élargie les catégories sociales, il devient inégalitaire et se complexifie en fixant des droits et devoirs variables selon le rang social des individus. Le champ du droit s'élargit aux questions de droit économique. Il constitue un corpus assez large de dispositions pratiques regroupées par thèmes, au vocabulaire concret, mais dont le caractère écrit n'inspire pas encore pour autant une réflexion théorique et technique. Bref, dans son contenu, le droit mésopotamien d'Hammourabi n'est pas un droit religieux : rien ne concerne les rites, croyances et pratiques, c'est un droit usuel et pragmatique fait pour des hommes.

Pour aller aux sources du droit

Texte 2 : Extraits du *Code de Hammourabi* tirés d'André Finet, *Le Code de Hammourabi*, Les Editions du Cerf, 5e éd., Paris 2004, 172 p

Le Code de Hammurabi est un texte juridique de Babylone daté d'environ 1750 av. J.-C., à ce jour le plus complet des codes de lois connus de la Mésopotamie antique. Il a été redécouvert en 1901-1902 en Iran. Au-delà du prologue, il est composé de décisions de justice dont chacune touchant à un pan de la vie sociale a longtemps été considérée comme l'équivalent d'articles normatifs. Aujourd'hui, il a valeur de traité juridique qui célèbre l'esprit de justice et d'équité du roi Hammourabi. Il constitue une source d'exception pour la connaissance des pratiques judiciaires, du droit de la famille et de la propriété, des statuts sociaux, des activités économiques... Dans l'extrait suivant, l'exercice de la justice est précisé : l'usage d'ordalie comme condition de preuve de l'innocence ou de la culpabilité est signalé, toutes une série de peines sont posées pour des délinquants, les conditions d'exercice de la fonction de juge sont explicitées.

« Si quelqu'un a accusé un homme en lui imputant un meurtre, mais (s') il n'a pu l'(en) convaincre, son accusateur sera tué.

Si quelqu'un a imputé à un homme des manœuvres de sorcellerie, mais (s') il n'a pu l'(en) convaincre, celui à qui les manœuvres de sorcellerie ont été imputées ira au Fleuve ; il plongera dans le Fleuve. Si le Fleuve l'a maîtrisé, son accusateur emportera sa maison.

Si, cet homme, le Fleuve l'a purifié et (s') il (en) est sorti sain et sauf, celui qui lui avait imputé des manœuvres de sorcellerie sera tué ; celui qui a plongé dans le Fleuve emportera la maison de son accusateur.

Si quelqu'un a paru dans un procès pour (porter) un faux témoignage et (s') il n'a pas pu prouver la parole qu'il a dite, si ce procès est un procès capital, cet homme sera tué.

Si (c'est) pour témoigner (dans un procès) d'orge ou d'argent (qu') il a paru, il supportera dans sa totalité la peine de ce procès.

Si un juge a jugé une cause, rendu la sentence, fait délivrer la pièce scellée, mais (si), dans la suite, il a changé son jugement, ce juge on le convaincra d'avoir changé le jugement qu'il avait rendu et il livrera jusqu'à douze fois l'amende qui avait résulté de ce jugement. En outre, publiquement, on le fera se lever de son siège de justice et il n'(y) retournera plus ; il ne pourra plus siéger avec les juges dans un procès.

Si quelqu'un a volé le bien d'un dieu ou du palais, cet homme sera tué. En outre celui qui a reçu dans ses mains le bien volé sera tué.

Si, de la main de quelque homme libre ou d'un esclave de particulier, quelqu'un a acheté ou reçu en garde de l'argent, de l'or, un esclave, une esclave, un bœuf, un mouton, un âne, ou quoi que ce soit, (s'il l'a acheté ou reçu en garde) sans témoins ni contrat, cet homme est voleur : il sera tué.

Si quelqu'un a volé un bœuf, un mouton, un âne, un cochon ou une barque, si (c'est) d'un dieu (ou) si (c'est) du palais, il le livrera jusqu'à 30 fois ; si c'est d'un mušk☒num il le compensera jusqu'à 10 fois. Si le voleur n'a pas de quoi livrer, il sera tué ».*

*Le mušk☒num appartient à l'une des trois classes sociales dans le Code d'Hammourabi. Vraisemblable serviteur de l'Etat, il était employé au palais et se voyait rétribué sous forme de terres dont il n'avait pas la propriété.

Quant à l'application de la loi, en dehors de toute prescription religieuse, c'est surtout aux hommes, en la personne du roi et ses représentants, qu'elle appartient par l'exercice de la justice. À l'origine confiée aux prêtres, la justice au temps d'Hammourabi est davantage exercée par des juridictions laïques, les prêtres ne restant compétents que pour recevoir les déclarations sous serment. Si la justice peut faire appel à des techniques de preuves qui interpellent les dieux dans la détermination de la culpabilité des hommes, notamment par le biais *d'ordalies* fluviales, il n'en demeure pas moins que les prêtres sont désormais tenus à l'écart au profit des administrateurs des villes qui composent les juridictions. L'appel au palais puis à la personne du roi est organisé.

Le droit est ainsi révélé par les dieux, mais il appartient aux hommes d'en assurer l'interprétation et l'application courante en tenant compte des réalités humaines. À l'inverse, le droit des Hébreux, tiré des commandements divins d'une rigueur implacable de Yahvé, ne laisse aux hommes aucune marge d'interprétation dans l'obéissance ou la modification des principes édictés par Dieu.

Pour aller plus loin

Les rois législateurs de Mésopotamie

Ur-Nammu, roi d'Ur de 2112 à 2094 av. J.-C., fonde la IIIe dynastie d'Ur (2112-2004 av. J.-C.), ultime renaissance de la civilisation sumérienne. Après avoir vassalisé Lagash (2111 av. J.-C.), Ur-Nammu, se fait couronner à Nippur « roi d'Ur, roi de Sumer et d'Akkad » et rétablit l'ordre et la prospérité sur Sumer (2108 av. J.-C.). Son autorité est fermement établie sur le pays sumérien. Soucieux de justice, il promulgue le plus ancien code de lois connu : dans ce code, l'étalon monétaire (mine et sicle d'argent), les poids et mesures (silà) sont standardisés. La veuve et l'orphelin, les pauvres sont protégés. Les épouses le sont également et ne peuvent être renvoyées purement et simplement. Le viol de l'esclave d'un autre homme, le faux témoignage, la diffamation, les coups et blessures... font l'objet d'une compensation en argent. Sous son règne, Sumer connaît une période d'expansion commerciale vers le golfe Persique. En 2094 av. J.-C., Ur-Nammu meurt durant une campagne militaire, son fils Shoulgi lui succède.

Hammourabi est le sixième roi de Babylone et règne de 1792 av. J.-C. jusqu'à sa mort, vers 1750 av. J.-C. Son règne est l'un des plus longs de l'Antiquité du Moyen-Orient. Après la conquête de Sumer et d'Akkad, il supprime la dernière dynastie sumérienne des Isin et devient le premier roi de l'Empire babylonien en assurant l'hégémonie de Babylone sur la Mésopotamie. Hammourabi est probablement le plus connu des rois de Babylone par la promulgation du Code qui porte son nom. Les lois répertoriées dans ce code étaient gravées sur des stèles, placées sur les places publiques, de façon à être connues de tous. Certaines de ces stèles ont été retirées et emmenées vers la capitale élamite de Suse, où elles ont été redécouvertes en 1901. La stèle en diorite découverte à Suse et attribuée à Hammourabi est datée autour de 2025 à 1594 av. J.-C. et se trouve au Musée du Louvre.

2 • LE DROIT BIBLIQUE HÉBRAÏQUE

Non proportionnelle à son expansion géographique et démographique, la place du peuple d'Israël dans l'histoire, et pour ce qui nous intéresse dans l'histoire du droit en Occident, est tributaire de sa religion. Celle-ci, précurseur par son caractère monothéiste, est à l'origine du judaïsme, du christianisme, de l'islam. Installés en Palestine à compter du IIe millénaire avant notre ère et durablement au XIIIe siècle av. J.-C. après un exil en Égypte de plusieurs siècles, les Hébreux élaborent un droit qui, tout en s'inscrivant dans la tradition culturelle des droits cunéiformes par le contenu et la forme de ses dispositions (B), s'en distingue par l'autorité particulière reconnue à la loi d'origine divine qu'aucun humain ne peut modifier (A). La supériorité du peuple élu d'Israël a pour effet d'immobiliser le dogme dans l'éternité de Dieu et fait échapper la règle juridique à toute appropriation humaine.

Chronologie des principaux événements historiques des Hébreux

2334 à 2050 av. J.-C. : création des royaumes Amonites : Assur, Maris, Babylonien.

Migration des Hébreux en Mésopotamie.

2000 av. J.-C. environ : les Hébreux s'installent dans le pays de Canaan, qui est actuellement Israël et la Palestine.

1 800 av. J.-C. environ : naissance d'Abraham à Our, sur la rive droite de l'Euphrate, capitale de Sumer du Sud ou Chaldée.

1792 à 1750 av. J.-C. : règne d'Hammourabi roi sémite de Babylone.

1770 av. J.-C. : migration des Hébreux vers la vallée du Nil.

1550 à 1070 av. J.-C. : les Cananéens passent sous protectorat égyptien.

1300 av. J.-C. : les Hébreux, venus de Mésopotamie où ils étaient sédentaires depuis un millénaire, apparaissent en Palestine, puis en Égypte.

1250 av. J.-C. : exode biblique des Hébreux qui quittent l'Égypte, conduits par le nommé Mos en Égyptien, plus connu sous le nom Mâcheh en hébreu ou de Moïse en français.

1225 av. J.-C. : refondation du monothéisme par Moïse, après révélation sur le Mont Sinaï du décalogue, abrégé complet de morale en Dix commandements.

1220 à 1 200 av. J.-C. : les Hébreux, venus de Transjordanie, conquièrent le pays de Canaan, terre promise à l'emplacement de l'actuelle Syrie-Palestine.

1010 à 970 av. J.-C. : règne de David sur le royaume de Judée, il conquiert Jérusalem.

970 av. J.-C. : achèvement du palais du roi Salomon à Jérusalem.

722 av. J.-C. : les Assyriens prennent la moyenne Palestine et en chassent les Hébreux.

605 av. J.-C. : Syrie et Palestine sortent de l'emprise de Babylone.

538 av. J.-C. : la Judée devient un état autonome.

530 à 500 av. J.-C. : les Hébreux, déportés à Babylone, rentrent à Jérusalem. Ils en avaient été chassés par les Assyriens lorsqu'ils avaient conquis la moyenne Palestine en 722 av. J.-C.

500 av. J.-C. environ : écriture de la Torah. La Torah est le nom donné, par les Juifs, aux cinq premiers livres de la Bible, ou Pentateuque. Cela deviendra plus tard le nom de l'ensemble de la loi juive.

200 à 63 av. J.-C. : hégémonie des Séleucides Syriens (héritiers d'Alexandre le grand) sur le Moyen-Orient.

197 à 142 av. J.-C. : la Palestine est occupée par les Séleucides Syriens.

167 à 164 av. J.-C. : Judas Maccabée bat les Syriens alliés aux riches de Juda et conquiert Jérusalem.

139 av. J.-C. : le Sénat romain reconnaît l'indépendance du royaume de Juda, l'État d'Israël et la Palestine actuels.

64 av. J.-C. : Pompée, général romain, conquiert la Syrie et la Palestine.

27 av. J.-C. : la Syrie est province impériale romaine.

6 av. J.-C. : date probable de la naissance de Jésus-Christ.

A - Un droit assimilé aux principes divins

Les sources du droit hébraïque sont essentiellement constituées des cinq premiers livres de l'Ancien Testament de la Bible (*Genèse, Exode, Lévitique, Nombres, Deutéronome*) formant la Torah – « la Loi » –. Ces cinq livres compilent les premiers textes faisant autorité pour la foi, depuis les Dix commandements et le Code de l'Alliance dictés à Moïse, jusqu'au Deutéronome. De là émanent les législations applicables aux Hébreux. Or, elles ont pour auteur spirituel et matériel la personne de Yahvé dont le rôle législateur est abondamment décrit par les textes notamment pour le Décalogue et le Code d'Alliance pour lesquels Moïse a été chargé de transcrire les volontés dictées par Dieu sur le mont Sinaï. La particularité tient ici au fait que la loi est donnée par Dieu, lors de l'établissement d'une alliance entre lui et son peuple. Le droit hébraïque constitue donc un droit religieux, qui s'efforce de donner une direction (la « *Torah* » est la direction, l'enseignement) qui insiste sur plusieurs principes tels quel la pureté de l'homme, la liberté et la responsabilité individuelle ainsi que la faute.

Il n'en demeure pas moins que le contenu des principes édictés rejoint les traditions des règles juridiques du Moyen-Orient. Réglementation du culte, organisation de la famille et de la justice, règles pénales, morales voire même de vie domestique, statut des esclaves... constituent l'essentiel de la loi hébraïque. Dans son contenu, la loi ne se différencie guère des législations orientales antérieures et mélange tradition et nouveauté. La société est organisée sur la base des pères de famille qui disposent de la puissance maritale et paternelle. Si de façon innovante, le droit hébraïque défend la charité envers les faibles par toute une série de dispositions favorables, il n'est pas pour autant l'expression d'une législation universelle qui fait de l'étranger l'égal de l'Hébreu.

Enfin le droit se résume toujours à une liste casuistique de solutions juridiques adaptées à une variété de situations ainsi qu'à une liste de préceptes divins énoncés avec un vocabulaire simple et concret, sans concept abstrait.

Pour aller aux sources du droit

Texte 3 : Extrait « Les prescriptions morales » du livre *Le Lévitique*, trad. par H. Cazelles, Paris, 2e Ed. du Cerf, 1958 137 p ; (19,1-18), p 89-91) repris dans la *Torah*

Le *Lévitique* est l'un des cinq premiers livres qui racontent l'histoire du peuple d'Israël, depuis la création du monde jusqu'à la mort de Moïse. On le retrouve dans l'Ancien Testament de la *Bible* chez les Chrétiens ou dans la *Torah* chez les Juifs. Il doit son nom au terme « lévite », prêtre hébreu, issu de la tribu de Lévi. Il parle des devoirs sacerdotaux en Israël. Ses dispositions mettent l'accent sur la sainteté de Dieu et les usages selon lequel son peuple doit vivre pour devenir saint. Son but est d'enseigner les préceptes moraux et les vérités religieuses de la loi de Moïse au moyen du rituel. Le lien indéfectible entre croyance religieuse et prescriptions juridiques et morales s'exprime à chaque verset.

« *(...)*

3 Chacun de vous craindra sa mère et son père. Et vous garderez mes sabbats. Je suis Yahvé votre Dieu.

4 Ne vous tournez pas vers les idoles et ne faites pas fondre des dieux de métal. Je suis Yahvé votre Dieu.

5 Si vous faites pour Yahvé un sacrifice de communion, offrez-le de manière à être agréés. 6 On en mangera le jour du sacrifice ou le lendemain ; ce qui en restera le surlendemain sera brûlé au feu. 7 Si on en mangeait le surlendemain, ce serait un mets avarié qui ne serait point agréé. 8 Celui qui en mangera portera le poids de sa faute, car il aura profané la sainteté de Yahvé : cet être sera retranché des siens.

9 Lorsque vous récolterez la moisson de votre pays, vous ne moissonnerez pas jusqu'à l'extrême bout du champ. Tu ne glaneras pas ta moisson, 10 tu ne grappilleras pas ta vigne et tu ne ramasseras pas les fruits tombés dans ton verger. Tu les abandonneras au pauvre et à l'étranger. Je suis Yahvé votre Dieu.

11 Nul d'entre vous ne commettra vol, dissimulation ou fraude envers son compatriote. 12 Vous ne commettrez point de fraude en jurant par mon nom ; tu profanerais le nom de ton Dieu. Je suis Yahvé.

13 Tu n'exploiteras pas ton prochain et ne le spolieras pas : le salaire de l'ouvrier ne demeurera pas avec toi jusqu'au lendemain matin. 14 Tu ne maudiras pas un muet et tu ne mettras pas d'obstacle devant un aveugle, mais tu craindras ton Dieu. Je suis Yahvé

15 Vous ne commettrez point d'injustice en jugeant. Tu ne feras pas acception de personnes avec le pauvre ni ne te laisseras éblouir par le grand : c'est selon la justice que tu jugeras ton compatriote. 16 Tu n'iras pas diffamer les tiens et tu ne mettras pas en cause le sang de ton prochain. Je suis Yahvé.

17 Tu n'auras pas dans ton cœur de haine pour ton frère. Tu dois réprimander ton compatriote et ainsi tu n'auras pas la charge d'un péché. 18 Tu ne te vengeras pas et tu ne garderas pas de rancune envers les enfants de ton peuple. Tu aimeras ton prochain comme toi-même. Je suis Yahvé.

19 Vous garderez mes lois

(...) »

B - Des principes en dehors de la compétence humaine

Plus qu'aucun autre, le droit de la Bible est établi par la personne divine et échappe à toute décision humaine : directif des comportements humains, il conduit à l'éternité et ne souffre aucune modification, réforme, désobéissance. Seule l'interprétation dans le respect de la croyance est de la compétence humaine, le commandement juridique restant pour le reste immuable.

Le contenu de la loi réunit en un même ensemble des principes juridiques, des règles morales et religieuses qui fixent les devoirs des membres du peuple d'Israël.

Or, les différentes dimensions du droit public laissent à Yahvé la place maîtresse. D'abord, si le peuple d'Israël se dote d'une monarchie, le roi ne peut être que l'élu de Dieu par le biais du sacre qui lui assure un charisme et une protection spécifiques. De la même façon, le fonctionnement de l'État ne peut s'affranchir du rapport à Dieu et les prêtres conservent un rôle gouvernemental important. Le seul véritable juge reste la personne divine et la justice ne fait qu'interpréter ses décisions. L'interpellation divine pour établir la culpabilité est exceptionnellement effectuée par ordalie au profit de preuves testimoniales ou d'enquêtes. De fait, le juge respecte la loi, moins parce qu'elle est loi que parce qu'elle est divine. Lui seul en tant que docteur de la loi par son interprétation, ou bien les prophètes, peut adapter la loi aux nécessités nouvelles, privilégiant le respect de l'esprit sur la lettre de la loi.

La justice hébraïque reflète aussi cette intimité entre droit et religion. Longtemps réservée aux patriarches des tribus d'Israël, elle est devenue compétence monarchique avec la mise en place d'une royauté à la fin du IIe millénaire av. J.-C. Composée de lévites – prêtres issus de la tribu de Lévi – et de juges royaux, la cour de justice mise en place par le roi est compétente sur le plan civil, criminel et religieux. Les juges sont les interprètes de la volonté divine et leur sentence équivaut au jugement de Dieu. La peine infligée vaut expiation religieuse d'une faute, laquelle peut sous certaines limites rejaillir sur la descendance du criminel.

La civilisation grecque apporte un regard nouveau sur les finalités du droit au sein de la société des hommes et établit une plus grande autonomie de ces derniers vis-à-vis des divinités dans l'élaboration et l'application de la norme.

3 • DES DIEUX AUX HOMMES, LE DROIT GREC

Si le droit des Grecs procède toujours de la révélation divine (A), il n'est plus l'œuvre exclusive des dieux mais plutôt celle des hommes. Davantage marqué par la raison et les finalités humaines, il trouve sa source dans l'expérience des sages et fait l'objet pour la première fois d'une réflexion théorique dans sa définition et ses finalités par les philosophes (B). Limite toutefois à cette avancée, le droit n'est pas individualisé comme une source à part des autres matières de la philosophie et le juriste n'est pas une invention grecque : celui-ci sera le reflet de la civilisation romaine.

A - L'éloignement des dieux

Dans la mythologie grecque, *Thémis* déesse de la justice assure discipline, justice et paix dans le monde, aidée en cela par ses filles *Economia* qui définit l'ordre, *Dikè* qui dit le droit, et *Eironé* qui donne la paix. Ce que veut *Thémis* est ce qu'il convient de faire, ce que *Dikè* dit est ce qu'il est juste de réaliser. Là s'arrête l'intervention divine qui suggère la loi conforme à la justice, les hommes se chargeant de rédiger la norme sous cette inspiration suivant leurs besoins.

Toutefois, sans revenir à la Grèce archaïque du IIe millénaire avant J.-C. ou intermédiaire entre le VIII et le VIe siècle, époques auxquelles la connaissance du droit et l'exercice de la justice ont pu être l'objet de conflits entre groupes sociaux, c'est surtout la période de la Grèce classique à partir de la fin du VIe siècle jusqu'à la domination romaine qui constitue la période décisive pour l'évolution de la pensée juridique. En effet, les Grecs les premiers soulignent la différence sensible qui existe entre la conformité à la loi et la recherche de la justice. De ce fait, ils souhaitent que les lois s'approchent au plus près de cet idéal de justice, et celles-ci peuvent être amendées par les hommes pour s'en approcher. La démocratie au sein de la cité athénienne semble être l'exemple le plus éloquent de la période de la Grèce classique qui marque cette évolution dans la conception du droit dans les esprits des philosophes du temps. Les dieux ont laissé aux hommes le soin de rédiger la loi.

La démocratie athénienne mise en place au Vᵉ siècle av. J.-C. fait de la loi l'expression de la volonté du peuple. Chaque Athénien, égal en droits civils et civiques à ses concitoyens, partage l'initiative des lois devant l'assemblée de *l'Ecclésia*. Sur le plan des procédures, toute loi est au préalable déposée par écrit au bureau de l'assemblée avant d'être débattue par ses membres. Une fois les débats clos, le texte est ensuite soumis pour avis à l'assemblée de la *Boulè* avant d'être votée à l'assemblée de *l'Ecclésia*. Il acquiert alors force obligatoire, est rédigé de façon définitive puis publié en différents lieux de la cité et archivé. L'application ordinaire de la loi est assurée par le tribunal populaire de *l'Héliée* devant lequel tout citoyen peut porter une réclamation, pénale, civile, mais aussi constitutionnelle. Formé par tirage au sort annuel de citoyens, lesquels sont assermentés de respecter la Constitution d'Athènes, le tribunal instruit l'affaire en réunissant les preuves matérielles et les éléments de droit applicables. Chaque partie est entendue par les membres du jury qui votent finalement sur l'affaire, sans possibilité d'appel. Cette justice aux mains des hommes n'est pas sans travers dès lors qu'elle assure l'essor de délateurs publics (*sycophantes*), d'avocats (*logographes*) et qu'elle s'accompagne de la corruption des juges (*héliastes*), mais en aucun cas elle ne fait intervenir les dieux dans le déroulement du procès. Pour la première fois depuis les sociétés antiques orientales jusqu'au Vᵉ siècle av. J.-C., la compétence législative et juridictionnelle échappe aux divinités pour devenir une compétence exclusivement humaine. Or cette évolution donne lieu à une réflexion très avancée des objectifs et caractéristiques du droit par les philosophes grecs.

B - La conception du droit par les hommes

Jusqu'à la période de la démocratie athénienne, la loi reste un droit révélé des dieux et la justice n'est que l'expression de la volonté de Thémis. Seulement, le libre arbitre humain est déjà possible car l'homme a le sentiment de ce qui est juste et de ce qui est injuste, ce qui le distingue des autres espèces animales. La droite justice reste marquée par l'idée de conformité aux volontés divines comme à la volonté de prospérité partagée de tous.

C'est véritablement au Vᵉ siècle av. J.-C. la mise en place de la démocratie athénienne qui fait échapper définitivement la loi aux volontés divines. Dès lors, la loi constitue l'expression des volontés humaines dans la formulation d'une réalité sociale, où le discernement du juste ou de l'injuste s'appuie sur la raison des individus. Le bien des hommes, pensé et conceptualisé par eux, sert désormais d'horizon aux législateurs bien plus que la volonté divine. Les philosophes vont dès lors se charger de définir les finalités et les caractéristiques qu'ils attribuent à la règle de droit. Deux grandes écoles de pensée se dégagent sur cette réflexion :

- d'abord, les sophistes comme Protagoras ou Antiphon, défenseurs de la *sophia*, la sagesse, sont des ***rationalistes*** qui ***défendent l'idée que la justice, détachée des dieux, est à la mesure de l'homme, relative et changeante dans l'espace et le temps***. La frontière entre le juste et l'injuste ne dépend pas de la nature mais de l'usage, des conventions sociales dont sont exclus les dieux. De ce fait, la loi ne consacre aucune valeur éternelle mais est contingente. Ce qui est juste se confond avec ce qui est licite. Ce qui est licite est ce qui est conforme à la volonté du plus grand nombre qui vote la loi de façon éclairée. Cette adhésion du plus grand nombre rend la loi obligatoire, son contenu impartial. Mais comme œuvre des hommes, la loi est imparfaite et ne peut satisfaire l'intérêt de tous. Soulignant la loi universelle de la nature selon laquelle l'intérêt du fort l'emporte toujours sur celui du faible selon Thrasymarque, ou bien que la loi est l'expression du plus grand nombre des faibles selon Calliclès, les sophistes concluent que l'irrespect de la loi par le fort constitue une nécessité profitable et juste ;

- en opposition, Socrate et ses disciples au IVe siècle ***défendent l'idée que l'homme, ne pouvant vivre isolément, a besoin de lois pour vivre en société et que le respect de celles-ci est un gage de stabilité de la société***. L'obéissance à la loi est dès lors conforme à la nature et Socrate place dans le *dikaion*, principe de justice, l'idéal de la loi, idéal que chacun peut discerner par introspection personnelle. Platon et Aristote vont prolonger sa réflexion ;
- Platon ne remet pas fondamentalement en cause la pensée de Socrate mais restreint l'exercice des compétences législatives et judiciaires aux plus compétents à ses yeux des individus. Dans sa *République*, le bon gouvernement ne peut être le fait que de quelques-uns, les plus éminents pour élaborer la loi, et si celle-ci vise au bonheur de ceux qui en sont les plus dignes, sa stabilité est un gage de l'ordre social. Dans l'organisation de l'État, ce sont les philosophes dont la sagesse est supérieure qui, reliant la connaissance de l'humain et du divin, doivent se voir reconnaître la capacité de gouverner et d'élaborer la loi. La justice également doit être confiée aux plus âgés et compétents des sages dont le jugement a plus de chance d'être proche de la justice des dieux. Conciliation de l'autorité et de la justice, gouvernement des plus compétents, loi formulée par le législateur dans un esprit de vertu qui unifie la cité, assure la justice et enseigne aux hommes la sagesse..., telles sont les conclusions de Platon dans ses *Lois*, à la fin de sa vie, dans le prolongement de Socrate, Aristote dans sa *Politique* voit dans l'homme « un animal social » qui ne peut vivre en dehors de la cité. Si celle-ci impose une régulation des échanges et la protection de ses membres, l'idéal en est l'exercice de la justice. Le respect du droit forme la base de la vie civile et les juges en sont les premiers artisans. La loi, à ses yeux, à l'instar de Platon, exprime des principes de la raison qui fixent l'ordre social et doivent être respectés. Seulement, elle est contingente et doit continûment être améliorée et révoquée lorsque son contenu n'est plus adapté aux circonstances ou s'écarte de la justice. Bref, la loi est relative et non parfaite et ne constitue qu'un moyen pour s'approcher de ce qui est juste, soit le seul véritable objectif nécessaire au bonheur des membres de la société. Il en est de même lorsqu'il s'interroge sur la forme d'organisation sociale et politique des constitutions qui fixent un mode de gouvernement : qu'il soit royal, aristocratique ou républicain, le pouvoir s'approche de la justice s'il conjugue mesure et tempérance au profit des gouvernés. Au contraire, il dégénère en tyrannie, oligarchie ou démocratie s'il tombe dans l'excès et sert les intérêts des gouvernants. De façon encore plus évidente avec Aristote, le droit n'est plus d'origine divine mais l'expression de la volonté humaine, même si les dieux peuvent être à l'origine de l'esprit de justice et des principes du droit naturel. Corrigée dans sa rigueur par la notion d'équité pour atteindre au plus près cet esprit de justice, c'est la loi, acte délibéré des hommes, qui constitue dès lors la source normative de droit par excellence, bien plus que la coutume. Point d'intersection entre les besoins humains, la loi fait

l'objet d'une définition précise et relève de procédures d'élaboration spécifiques qui la font échapper définitivement à la puissance exclusive des dieux.

Pour aller aux sources du droit

Texte 4 : Extrait du livre *Les Lois*, IX de Platon, trad. par Anissa Castel-Bouchouchi, Paris, Gallimard, coll. « Folio. Essais », 1997.

Platon dans cet extrait justifie l'utilité des lois et du droit en général. Compte tenu de l'imperfection naturelle des hommes, il faut s'en remettre aux lois pour les gouverner. La prise en compte de l'intérêt général impose le gouvernement par le droit, permettant de combattre les revendications particulières qui font « voler en éclats » la cohésion sociale. Ainsi, en l'absence d'homme idéal capable de désintéressement absolu, la loi organise la cité.

Pourquoi les lois sont nécessaires

L'Athénien : Une déclaration préliminaire s'impose à propos de tous les actes de violence. La voici :

« Les hommes doivent nécessairement établir des lois et vivre selon des lois, sinon rien ne permet de les distinguer des bêtes les plus sauvages à tous égards. La raison en est la suivante : aucun être humain ne possède, en vertu de sa nature, le don de connaître ce qui est le plus profitable aux hommes en tant que citoyens ; et même s'il le connaissait, il ne serait pas toujours en mesure de vouloir et de faire le meilleur. Tout d'abord, il est difficile de reconnaître que le véritable art politique doit se soucier non de l'intérêt particulier, mais de l'intérêt général, car l'intérêt général apporte aux cités une cohésion que l'intérêt particulier fait voler en éclats ; difficile aussi de reconnaître que la consolidation de l'intérêt commun au détriment de l'intérêt particulier profite à la fois à l'intérêt commun et à l'intérêt particulier, à l'un et à l'autre indissociablement. En second lieu, supposons un homme suffisamment avancé dans cet art pour savoir qu'il en est ainsi en vertu d'une nécessité naturelle ; supposons, en outre, que cet homme règne sur la cité sans avoir à lui rendre de comptes, en maître absolu ; même en ce cas, il ne pourrait jamais demeurer inébranlable dans ses convictions, c'est-à-dire continuer, toute sa vie durant, à cultiver au premier chef l'intérêt général et à subordonner l'intérêt particulier à l'intérêt général. Au contraire, la nature mortelle le poussera toujours à désirer insatiablement et à agir égoïstement, elle qui, fuyant la peine et poursuivant le plaisir de manière irrationnelle, fera toujours passer ces deux états avant ce qui est le plus juste et ce qui est le meilleur, et qui, se plongeant elle-même dans les ténèbres, finira par s'emplir elle-même et remplir la cité tout entière de mille maux. Bien sûr, si un jour venait à naître un homme qui, en vertu d'une grâce divine, fût naturellement capable de saisir ces principes, on n'aurait nullement besoin de lois auxquelles le soumettre ; car aucune loi, aucun règlement ne l'emporte sur la science, et l'intellect ne saurait sans impiété se faire l'esclave de quoi que ce soit, ni même se soumettre : il doit au contraire gouverner toutes choses s'il est vraiment conforme à sa nature et réellement libre.

« Mais, en fait, les choses ne se passent jamais ainsi, d'aucune manière, en aucun lieu, ou si peu… C'est pourquoi il faut choisir la seconde solution, le règlement et la loi, qui voient et considèrent la généralité, mais que le cas particulier laisse démunies. »

Pour aller aux sources du droit

Texte 5 : Extrait de *La Politique* d'Aristote, traduction Jean Tricot, Paris, Librairie Philosophique J. Vrin, 1995, 595 p, livre I, 2, pp 28-29

Dans ce livre, Aristote essaie de comprendre les comportements des hommes au sein de la Cité et les enjeux politiques qui en sont la clef et il en souligne les difficultés. Il faut préciser qu'aux yeux de ce philosophe, les hommes sont tous des êtres rationnels ; tous les hommes (notamment les Barbares) ne vivent pas dans le cadre de la Cité et la vie politique lui paraît être le meilleur moyen pour élever l'âme humaine. Les bases d'une philosophie politique sont posées.

« La cité est au nombre des réalités qui existent naturellement, et (...) l'homme est par nature un animal politique. Et celui qui est sans cité, naturellement et non par suite des circonstances, est ou un être dégradé ou au-dessus de l'humanité. Il est comparable à l'homme traité ignominieusement par Homère de : sans famille, sans loi, sans foyer, car, en même temps que naturellement apatride, il est aussi un brandon de discorde, et on peut le comparer à une pièce isolée au jeu de trictrac.

Mais que l'homme soit un animal politique à un plus haut degré qu'une abeille quelconque ou tout autre animal vivant à l'état grégaire, cela est évident. La nature, en effet, selon nous, ne fait rien en vain ; et l'homme seul de tous les animaux, possède la parole. Or, tandis que la voix ne sert qu'à indiquer la joie et la peine, et appartient aux animaux également (car leur nature va jusqu'à éprouver les sensations de plaisir et de douleur, et à se les signifier les uns aux autres), le discours sert à exprimer l'utile et le nuisible, et, par suite aussi, le juste et l'injuste ; car c'est le caractère propre à l'homme par rapport aux autres animaux, d'être le seul à avoir le sentiment du bien et du mal, du juste et de l'injuste, et des autres notions morales, et c'est la communauté de ces sentiments qui engendre famille et cité ».

Pour aller plus loin

Penser le droit : les auteurs grecs

Socrate, philosophe grec (Ve siècle av. J.-C.), est considéré comme le père de la philosophie occidentale et l'un des inventeurs de la philosophie morale. Il n'a laissé aucune œuvre écrite ; sa philosophie s'est transmise par l'intermédiaire de témoignages indirects (en particulier par les écrits de son disciple Platon).

Platon (Athènes, 428-427 av. J.-C., 347-346 av. J.-C.) est un disciple de Socrate, dont la pensée s'inspire tant de ce dernier que d'Héraclite et du pythagorisme. Le philosophe, selon Platon, doit devenir un législateur et un réformateur politique afin d'obtenir l'instauration de la justice dans la cité. Toutefois, selon certains dialogues comme la *République* il faut le forcer à le devenir, car il est fort probable qu'il ne consente pas à « retourner dans la caverne ». Mais, si ceci est réalisé à tour de rôle par tous les philosophes, et pour le bien de tous, il est fort probable qu'ils acceptent. Platon laisse de nombreux écrits, *La république, Les lois, Politique...* entre autres ouvrages.

Aristote est né en 384 av. J.-C., et décédé en 322. Il suit l'enseignement de Platon à l'Académie d'Athènes. À la mort de celui-ci, il fonde une école à Assos. En 342 av. J.-C., Philippe, roi de Macédoine, le fait venir à Pella pour être précepteur de son fils Alexandre qui accède au trône en 335 av. J.-C. Aristote revient à Athènes et y fonde le Lycée. Il y enseigne en marchant dans les jardins, suivi de ses élèves (péripatétisme) et y compose la plus grande partie de ses ouvrages. En 323 av. J.-C., la mort d'Alexandre réveille l'hostilité du parti anti macédonien d'Athènes et Aristote, accusé d'athéisme et de trahison, se réfugie à Chalcis où il termine ses jours.

BIBLIOGRAPHIE

BREGI (J.-F.), *Introduction historique au droit*, Ellipses, 2009.

DELORME (J.), *Les grandes dates de l'Antiquité*, PUF, coll. QSJ, n° 1013, 2002.

ELLUL (J.), *Histoire des institutions,* tome I *L'Antiquité*, PUF, rééd. 2011, 640 p.

FINLEY MOSES (I.) et BAILEY (C.), *L'héritage de la Grèce et de Rome*, Robert Laffont coll. Bouquin, Paris, rééd. 2009.

FONTETTE de (F.), *Les grandes dates du droit*, PUF, coll. QSJ, n° 2890, 2006.

GAUDEMET (J.), *Les institutions de l'Antiquité*, 7e éd., Montchrestien, Domat, coll. Droit public, 2002.

GAUDEMET (J.), *Les naissances du droit*, 4e édition, Montchrestien, DL 2006, 389 p.

GERNET (L.), *Droit et société dans la Grèce ancienne*, rééd. 1999 Flammarion, coll. Champs, 336 p.

HUMBERT (M.), *Institutions politiques et sociales de l'Antiquité*, Paris, Dalloz, 2007, 531 p.

JOANNES (F.), sous la dir., *Rendre la justice en Mésopotamie, Archives judiciaires du Proche-Orient ancien, III-Ier millénaires avant J.-C.*, PU Vincennes, Saint Denis, 2000, 268 p.

KRAMER (S. N.), *L'histoire commence à Sumer*, Arthaud, rééd. 2009.

MONIER (R.), IMBERT (J.), CARDASCIA (G.), *Histoire des institutions et des faits sociaux des origines à l'aube du Moyen Âge*, Paris, Montchrestien, 1956, 633 p.

MOSSÉ (C.), *Les institutions grecques à l'époque classique*, Paris, A. Colin, rééd. 2008.

MOSSÉ (C.), SCHNAPP-GOURBEILLON (A), *Précis d'histoire grecque, du début du deuxième millénaire à la bataille d'Actium*, A. Colin, 1991.

PETIT (P.), *Précis d'histoire ancienne*, PUF, rééd. 2011.

ROMILLY de (J.), *La loi dans la pensée grecque*, Paris, Les Belles Lettres, rééd. 2002.

VIDAL-NAQUET (P.), VERNANT (J.-P.), BRISSON (J.-P.), *Démocratie, citoyenneté et héritage gréco-romain*, éd. Liris, 2004.

CHAPITRE 2

Dissociation du droit de la religion : l'exemplarité romaine

Sur la période allant de la fondation légendaire de Rome en 753 av. J.-C. jusqu'au VIe siècle apr. J.-C. avec l'Empire byzantin, les Romains donnent naissance au juriste professionnel et construisent un système de droit d'une grande cohérence et complexité sur la forme comme sur le fond.

Mais le système juridique romain a lui même connu une évolution au fil du temps : né dans un premier temps de la coutume, de la pratique contentieuse et des solutions judiciaires lentement élaborées, il est peu à peu devenu le fruit des prescriptions du pouvoir central au fur et à mesure de la modernisation et de la centralisation de l'État.

Par ses qualités techniques, sa sophistication intellectuelle et sa souplesse d'emploi, ce droit romain, redécouvert au Moyen Âge en Europe de l'Ouest, a traversé les siècles en demeurant un modèle en Occident. Cette exemplarité est encore renforcée par le fait qu'il reflète également un modèle d'organisation étatique centralisée disposant d'un corps de règles spécifiques de droit public adaptées à une administration puissante et où le souverain détient à la fois le pouvoir de faire la loi et de dire le droit au sein des tribunaux.

Imposé à la population plus qu'élaboré par elle sur le plan formel, le droit romain réunit sur le plan matériel, dans un jeu de principes et d'exceptions progressivement systématisés, organisés et classés, toute une série de règles d'application pratique. Non libellées nécessairement sous des principes généraux définitifs mais ayant vocation à l'universalité, elles ont inspiré très largement les droits de l'Europe continentale d'aujourd'hui et certaines institutions du système de *common law* en traversant les époques.

À défaut d'une définition invariable des sources de droit romain dans la durée depuis la Monarchie jusqu'au Bas-Empire, c'est le critère procédural qui dicte souvent l'étude historique du droit romain. Sont alors distinguées :

- la période de l'ancien droit, de la fondation légendaire en 753 au milieu du IIe siècle av. J.-C. (période où l'ouverture de procès judiciaire dépend de procédures formalistes et des actions prévues par la loi) ;
- la période classique entre 134 av. J.-C. et le IIe siècle apr. J.-C. (période où la procédure formulaire du préteur assouplit les conditions de recours en justice) ;
- la période du Bas-Empire enfin à compter du début du IIIe siècle apr. J.-C. (période lors de laquelle la procédure *extra ordinem* confie aux juges impériaux la solution des affaires).

Il est possible néanmoins de transcender ces séquences au vu de deux grands apports que la civilisation romaine a légués en matière juridique à la postérité : la mise en place d'un droit autonome par rapport aux autres systèmes de régulation des rapports sociaux et notamment de la règle religieuse (1) et l'organisation en système de la matière juridique (2).

Pour aller plus loin

Chronologie de l'histoire de Rome

Pour ce qui concerne l'évolution du droit à Rome, les trois périodes distinguées en fonction des formes de procédures civiles ne recoupent pas totalement l'évolution institutionnelle romaine :

- 753 av. J.-C. : ***fondation (légendaire) de Rome*** ;
- ***la Monarchie romaine*** (753-509 av. J.-C. ; latin : *Regnum Romanum*) : selon la légende, elle aurait été fondée à Rome par Romulus et Rémus en l'an 753 av. J.-C. Elle aurait été abolie à la chute de Tarquin le Superbe, traditionnellement datée de 509 av. J.-C. Selon la tradition, sept rois règnent sur Rome (Romulus, Numa ; Pompilius, Ancus Marcius, Tullus Hostilius, Tarquin l'Ancien, Servius Tullius et Tarquin le Superbe) depuis la fondation de la ville en 753 av. J.-C. jusqu'à la révolution de 509 av. J.-C. qui chasse le dernier souverain pour instaurer la République romaine ;
- ***la République*** (fin du VIe siècle
- fin du Ier siècle av. J.-C.) :
  - 509-265 av. J.-C. : la conquête de l'Italie ; 451-450 av. J.-C. : loi des XII Tables
  - 264-146 av. J.-C. : la conquête du bassin méditerranéen ; les guerres puniques
  - 133-27 av. J.-C. : les dernières années de la République ; les guerres civiles ; 52 av. J.-C. : siège d'Alésia : les Gaules sont conquises
  - 49-44 av. J.-C. : dictature de César ; 30 av. J.-C. : annexion de l'Égypte, l'Empire romain s'étend sur toute la Méditerranée et de l'Atlantique à l'Euphrate
  - 27 av. J.-C. : Octave devient empereur sous le nom d'Auguste, fin de la République
- ***le Haut Empire*** (fin du Ier siècle av. J.-C.
- fin du IIIe siècle) :
  - 23 av. J.-C. : création en faveur de certains jurisconsultes du « droit de répondre en public » (*jus publice respondendi*)
  - 117-138 : règne d'Hadrien, période essentielle pour l'histoire du droit où la législation et l'autorité de l'empereur deviennent les sources fondamentales du droit. Les principaux jurisconsultes deviennent des proches du prince. C'est la période (jusqu'au début du IIIe siècle) où le droit romain sera illustré par ses plus grands jurisconsultes)
  - 138 : Gaius achève ses Institutes ; la Paix Romaine (*Pax Romana*)
  - 212 : Caracalla accorde la citoyenneté romaine à tous les habitants de l'Empire
  - 233-284 : anarchie militaire et persécution des chrétiens (poursuivie sous le règne de Dioclétien) ; 253 : invasions des Francs et des Alamans en Gaule
- ***Bas Empire*** (fin du IIIe siècle
- début du VIe siècle) :
  - 284-305 : règne de Dioclétien, début des tentatives de réorganisation de l'Empire ; 292-310 : premières tentatives de codification de la législation impériale (Code Grégorien et Code Hermogénien)
  - 293 : Tétrarchie (essai de gouvernement de l'Empire à quatre personnes)
  - 313 : Conversion de Constantin et reconnaissance de la religion chrétienne par l'Édit de Milan
  - 364 : partage de l'Empire en Empire d'Occident (capitale Rome) et Empire d'Orient (capitale Constantinople)
  - 380 : le Christianisme devient religion d'État (édit de Thessalonique) ; 401-455 : Invasions de Goths en Italie, des Vandales en Espagne, en Afrique et en Italie et des Wisigoths en Espagne
  - 438 : Publication du Code théodosien à Constantinople et à Rome
  - 476 : chute de l'Empire d'Occident (le dernier empereur romain, Romulus Augustule déposé par le chef barbare Odoacre roi des Hérules)

- l'Empire romain d'Orient se prolonge jusqu'en 1453, date de la prise de Constantinople par les Turcs.
- 527-565 : règne de Justinien Ier empereur de l'empire romain d'Orient ; 528-565 : Rédaction des Compilations de Justinien (528-534 : Institutes, Code et Digeste ; 535-565 : Novelles)

1 • LA MISE EN PLACE D'UN DROIT DÉGAGÉ DE L'EMPRISE RELIGIEUSE

Si par leur réflexion sur la loi, les Grecs ont rompu avec l'idée d'un droit révélé qui caractérisait les sociétés moyen-orientales, les Romains se sont définitivement approprié l'instrument du droit en passant dès la période ancienne de leur histoire d'un droit inspiré des dieux à un droit élaboré par les hommes. Constitué de façon encore archaïque par la fusion des coutumes des diverses peuplades participant à la fondation de la cité romaine, il est ensuite mis par écrit sous forme de lois de la cité (A). L'essor intellectuel et l'expansion romaine à la période classique conduisent au renouvellement et au perfectionnement des sources de droit dans le cadre d'une justice modernisée par la procédure formulaire et le développement d'une classe de jurisconsultes faisant autorité (B).

A - Du droit religieux au droit des hommes

La période dite « archaïque » ou « *ancienne* » commence en 753 av. J.-C., date légendaire de la fondation de Rome par Romulus, lors de la création des premières colonies latines (*septimontium*), sur les monts Albains, à vingt kilomètres au sud-est de Rome. Elle englobe à la fois la période de la Monarchie, jusqu'au VIe siècle av. J.-C., et une grande partie de celle de la République, de 509 à 134. Elle est marquée par la dissociation progressive du droit des normes religieuses au profit de la coutume et des lois de la cité et par la procédure judiciaire des actions de la loi.

1) Le droit de la Rome primitive

Du VIIIe au Ve siècle av. J.-C., sous les premiers rois romains, la situation du droit est assez proche des sociétés moyen-orientales ou de la Grèce ancienne précédemment évoquées. Le droit est peu dissocié de la religion, les règles qui organisent la société romaine passent pour avoir été données par les dieux et peu de lois sont relevées. Ce faible développement de la théorie juridique s'explique en partie par le manque de culture de la population et par le développement encore sommaire de la société romaine. Pour exemple, la législation de Numa aurait selon la légende été reçue par le roi de ce nom auprès de la nymphe Égérie. De la même façon, on distingue le domaine du *fas*, soit ce qu'ont dit les dieux, par opposition au *nefas*, ce qu'ils interdisent notamment dans la détermination des possibilités d'action en justice. Qui plus est, le droit est tenu secret par les pontifes, (ensemble de prêtres de la religion romaine choisis parmi les *patriciens*), qui seuls connaissent les dates des jours pendant lesquels il est possible d'intenter un procès, et les formules rituelles qu'il faut prononcer devant le magistrat pour mener le procès ou conclure un acte juridique.

Pour aller aux sources du droit

Texte 6 : Trois extraits de la *Loi de Numa* tirés des écrits de ses contemporains, Les principaux essais de restitution des *lois royales* qui ont été faits sont le travail de H. E. Dirksen (*Versuche zur Kritik und Auslegung der Quellen des Römischen Rechts*, Leipzig, 1823), et l'ouvrage de Moritz Voigt (*Über die leges regiae*, 1876, Leipzig, S. Hirzel). Pour la traduction française, P. F. Girard, *Textes de droit romain*, 2e éd., Paris, 1895 pp. 3-4

Numa Pompilius est le deuxième roi légendaire de Rome après Romulus (715-672 av. J.-C., selon la chronologie que faisaient les Romains). À la différence du règne belliqueux de Romulus, le sien fut entièrement pacifique. On lui prête un caractère pacifique et pieux et la légende en fait l'organisateur de l'État romain. La légende veut qu'il ait eu pour conseiller politique la nymphe Égérie qui lui aurait soufflé le contenu des lois qui portent son nom. Le nombre exact de ces textes est encore discuté, il ressort surtout que leur contenu reflète les coutumes et mœurs contemporaines des habitants de Rome. On lui attribue la réforme du calendrier dans le but d'ajuster les années solaires et lunaires, l'établissement de constitution originelle des pontifes, ainsi que la division du territoire romain immédiat en circonscriptions de *pagi*.

Extrait 1 *(Numa) réglementa la durée de la période de deuil en fonction de l'âge (du défunt), de telle manière que l'on ne pleure ni un enfant de moins de trois ans ni, pour une personne plus âgée, plus de mois qu'elle n'avait vécu d'années ; sans toutefois dépasser dix pour quelqu'âge que ce fût au-delà. La durée du deuil le plus long, celui que les femmes portaient de leur mari, était également de dix mois. Celle qui se remariait auparavant devait immoler une vache pleine, (Numa) ayant ainsi légiféré* (Plut., *Num.*, 12, 3).

Extrait 2 *La législation sur les bornes ayant ordonné à chacun de délimiter sa propriété en dressant des pierres sur les bordures, il (Numa) consacra celles-ci à Jupiter Terminus. Il édicta que si quelqu'un détruisait ou déplaçait les pierres, celui qui aurait fait cela serait consacré au dieu* (Denys d'Halicarnasse, *Antiquités romaines*, 2, 74, 2. 3).

Extrait 3 Il *(Numa) institua des jours néfastes et fastes, car il pensait que ce serait bien utile de suspendre de temps à autre l'activité politique* (Liv., 1, 19, 7).

Mais prolongeant en cela l'expérience de la Grèce, la distinction du *fas*, ce qui relève du religieux, et du *jus*, ce qui relève du droit, est rapidement établie à Rome, libérant ainsi le droit de la référence religieuse dans son élaboration puis dans son application et facilitant par la suite son adaptation à la société romaine. De plus, depuis l'instauration de la République, les *plébéiens* protestent contre le monopole des pontifes. Des jurisconsultes entreprennent alors de faire connaître le droit à la population : chaque année on affiche le calendrier judiciaire ; Gnaeus Flavius publie un recueil de formules de procédure, dont les prêtres détenaient jusque-là le monopole (304 av. J.-C.) ; Tiberius Coruncanius, le premier grand pontife plébéien, donne pour la première fois des consultations de manière publique (254 av. J.-C.), privant définitivement les pontifes de leur monopole exclusif et anticipant l'apparition d'un corps de jurisconsultes professionnels au service des plaideurs.

2) La coutume et les « lois royales »

Dans les droits cunéiformes moyen-orientaux, la coutume fut la source première et longtemps exclusive du droit même si elle ne fit pas l'objet d'une définition précise. Cependant elle existe et le Code d'Hammourabi y fait référence pour amender ou affiner certaines d'entre elles. Qui plus est, ce code sera lui-même utilisé comme coutume après la dynastie d'Hammourabi ou sur des terres non soumises à l'autorité de Babylone. Les Grecs ont souligné les caractéristiques orales de la coutume en précisant qu'elle fait partie de la « loi non-écrite » ainsi que son caractère répété et accepté de tous. C'est néanmoins à Rome qu'elle acquiert une place précise dans l'ordre juridique.

En effet, longtemps incertaines, les sources du droit se précisent avec la mise en place des institutions républicaines romaines et le développement de la procédure judiciaire des actions de la loi. Sans être fondamentalement nouvelle par rapport aux civilisations qui ont précédé, la coutume, encore contrôlée par les prêtres romains à la période monarchique, constitue une source de droit à part entière parmi les groupes pastoraux qui peuplent primitivement le Latium. Elle transcrit les mœurs habituelles des populations installées depuis le VIIIe siècle à une époque où les lois sont en nombre limité. Les fameuses « lois royales » mises en forme par les sept rois successifs de Rome ne sont en définitive dans leur contenu que la transposition écrite de ces dispositions coutumières anciennes. Assimilable initialement aux mœurs communes des groupes initiaux, la *mos majorum* (façon d'être, « mœurs » des ancêtres), la coutume est définie à la période classique spécifiquement comme *consuetudo* du fait du degré de complexité croissante de ses dispositions et par opposition aux simples mœurs avec lesquelles elle ne se confond plus. Dès lors, malgré son moindre prestige par rapport à la loi écrite qui se développe, la coutume accède à un nouveau statut. Si le rapport de force entre la loi et la coutume joue à partir de la période classique au profit de la loi – les juristes assimilent encore la coutume à une somme de faits, non créateurs en eux-mêmes de droit mais instituant une pratique obligatoire –, la coutume constitue l'essentiel du droit privé des peuples vaincus dans les provinces soumises à Rome et ce, jusqu'à la fin de l'Empire. Qui plus est à une période tardive, elle accède au statut de « contre poids », basé sur l'équité : non seulement elle peut par un usage répété faire tomber la loi en désuétude (abolition par le temps), mais elle peut demeurer en concurrence notamment chez les populations conquises des nouvelles provinces romaines dont les usages locaux connus des juristes romains peuvent pénétrer la norme légale. Au Bas-Empire, son champ d'application se réduit tant par l'essor de la législation impériale que par l'octroi large de la citoyenneté romaine à tous les hommes libres de l'Empire (Édit de Caracalla 212 apr. J.-C.) sans pour autant disparaître. Elle fait désormais l'objet d'une définition théorique précise comme étant le droit qu'un long espace de temps a rendu obligatoire par la volonté de tous, sans intervention de la loi (Cicéron).

3) La loi des XII Tables et les lois de la cité

a) L'élaboration de la loi des XII Tables

À l'aube de la civilisation romaine, les textes écrits en matière juridique restent minoritaires par rapport à la règle coutumière et ce n'est que dans un contexte de société suffisamment développée que ceux-ci se multiplient. On en recense davantage à la période républicaine, même s'ils sont en nombre limité dans la durée. Si l'on peut comptabiliser près de 800 lois sur cinq siècles de République, elles sont rares à intervenir sur le champ du droit privé (près de 26) pour interférer prioritairement sur les questions de droit public.

Présentée par les historiens romains comme une victoire de la ***plèbe*** sur les ***consuls***, la loi des XII Tables vers 450 av. J.-C. constitue la plus fameuse loi de la civilisation romaine ancienne. C'est dans un contexte d'opposition entre les ***plébéiens*** et les ***patriciens*** après 462 qu'est décidée la mise par écrit des prérogatives des ***consuls*** et des droits des citoyens romains. Par l'écriture des grandes règles de droit civil, (à savoir le droit réservé aux citoyens), cette loi vise à limiter la toute puissance des consuls sur une base légale précise. En dépit de leur opposition pendant quelque temps, les patriciens acceptent que soit formée à partir de 454 une magistrature exceptionnelle pour ce faire. Un collège de dix hommes, les ***décemvirs***, est chargé de mettre par écrit les règles relatives à l'*imperium* des consuls. Durant cette période, les magistratures ordinaires voient leurs compétences constitutionnelles suspendues. Selon Tite-Live, une ambassade à Athènes précède le travail de réflexion et de rédaction, afin d'observer les conditions dans lesquelles Solon avait élaboré les lois athéniennes dans des conditions similaires. Il n'en demeure pas moins que l'inspiration des nouveaux concepts juridiques grecs est vraisemblable.

En 451, dix Tables sont rédigées par les *décemvirs* ; elles sont complétées et achevées par deux Tables supplémentaires en 450. Votées par les *comices*, elles sont inscrites sur des panneaux de pierre avant d'être exposées sur le forum romain où les citoyens peuvent les copier ou se les faire lire. Après la destruction des Tables lors de la prise de Rome par les Gaulois (387 av. J.-C.), le texte fut reconstitué et à nouveau affiché. Cicéron explique qu'au Ier siècle av. J.-C. les enfants l'apprenaient encore par cœur dans les écoles. Sa diffusion fut assurée dans tout l'Empire, même à une époque tardive. Faute aujourd'hui d'exemplaire, le contenu de ces Tables est connu de façon assez précise par les nombreuses citations et allusions des auteurs anciens, et grâce aux travaux et aux références postérieures des juristes romains.

Pour aller aux sources du droit

Texte 7 : Extrait de la table VII de la *Loi des XII tables*, reconstituée à partir d'auteurs romains, P. F. Girard & F. Senn, *Les lois des Romains*, Naples, 1977, 595 p

Ni le texte complet, ni les six livres de commentaires faits par le juriste Gaius à leur sujet ne nous sont parvenus. Selon la tradition, le texte original a été détruit lors du sac de Rome en 390 av. J.-C. Il nous est connu de façon indirecte par le jurisconsulte Sextus Aelius Paetus Catus et par les citations faites par un grand nombre d'auteurs latins qui ont permis une reconstitution assez précise dont l'authenticité n'est plus aujourd'hui contestée. Leur classement est arbitraire, en dehors des cas où tel fragment est expressément attribué à telle table. Le commentaire de la loi par Gaius, en six livres, dont divers passages ont subsisté au *Digeste*, n'offre qu'un plan assez vague. On a coutume d'adopter, comme nous le faisons, la reconstitution de l'auteur H. E. Dirksen (*Übersicht der bisherigen Versuche zur Kritik und Herstellung des Textes der Zwölf-Tafeln-fragmente*, Leipzig, 1824). Une grande partie du texte concerne les droits privé et pénal et la procédure civile. La laïcisation du contenu juridique sous l'influence grecque conduit à une publicité plutôt qu'au maintien du secret de ses dispositions au profit des pontifes. La modernisation juridique transparaît également de la primauté faite à la compensation pécuniaire sur l'exercice de la vengeance.

Plan général de la loi :

Table I : la procédure civile
Table II : la procédure civile
Table III : les dettes
Table IV : la famille
Table V : les successions
Table VI : les biens
Table VII : les biens immobiliers
Table VIII : les délits civils
Table IX : les principes de gouvernement
Table X : les règles funéraires
Table XI : le mariage
Table XII : les crimes

Extraits de la Table VII

La largeur du chemin doit être de huit pieds en ligne droite et seize dans les virages ; Gaius, D., 8, 3,8

Que les chemins privés soient bordés de pierres [par leur propriétaire]. Sinon, par défaut, [les autres] peuvent faire passer les animaux où ils veulent ; Festus, De la signification des mots, *Livre XIX, viae*

Si l'eau pluviale [d'une autre propriété] cause des dommages [à un propriétaire] ... [le propriétaire] peut en appeler à un juge ; Pomponius, D., 40, 7,21 pr.

Si un ruisseau passant à travers un lieu public forme un aqueduc et nuit à un particulier, celui-ci dispose d'une action visant à garantir la réparation du tort ainsi causé ; Paul, D., 43, 8,5

Que les arbres soient élagués jusqu'à 15 pieds ; Ulpien, D., 43, 27, 1,8

Si un arbre frappé d'un coup de vent penche de la propriété voisine sur la vôtre, vous avez une action pour le faire abattre ; Pomponius, D., 43, 27,2

On peut ramasser le gland tombé sur la propriété d'autrui ; Pline l'Ancien, L'histoire naturelle, *Livre XVI, VI, (1)*

b) L'apport de la loi des XII Tables

La loi des XII Tables ne comporte guère plus d'une centaine d'articles très brefs. Il n'y a donc rien de comparable entre cette loi et les 2281 articles de notre Code civil. La loi des XII Tables vise à la fois la sphère des intérêts collectifs et le domaine des relations privées. Outre des articles à caractère religieux touchant à l'organisation des funérailles, le texte fait la part belle au droit pénal pour garantir la paix sociale et sanctionner de façon égale pour toutes les atteintes aux biens et aux personnes. Le droit privé par l'organisation de la famille et la précision des règles de succession, la protection de la propriété et le renforcement des règles de voisinage est largement réglementé. Surtout, la procédure civile est spécialement précisée : le déroulement du procès et les différentes actions en justice définies par la loi permettent aux citoyens de faire reconnaître leurs droits devant un tribunal. Les actions en justice légalement définies ne peuvent être refusées par les magistrats, limitant ainsi tout arbitraire des consuls dans l'appréciation des suites à donner aux plaintes des citoyens. Si cette loi est publique et connue de tous, si elle s'impose aux consuls, elle constitue une loi commune, appliquée de la même manière à tous les citoyens, plébéiens et patriciens pris sur un pied d'égalité.

Pour aller plus loin

L'enjeu politique de la loi des XII tables

Au début du Ve siècle av. J.-C., les lois de Rome sont orales et leur application à l'appréciation des *consuls*. En 462 av. J.-C., pour mettre fin à ce qu'il considère comme un arbitraire dont pâtit la *plèbe*, le *tribun* Gaius Terentilius Harsa émet un projet de loi, la *Lex Terentilia*, pour créer une commission de cinq membres qui définirait par écrit les pouvoirs consulaires, et empêcherait tout excès. Les *patriciens* s'opposent immédiatement à ce projet, repris année après année par les tribuns de la plèbe. Après un long conflit politique de neuf ans, trois représentants partent à Athènes en 453 av. J.-C. transcrire les lois de Solon. À leur retour d'Athènes et des villes grecques d'Italie du sud, une commission extraordinaire, les *décemvirs*, est établie pour rédiger des lois écrites. Nommés pour un an, ils sont munis de *l'imperium* consulaire. Les tables sont rédigées en deux fois, dix en 450 av. J.-C., et deux en 449 av. J.-C. et publiées la seconde année sur le *Forum Romanum* sur douze tables en bronze. La seconde commission de *décemvirs* tente de maintenir son pouvoir absolu, mais devant la sécession de la plèbe, retirée sur le Mont Sacré, ses membres doivent démissionner.

c) L'adoption des lois par les comices

Cette loi des XII Tables n'est pas seulement révolutionnaire par son contenu. Son élaboration et son adoption inaugurent également une seconde avancée juridique. Rédigée par les ***décemvirs***, elle fut ensuite votée par les ***comices***. Or, les lois postérieures seront également fréquemment soumises au vote des comices. La procédure qui s'attache ici à l'élaboration des lois n'a rien d'une pratique démocratique réelle. Les consuls qui ont succédé aux rois romains, en vertu de leur pouvoir d'*imperium*, possèdent seuls l'initiative législative. Les lois qu'ils soumettent au vote des 193 ***comices*** ne constituent qu'un pacte entre l'État et le peuple, bien plus que le reflet d'une volonté populaire. De plus, la répartition des ***centuries*** selon les cinq classes de citoyens fait la part belle à la représentation des plus riches et des plus âgés dont le vote emporte facilement la majorité des voix et l'adoption des textes.

Pour les lois ordinaires, les projets des magistrats sont soumis aux assemblées avant l'approbation finale par le Sénat qui veille à la conservation des institutions. Formé de 300 aristocrates âgés d'au moins 46 ans, choisis selon l'ordre des fortunes, le Sénat conservateur confirme le vote des lois en leur octroyant l'*auctoritas* après l'examen approfondi de leur légalité et de leur opportunité. Après 339 av. J.-C. lorsque les plébéiens accèdent à toutes les magistratures publiques, le Sénat n'approuve plus que les projets, avant le vote final des *comices*. Une fois votées, ces lois sont gravées dans le marbre, affichées dans un lieu public (forum ou capitole), avant d'être archivées et conservées dans le temple de Saturne.

À partir de la fin du Ve siècle, les ***plébiscites*** votés par les assemblées de la ***plèbe*** voient leur champ d'application élargi des seuls plébéiens à l'ensemble de la population romaine, dès lors qu'ils ont reçu l'*auctoritas* du Sénat. Votés au sein des comices centuriates ou tributes qui représentent le peuple en son entier, ces plébiscites rivalisent d'autorité avec les lois alors que leur initiative renforce la place des tribuns de la plèbe face aux consuls à l'initiative des lois. À compter du IIIe siècle av. J.-C., ces plébiscites constituent l'essentiel de la législation romaine, les lois votées par les comices centuriates disparaissant après 287.

Pour ce qui concerne l'application des lois, elle est graduelle d'un texte à l'autre selon leur nature. Certaines lois, les ***lois imparfaites***, sont dépourvues de sanction ; leur valeur est indicative et pressent une transformation à venir de leurs dispositions en règles obligatoires. D'autres, les ***lois parfaites***, imposent la nullité absolue des actes pris en violation de leurs prescriptions. Entre ces deux catégories, les ***lois moins que parfaites*** ne donnent pas lieu à la nullité des actes pris à l'encontre de leur contenu mais ne sont pas non plus sans effet puisqu'elles donnent lieu à des pénalités essentiellement d'ordre pécuniaire contre les contrevenants.

Peu d'évolution marque l'élaboration et l'application de la loi avant l'avènement de l'Empire. La législation impériale prend un essor croissant à compter du Ier siècle apr. J.-C. et laisse peu à peu les comices en dehors du processus législatif. Les dernières lois sont votées sous Nerva, à la fin du Ier siècle apr. J.-C. Le Sénat, constitué selon la volonté de l'empereur, demeure encore saisi des lois dont il doit approuver et enregistrer le texte mais il se prononce de plus en plus politiquement par la voie de sénatus-consultes inspirés dans les faits par l'empereur.

Pour aller plus loin

Les institutions classiques de la Rome républicaine

Entre le IVe siècle et la fin du IIe siècle av. J.-C., le système politique connaît sa période d'équilibre. Il s'articule avec un partage des pouvoirs entre les différents acteurs suivants :

- ***le Sénat*** : à la tête de la République se trouve le Sénat, une assemblée permanente composée de 300 membres environ qui sont tous d'anciens magistrats. Pour être sénateur, il faut avoir exercé une des magistratures du *cursus honorum*, disposer d'une fortune foncière, et avoir été choisi par les censeurs qui complètent tous les cinq ans l'album sénatorial. Les sénateurs donnent leur avis sur les lois (droit de veto sur les décisions des comices) et dirigent la politique étrangère et la diplomatie. Ils contrôlent également la magistrature et ont la haute main sur les finances et les travaux publics, la levée et la répartition des contingents. Le Sénat se réunissait à la Curie ;
- ***les assemblées populaires : les comices*** : les comices sont des assemblées du peuple romain dans son ensemble, *plébéiens* et *patriciens*, regroupant selon différentes modalités des citoyens romains : curie, tribu, centurie. Les comices ont un rôle important dans la vie publique de la République romaine, dans les domaines législatif, judiciaire, militaire, et leurs décisions s'appliquent à tous les membres de ces comices (c'est-à-dire à tout le peuple de Rome) :

• ***les comices curiates*** : ce sont les plus anciens, selon la tradition romaine, ils furent organisés sous la monarchie romaine et ne jouent qu'un rôle mineur sous la République,

• ***les comices tributes*** : les comices tributes se composent de 35 groupes appelés tribus. Celles-ci ne sont pas basées sur des considérations ethniques ou par liens de parenté mais sur les divisions géographiques. C'est ce qui distingue les tribus des curies. Contrairement aux centuries, l'appartenance à une tribu ne dépend pas de la richesse. Les comices tributes élisent les questeurs, les édiles curules et les tribuns de la plèbe. Ils ont également le pouvoir d'instruire des cas judiciaires. Bien que les comices tributes aient le pouvoir de promulguer de nouvelles lois, ils ne s'en servent que rarement,

• ***les comices centuriates*** : ils sont organisés depuis le règne du roi Servius Tullius d'une manière très aristocratique (organisation servienne). Selon cette organisation, les classes les plus élevées (cavalerie et première classe d'infanterie) contrôlent suffisamment de centuries pour obtenir la majorité à chaque vote. En 241 av. J.-C., une réorganisation de l'assemblée la rend plus démocratique, en passant d'un total de 193 à 373 centuries. Dorénavant, la majorité ne peut pas être atteinte à coup sûr avant que la troisième classe d'infanterie n'ait commencé à voter. En termes de compétences, ces comices peuvent promulguer une loi qui donne l'*imperium* aux consuls et préteurs ainsi que les pouvoirs de la censure aux censeurs. De plus, ces assemblées élisent les consuls, préteurs et censeurs, déclarent une guerre offensive, ou encore valident le cens (recensement des citoyens par classes). Elles servent aussi comme plus haute cour d'appel dans certains cas de justice (en particulier, les cas punis de la peine capitale). Elles ont le pouvoir de ratifier les lois ordinaires mais ne s'en servent qu'avec parcimonie.

4) L'organisation de la justice suivant les actions de la loi

Au début de l'époque républicaine, les magistrats supérieurs (consuls, préteur, tribuns consulaires) ont encore en charge l'organisation des procès avant le transfert de la compétence au IVe siècle à un nouveau magistrat, le préteur urbain, compétent sur le ressort de tout le territoire italique rattaché à Rome (367). Deux principes régissent alors la justice romaine :

- d'abord, au principe de la séparation entre le magistrat et le juge qui organise la justice répond la division du procès en deux phases : une première phase d'organisation de l'instance devant le préteur (*in jure*) ; une seconde phase où le juge, désigné par le magistrat, examine les faits et les preuves (*in judicio*) ;
- de plus, du Vᵉ au milieu du IIᵉ siècle, tous les procès doivent être jugés selon une procédure dite des actions de la loi. C'est une procédure légale, créée à partir de rituels très anciens, qui reproduit les paroles même de la loi et qui impose aux plaideurs l'utilisation des seules actions en justice reconnues expressément par celle-ci. La procédure des actions de la loi est formaliste. Pour intenter un quelconque procès, les formes fixées par la loi doivent être scrupuleusement observées. Toute erreur de mot, toute modification des gestes rituels emportent la nullité de la procédure et la perte du procès. De surcroît, dans la phase *in jure* de l'action de la loi, la représentation comme la procédure par défaut ne sont pas admises : le demandeur doit saisir le défendeur par ses propres moyens et l'amener devant le magistrat. Cette phase s'achève, après le prononcé de la formule rituelle, par la *litis contestatio* : si le défendeur n'a pas reconnu ses torts, le procès est définitivement lié. Les parties doivent alors s'entendre sur le choix d'un juge pour trancher le litige.

Le surlendemain de sa nomination, le juge désigné rencontre les plaideurs au forum. Si l'un des deux est absent, l'autre gagne alors son procès. Sinon les parties exposent leurs prétentions, puis viennent les plaidoiries de leurs avocats et enfin l'étude des preuves. À l'origine, le juge rendait la sentence le jour même mais la complexité croissante des affaires amena un allongement de la phase *in judicio*.

Pour aller plus loin

Les magistratures ordinaires

Les magistratures furent créées progressivement après la proclamation de la République romaine en 509 av. J.-C.

Les différentes magistratures de Rome s'organisent en différents groupes, qui ne se recoupent pas :

- ***magistratures du peuple*** (censorat, consulat, prétorat, édilité curule et questure), accessibles à tout citoyen et ***magistratures plébéiennes*** (tribunat de la plèbe et édilité plébéienne), accessibles aux seuls plébéiens ;
- ***magistratures* cum imperio** (consulat et prétorat) et ***magistratures* sine imperio** (censorat, édilité, tribunat de la plèbe et questure). L'*imperium* étant le pouvoir de commandement, qui s'exprime notamment par le droit de vie ou de mort. Tous les magistrats bénéficient de l'*auctoritas* qui est le pouvoir d'exécution de la loi ;
- ***magistratures sacrosaintes*** (censorat, tribunat de la plèbe et édilité plébéienne) qui offrent à leur titulaire une inviolabilité religieuse, et ***magistratures non sacrosaintes*** (consulat, prétorat, édilité curule et questure) ;
- ***magistratures* cum jure auspiciorum majorum** (censorat, consulat et prétorat) qui ont le droit de prendre les auspices en tous lieux, et ***magistratures* cum jure auspiciorum minorum** (tribunat de la plèbe, édilité et questure) qui ne peuvent prendre les auspices qu'à Rome ;

- *magistratures curules* (censorat, consulat, prétorat et édilité curule) et *magistratures non curules* (tribunat de la plèbe, édilité plébéienne et questure). L'insigne des magistrats curules est la chaise curule qui n'est qu'un privilège honorifique.

Les pouvoirs des magistrats romains

La ***potestas*** représente les pouvoirs civils d'un magistrat, inférieurs à *l'imperium*. Par définition, toutes les magistratures ont la *potestas*. C'est le pouvoir d'effectuer les ordres.

Le terme latin ***d'imperium*** (« commandement ») désigne sous la Rome antique le pouvoir suprême détenu par le roi puis attribué à certains magistrats.

« La notion ***d'auctoritas*** (formée sur *augere* « augmenter »), exprime l'idée d'augmenter l'efficacité d'un acte juridique ou d'un droit. Reconnu au Sénat, ce pouvoir augmente la portée de tout acte pour lequel il a donné son accord. Aucune de ces décisions ne sera prise directement par le Sénat mais tous les projets enrichis de l'*auctoritas* du Sénat sont assurés du succès. Telle est la force de l'*auctoritas* : sans elle, pas d'action ; devant elle, pas d'inaction ».

B - Les nouvelles sources du droit de la période classique

Durant la période précédente, les années 509-500 av. J.-C. ont marqué une rupture très nette dans l'histoire des institutions avec l'établissement de la République. Autre coupure, en 134 av. J.-C. éclate une crise sociale et politique liée au passage de la Cité à l'État. Cette nouvelle période, dite classique, est marquée par une transformation du droit due notamment à l'influence de la Grèce annexée en 129. Elle couvre la fin de la République et le Haut Empire jusqu'en 284 apr. J.-C. et s'achève avec Dioclétien. Elle constitue l'époque de plus grande extension du territoire romain et de *pax romana*, les guerres civiles exceptées. Période la plus féconde sur le plan juridique de l'histoire romaine, elle est l'occasion d'élargir le nombre de sources matérielles et d'en préciser le contenu à l'aide de la procédure formulaire, (qui fait du ***préteur*** le maître de l'évolution du droit), et de l'opinion savante des ***jurisconsultes***.

1) Le droit prétorien

a) L'organisation de la justice suivant la procédure formulaire

Prolongeant la période ancienne, le procès civil demeure divisé en deux phases :

- d'abord, le plaideur expose son cas devant un magistrat en lui amenant la partie adverse ;
- ensuite, après vérification que l'action du plaideur entre dans l'un des cas d'ouverture de procès autorisés, le litige est réglé par le juge désigné pour trancher l'affaire. Toutefois, les actions en justice de la période classique ne sont plus déterminées par la loi mais par le préteur urbain, un magistrat chargé de l'organisation de la justice dans la Ville, qui a remplacé au IVe siècle av. J.-C. (367) le consul dans l'exercice de la juridiction civile. Ses responsabilités consistent à surveiller les actes du plaideur, à vérifier si ce dernier se conforme aux règles de la procédure, imposer le recours à un arbitre, juge privé du droit romain.

Le procès débute par une présentation de l'affaire par les parties ou leurs représentants devant le ***préteur*** qui va résumer l'affaire en fait et en droit à l'intention du juge. Au terme de la phase *in jure*, le préteur invite les plaideurs à inscrire dans une ***formule*** écrite leurs prétentions exactes. Celle-ci comporte l'identité du juge choisi par les parties (nommé ensuite par le magistrat), les arguments de chacun des plaideurs, ainsi que l'autorisation accordée au juge de condamner ou d'absoudre. Une fois la formule au point, le choix devient définitif (*litis contestatio*). Dans la seconde phase du procès *(in judicio)* le juge ne joue qu'un rôle d'arbitre. Il ne peut sortir du cadre défini par la ***formule*** du préteur ni refuser de statuer. Il doit vérifier le fondement des arguments des parties et rendre un jugement équitable. Sa décision peut être frappée d'appel de la part d'une partie pour vérifier la régularité de la procédure suivie mais celle-ci encourt de lourdes sanctions en cas d'échec.

b) L'élargissement des actions civiles par le droit prétorien

Or, comme le développement de la société romaine rend insuffisant le nombre de cas prévus par la loi et réservés pour la plupart aux seuls ***citoyens*** romains pour engager un procès, le ***préteur*** se voit peu à peu contraint d'aménager les cas d'ouverture du procès pour répondre notamment aux plaintes des *pérégrins*. Élu pour un an, le *préteur* peut, en vertu de son *ius edicendi*, formuler publiquement une réglementation pour organiser la justice et la tenue du procès à compter de la fin du IIe siècle av. J.-C.

Si les premières formules élargissent les actions de la loi initialement prévues, peu à peu de nouveaux cas d'ouverture de procès sont créés de toutes pièces. Aux *actions civiles* traditionnelles de la loi s'ajoutent progressivement les ***actions prétoriennes***. Dès lors, les préteurs créent librement des actions nouvelles, annonçant lors de leur investiture les innovations qu'ils projettent par le biais d'un édit officiel qui fait la liste des actions qu'ils entendent introduire. Cet édit est publié chaque année par chaque nouveau magistrat inaugurant son mandat, avec possibilité pour lui de reprendre tout ou partie des innovations introduites par son prédécesseur. La *pars tralaticia* de son édit prolonge les actions ouvertes par des préteurs antérieurs, la *pars nova* inaugure de nouveaux cas d'ouverture.

De la sorte, par effet de « sédimentation » et une mise à jour régulière des édits successifs, le droit prétorien assure une modernisation souple du droit romain, préserve son aspect pragmatique et utile. Néanmoins, avant le IIe siècle apr. J.-C., les édits des préteurs deviennent moins fructueux, se contentant de rappeler les édits antérieurs, jusqu'à l'établissement d'un Édit perpétuel rédigé sur l'ordre de l'empereur Hadrien en 135 apr. J.-C. qui résume définitivement pour l'avenir tous les cas d'ouverture des procès.

2) L'opinion des jurisconsultes

a) Des pontifes aux jurisconsultes

L'originalité du système de droit à la période classique tient à l'existence au Ier siècle apr. J.-C. d'une classe de jurisconsultes (*jurisconsulti*, *periti*, *prudentes*) qui prolonge en dehors de la religion les pontifes dans la connaissance du droit et le rôle de conseil et dont la doctrine devient une source directe de droit. Ses membres, investis d'une autorité officielle, eurent à Rome une haute situation sociale, morale et juridique. Chargés de conseiller les parties, d'assister les citoyens dans la rédaction d'actes juridiques, de donner des consultations, ils constituent un nouveau corps de professionnels qui font évoluer le droit romain. En effet, cette « *jurisprudence* » n'a pas le même sens qu'aujourd'hui : elle n'est pas la somme des décisions ou des solutions judiciaires dans un domaine juridique donné, elle est plus largement la connaissance savante du droit, notamment des jurisconsultes spécialisés. C'est la notion actuelle de ***doctrine*** qui s'en approche le plus.

Après la prise d'Athènes (86 av. J.-C.) et l'arrivée à Rome des philosophes grecs, les jurisconsultes orientés initialement sur la pratique juridique subissent l'influence épicurienne et stoïcienne. Ils exposent dès lors le droit sous forme didactique en opérant un travail de classement des matières pour faciliter la tâche aux praticiens et aux théoriciens. Leurs commentaires, sous la forme de questions/réponses, alimentent le débat juridique. Recueillies et diffusées sous forme de manuels d'études, de discussions, de commentaires..., ces opinions assurent une première organisation systématique du droit et sa vulgarisation.

Deux écoles, les ***Proculiens*** et les ***Sabiniens***, dominent ce milieu intellectuel. Les premiers, novateurs par leur volonté d'introduire de nouvelles règles dans le droit s'opposent aux seconds, davantage partisans des solutions classiques établies sur la pratique courante.

Afin de contrôler leur activité, Auguste accorde à certains le prestige de *l'auctoritas* à leurs consultations par le moyen du *ius respondendi*. Approbation permanente de leur consultation, ce privilège donne une autorité suffisante pour influencer les juristes et les juges lorsque toutes les réponses de jurisconsultes concordent sur une même question.

b) L'âge d'or de la jurisprudence du Ier au IIIe siècle

Entre le Ier et le IIIe siècle apr. J.-C., la jurisprudence est au centre du système juridique. C'est l'observation des cas pratiques qui suscite l'élaboration de nouvelles solutions juridiques. Doctrine de grande qualité, cette jurisprudence suscite de multiples débats et controverses.

Plusieurs grands auteurs se succèdent : Julien, Papinien, Paul et Ulpien, Modestin sont parmi les plus célèbres. Les trois derniers sont des auxiliaires directs de l'empereur au IIIe siècle apr. J.-C., participant à l'élaboration de la législation impériale. Leur œuvre personnelle est incluse par la suite dans le Digeste, et recouvre un ensemble de traités, de discussions, de consultations, de commentaires... qui dispose d'une autorité quasi officielle, reconnue par l'État, alors que les jurisconsultes sont peu à peu enrôlés parmi les fonctionnaires impériaux. Mais c'est sans doute l'œuvre de Gaius qui est la plus riche d'enseignements pour l'avenir. Ses *Institutes*, manuel paru autour de 150 apr. J.-C., présentent le droit de façon claire et ordonnée suivant un plan (personnes, choses, obligations conventionnelles, responsabilité et actions) et des classements qui préfigurent les futures codifications et vont inspirer les juristes jusqu'à nos jours.

Pour aller aux sources du droit

Texte 8 : Extrait des *Institutes* de Gaius, in *Corpus Iuris Civilis* traduit en français par MM. Bérenger fils, Berthelot, Hulot et Tissot, Metz : Behmer et Lamort ; Paris : Rondonneau, 1803-1811, 14 vol.

Le principal ouvrage connu de Gaïus est un ouvrage destiné à l'enseignement : les *Institutes*. Ce manuel correspond à une année d'études dans la formation de futurs juristes. Il obtint un succès considérable en raison de la rationalité de sa présentation. En effet, Gaïus fait d'abord une introduction sur les sources du droit. Puis il organise son propos dans un plan tripartite :

les personnes, les biens, les actions qui inspire encore un grand nombre de Codes et manuels contemporains. Inspiré par la philosophie grecque et valorisant la science romaine du droit, Gaïus traite de l'intégralité du droit et subdivise celui-ci en espèces et en genres. Le texte n'était longtemps connu que par le *Digeste* ou par des informations tirées du *Bréviaire d'Alaric*. En 1816, l'ouvrage à peu près complet fut découvert dans un palimpseste de Vérone. L'extrait suivant signale les règles à respecter pour contracter un mariage valide entre personnes d'une même société.

« Du Mariage.

Le mariage est légitime s'il est contracté entre un Romain et une Romaine, volontairement et avec les solennités ordinaires.

Il n'est. cependant pas permis d'épouser toutes sortes de femmes ; le père ne peut pas épouser sa fille, ni le fils sa mère, ni l'aïeul sa petite-fille, ni le petit-fils son aïeule. Le mariage est non-seulement défendu entre les personnes qui sont attachées par les liens du sang, mais encore entre celles qui le sont par ceux de l'adoption. Les mariages ne cessent pas d'être illicites, quand même l'adoption serait dissoute par l'émancipation.

Le mariage est prohibé entre le frère et la sœur, soit qu'ils soient nés d'un même père et d'une même mère, soit qu'ils aient un père ou une mère différent ; de même qu'entre le frère et la sœur adoptifs, excepté quand l'un des deux est sorti de la famille par l'émancipation. Si l'un d'entre eux est émancipé, rien ne les empêche de s'unir ensemble.

On ne peut épouser la fille de son frère ou de sa sœur.

De même que la sœur de son père ou de sa mère.

Les mariages sont également interdits entre le gendre et sa belle-mère, le beau-père et sa bru, comme entre la fille de sa femme ou l'épouse de son père.

Ils sont encore interdits entre les cousins germains paternels ou maternels.

Il est défendu à un homme d'épouser les deux sœurs, et à une femme d'épouser les deux frères.

I. es mariages contractés entre les personnes dont il est fait mention ci-dessus sont incestueux et criminels ; celui qui en a contracté un semblable est censé n'avoir ni femme ni enfants. Les enfants qui naissent de ces unions ont bien une mère ; mais ils sont censés n'avoir pas de père et regardés comme conçus d'un adultère. Ou les appelle spurii, c'est-à-dire enfants sans père.

(...) »

La qualité de la jurisprudence décline entre le IIIe et le Ve siècle en se contentant de rappeler les premiers commentaires. Elle renaîtra à partir du Ve siècle, dans les écoles d'Orient – Alexandrie, Athènes, Constantinople et Beyrouth –, où elle est désormais directement au service de l'État impérial qui dispose d'une totale mainmise sur l'ensemble du droit.

Pour aller plus loin

Le jurisconsulte Gaïus

Gaïus était un juriste du IIe siècle ap. J.-C. connu par son prénom. On ne sait pas grand-chose de sa vie et curieusement il n'est pas cité par ses contemporains ou ses successeurs. Outre un commentaire de l'édit du préteur, et un commentaire de la Loi des Douze Tables, le principal ouvrage connu de Gaïus est un ouvrage destiné à l'enseignement : les *Institutes*. Ce manuel correspond à une année d'études dans la formation de futurs juristes. Il obtint un succès considérable en raison de la rationalité de sa présentation. En effet, Gaïus fait d'abord une introduction sur les sources du droit. Puis il organise son propos dans un plan tripartite : « Tout le droit que nous utilisons se rapporte soit aux personnes, soit aux biens, soit aux actions ». Cette présentation est encore celle du Code civil français développant les distinctions entre les personnes et les biens, ou entre les sujets du droit, les objets du droit et les sanctions du droit. Cicéron, dans son *De Oratore* souhaitait que ce lien soit fait entre la philosophie grecque et la science du droit à Rome. Gaïus semble réaliser le vœu de Cicéron.

2 • L'ORGANISATION DU DROIT EN SYSTÈME

Après Auguste (27 av. J.-C. -14 apr. J.-C.), les sources de droit traditionnelles déclinent et les lois votées par les assemblées populaires se raréfient avant de disparaître à la fin du Ier siècle apr. J.-C. L'empereur accapare peu à peu le pouvoir législatif de façon exclusive, multiplie les décisions et tarit par là même les autres sources classiques du droit (A). Au Bas-Empire après le IIIe siècle, l'essor de la législation impériale est spectaculaire. Dans le but de renouer avec l'Empire romain classique et obéissant à la volonté d'unification systématique du droit qui s'exprime depuis le Haut-Empire par des codifications d'initiative privée puis publique, l'empereur byzantin Justinien (527-565) entreprend la réalisation d'une synthèse claire et complète de l'ensemble du droit romain pour en faciliter la connaissance et l'application (B).

A - La suprématie de la norme légale sous l'Empire

1) La conquête de la compétence législative par l'empereur

a) L'appropriation des pouvoirs du Sénat par l'empereur aux deux premiers siècles

Si Auguste se refuse à légiférer, le Sénat dispose du pouvoir de délivrer des ***sénatus-consultes*** aux magistrats. Ces avis, dont l'autorité juridique est nulle au départ, gagnent aux Ier et IIe siècles en autorité, suggérant des réformes auprès des ***préteurs***, puis passent par voie d'injonction et finalement obtiennent force de loi sous le règne d'Hadrien. C'est par l'influence qu'ils exercent sur le Sénat que les empereurs vont trouver moyen de légiférer, les ***sénatus-consultes*** reflétant leur volonté avant de disparaître au IIIe siècle. Les empereurs interviennent également de façon plus directe par le biais ***d'édits*** qui ne disposent au départ que d'une autorité de fait. Au milieu du IIe siècle, Gaius donne la justification politico-juridique du pouvoir législatif de l'empereur en estimant qu'il est l'expression de son *imperium* personnel constitutif de la majesté du prince. Les empereurs se substituent dès lors comme principale source de droit en adoptant des ***constitutions impériales*** dont la valeur est reconnue égale à celle des lois par Gaius.

b) L'élaboration des constitutions impériales au IIIe siècle

À partir du début du IIIe siècle apr. J.-C, l'empereur accaparant la compétence législative devient véritablement aux dires des juristes « la loi vivante ». Les sénatus-consultes législatifs sont supplantés par des actes émanant directement de l'empereur, à savoir les ***constitutions impériales*** – sur la base du verbe *constituere* « décider, établir », bref, ce que l'empereur a constitué, mis en place, et de ce fait rendu stable –. C'est en son conseil ou au sein de la chancellerie que sont élaborés les textes.

Plusieurs catégories d'actes sont distinguées. Les décisions à valeur générale sont constituées par les ***édits***. Ce sont des prescriptions générales applicables à tout l'Empire, pouvant intervenir à tout moment et ayant valeur permanente. Prononcés par l'empereur sur la base de l'*imperium* qui emporte le *ius edicendi* reconnu antérieurement aux consuls puis aux préteurs, ce sont les textes les plus proches de la loi.

Pour aller aux sources du droit

Texte 9 : *Édit de Caracalla*, 212 ; tiré de P. F. Girard, F. Senn, *Les lois des Romains*, Naples, Jovene impr., 1977, pp. 478-490

L'édit de Caracalla accorde en 212 le droit de cité romaine à tous les habitants libres de l'Empire. Par là même, l'empereur vise autant à élargir l'assiette de l'impôt payé par les citoyens qu'à rallier à sa cause les provinciaux dans un contexte où sa légitimité est disputée. Le stoïcisme de l'entourage impérial et la simplification des procédures qui résulte de cette généralisation du droit de cité en matière de statuts individuels contribuent encore à justifier cette initiative. Cette mesure constitue une étape décisive dans l'évolution romaine depuis la cité conquérante jusqu'à l'État unificateur fédérateur des populations.

« [L'Empereur César] Marc Aurèle Sévère Antonin Auguste proclame :

[D'une manière générale, c'est à la divinité qu'il faut] avant tout [reporter et] les causes et les raisons (des choses) ; [et moi aussi, comme il se doit], je voudrais rendre grâce aux dieux [immortels] pour m'avoir sauvé d'un tel [complot tramé (contre ma vie)]. Voila pourquoi j'estime pouvoir accomplir de manière si [magnifique et si digne des dieux] un acte qui convienne a leur majesté, en ralliant [a leur culte, comme Romains], [autant de fois de dizaines de milliers (de fidèles)] qu'il en viendra chaque fois se joindre a mes hommes. Je donne donc à tous [ceux qui habitent] l'Empire le droit de cité romaine, étant entendu [que personne ne se trouvera hors du cadre des cités], exceptés les déditices. Il se doit en effet [que la multitude soit non seulement associée] aux charges qui pèsent sur tous, mais qu'elle soit désormais aussi englobée dans la victoire. [Et le présent édit] augmentera la majesté du [peuple] romain : [il est conforme à celle-ci] que d'autres puissent être admis à cette même [dignité que celle dont les Romains bénéficient depuis toujours], alors qu'en étaient exclus... de chaque... »

Les actes à caractère particulier sont de trois sortes :

– les ***décrets*** correspondent aux jugements rendus par le prince dans le cadre de sa justice personnelle pour les affaires de première instance ou d'appel et ont valeur de précédent judiciaire ;
– les ***mandats*** sont assimilés à des instructions administratives adressées aux fonctionnaires judiciaires et ne valent que sur le territoire du fonctionnaire destinataire et n'engagent que l'empereur qui les a formulés ;
– les ***rescrits*** sont autant de réponses de l'empereur ou de ses bureaux à des questions juridiques posées par un citoyen ou un administrateur et données au bas de la lettre, d'où le terme de rescrit. Ne valant théoriquement que pour l'affaire qui l'a suscitée, la solution n'en acquiert pas moins une valeur de précédent par sa qualité juridique et l'autorité qui l'accompagne.

L'autorité de toutes ces constitutions est proche de celle des lois et le terme n'en est plus distingué au début du IVe siècle ap. J.-C. Au Ve siècle, la nomenclature précédente devient plus incertaine au profit du seul terme de loi. Ulpien résumera sous un adage ce principe qui sera repris au XIIe siècle dans les différents royaumes d'Europe occidentale : « Ce qui a paru convenable au prince a force de loi » (*Quod principi placuit legis vigorem habet*). L'essor législatif est considérable tout au long des IV et Ve siècles et répond à la multiplication des menaces extérieures contre l'Empire, à la crise des valeurs sociales et à la fragilité économique. La totalité de la vie sociale est encadrée de façon approfondie, (famille, métiers, administration locale, religion, transport, condition paysanne...). Mais le très grand nombre de textes, leur qualité rédactionnelle variable et leur publicité mal assurée rendent difficile leur application locale. À côté de cette législation, seule la coutume subsiste.

2) Le déclin des autres sources de droit et l'essor de la justice impériale

Répondant à la même volonté d'unification que celle qui va marquer les sources de droit, le pouvoir impérial réforme l'organisation judiciaire et la procédure. À côté de la procédure traditionnelle confiée aux magistrats de type républicain, est apparue dès le début de l'Empire une procédure plus simple et plus autoritaire, relevant du pouvoir juridictionnel de l'empereur, et par laquelle il pouvait connaître *extra ordinem* des affaires civiles et criminelles. Cette façon de procéder se développe au IIIe siècle apr. J.-C., d'abord en province, puis à Rome même avec l'effacement du rôle judiciaire des ***préteurs***. Une Constitution de Dioclétien de 294 généralise la procédure extraordinaire avant que la loi n'écarte définitivement en 342 la procédure formulaire.

La procédure extraordinaire *(extra ordinem)* se révèle très différente de la procédure ordinaire qui régnait sous les actions de la loi et avec les formules. Juge et magistrat sont confondus et le fonctionnaire impérial domine un procès désormais réduit à une seule phase et examine revendications et moyens de preuve avant de trancher lui-même le litige en qualité de représentant de l'autorité publique. Il dispose à ce titre de moyens de contrainte pour assurer la comparution des parties et l'exécution de la sentence. Il n'est plus lié par un formalisme qui, encore dans la procédure classique, pouvait empêcher le triomphe du droit. Preuve écrite, représentation des parties, possibilité d'enquête du juge, mise par écrit et archivage du jugement, exécution obligatoire de la sentence transforment radicalement l'exercice de la justice. Un système d'appel graduel est organisé, dans les cas les plus graves devant l'empereur qui n'est pas lié par les lois et peut trancher en équité ou sanctionner de nouvelles pratiques juridiques. Les procédures juridictionnelles modernes sont les directs successeurs de ces progrès de l'époque byzantine.

Cette procédure permet la fusion entre les différents systèmes juridiques de l'époque classique et la réduction du procès à une seule séquence. Avec la disparition des formules, elle contribue à l'unification du droit au Bas-Empire. À la même période, les jurisconsultes sont rassemblés auprès du prince dans son conseil, enrôlés sous un statut de fonctionnaire impérial et exercent désormais leur compétence au service du pouvoir en participant à la rédaction des textes officiels.

B - L'aspiration à l'unification du droit romain

1) Le temps des codifications

Face à l'abondance de la législation impériale, les compilations spécifiques se multiplient, facilitant l'accès aux textes. Les « *codes* », avant d'être assimilés aux recueils de droit promulgués par l'autorité centrale, correspondent à une nouvelle façon de relier les feuilles, sous forme de livre, par opposition aux rouleaux de papyrus antérieurement ouverts pour la lecture. Ils font leur apparition à compter du IIIe siècle et conduisent à la réédition des textes anciens. Les deux codes d'initiative privée de professeurs vraisemblablement de l'école de Beyrouth, Grégoire (291 ap. J.-C.) et Hermogénien (294 ap. J.-C.) rassemblent les textes les plus importants pour les praticiens. Ils s'ajoutent à différents abrégés destinés à simplifier l'accessibilité et la connaissance des textes et aux injonctions impériales à suivre en matière de jurisprudence les cinq plus grands jurisconsultes romains reconnus. Mais faute de caractère officiel, l'autorité de tous ces instruments reste juridiquement limitée.

Pour aller aux sources du droit

Texte 10 : Extraits du *Code Hermogénien*, tiré du *Corpus Iuris Civilis* traduit en français par MM. Bérenger fils, Berthelot, Hulot et Tissot, Metz : Behmer et Lamort ; Paris : Rondonneau, 1803-1811, 14 vol. in 4

Le *code Hermogénien* était un recueil de constitutions impériales réalisé par un juriste romain du nom d'Hermogénien, contenant essentiellement des rescrits de l'empereur Dioclétien des années 293 et 294. Associé au code Grégorien, réalisé vers la même époque, il a été très utilisé par les juristes romains du Bas Empire romain. Remplacés par d'autres compilations, ces deux codes ont été perdus comme tels. Ici l'extrait présente la responsabilité des héritiers à l'égard des délits des défunts et les obligations nées des contrats et des pactes.

« Comment les héritiers sont tenus des délits des défunts.

Aurélius à Ennius Saturninus,

En cas de décès de celui qui a commis un délit, arrivé même avant qu'il ait été traduit en justice, on peut y appeler ses héritiers ; non comme passibles de la peine qui aurait pu être infligée au défunt, mais seulement pour se faire rendre par eux ce dont ils auraient profité du délit de leur auteur, personne ne devant s'enrichir du crime d'un autre : tels sont les principes du droit à cet égard. Le préfet de la province d'Afrique, homme très illustre, notre bien-aimé, ayant entendu les parties, doit s'y conformer en jugeant.

Signé le 7 des calendes d'octobre, Sirmius Aug. consul.

Interprétation. Cette loi veut, en affaire criminelle, que le coupable étant décédé avant d'avoir été traduit en justice, ou avant d'y avoir été condamné, ses héritiers ne puissent être condamnés qu'à rendre ce qui aurait été trouvé, ou qu'on aurait appris leur être parvenu, et que le coupable aurait été lui-même obligé de rendre nonobstant sa peine. Au surplus les héritiers ne doivent être condamnés ni à la peine encourue par le coupable, ni à aucune autre satisfaction.

Des pactes et conventions.

Les empereurs Dioclétien et Maximien Aug. A Sebastianus

Il ne résulte aucune action du pacte nu, ni même des obligations régulières qui choquent les mœurs ; celles qui seraient intentées à leur occasion doivent être rejetées, etc.

Rép. le 4 des calendes de juin, les mêmes consuls.

Les mêmes Aug. à Flavius Rumitalus. Entre autres du même chapitre.

Tout pacte intervenu contre les bonnes mœurs ou contre les lois est nul, etc.

Rép. les mêmes Aug. consuls.

Les mêmes Aug. et César à Zotianus Antoninus.

Jugement rendu conserve toute sa force quelque transaction qui ait eu lieu depuis : c'est pourquoi si votre père a transigé et payé après avoir été condamné, opposez pour défense plutôt le paiement que la transaction, etc.

Rép. le 18 des calendes de janvier, les mêmes Aug. consuls,

Les mêmes Aug. à Ulpia Marcellina.

Que n'avez vous instruit le président de la province des manœuvres frauduleuses employées par votre gendre, pour profiter de votre inexpérience et vous amener à une transaction perfide, Au surplus, s'il n'en résulte pas une révocation consommée des actes antérieurs, par stipulation Aquilienne dûment agréée, le magistrat écartera aisément un acte aussi artificieux, toutes vos autres actions, à l'un et à l'autre, réservées.

Rép. le 3 des nones d'octobre, les mêmes Aug. consuls.

Les mêmes Aug. à Sergia et Anagius.

Entre autres même chapitre.

Transaction faite sur procès douteux ne peut être annulée.

Rép. le 8 des ides d'avril, les Césars consuls.

Les mêmes Aug. à Aurélius, soldat hermogénien.

Le Recteur doit casser tout pacte qu'il aura reconnu n'avoir pas été fait selon les formes usitées dans la province,

Rép, le 14 des calendes de novembre, les Césars consuls. »

Il faut attendre l'initiative de l'empereur Théodose II (408-450) pour voir la publication officielle du Code Théodosien en 438, qui répertorie de manière systématique et chronologique les constitutions élaborées depuis le règne de Constantin (306-337). Visant l'unité de l'Empire, le code supprime contradictions et archaïsmes et s'applique à tous sur les parties orientale et occidentale du territoire.

2) Les compilations justiniennes

a) La compilation de l'ensemble du droit romain

À l'avènement de Justinien en 527, le Code Théodosien réalisé au Ve siècle conserve valeur officielle mais est désormais dépassé. Des constitutions importantes sont intervenues, intégrées pour certaines dans les collections de Novelles post-théodosiennes, mais il s'agit de compilations privées qui ne renferment aucun texte postérieur à 468. Quant à la jurisprudence classique, en dehors des écoles orientales (Beyrouth, Constantinople) où certains ouvrages servent encore de base à l'enseignement, elle est de plus en plus mal connue. L'étude du droit classique ne s'alimente plus alors que de rares œuvres, principalement des *Institutes* de Gaius.

Dans un but à la fois politique, pratique et scientifique, l'empereur d'Orient Justinien (527-565) entend résumer l'ensemble du droit romain depuis la fondation de Rome pour le transmettre à l'avenir. Les plus éminents juristes sont réunis à cet effet sous l'autorité d'un ancien professeur de droit et premier magistrat de Constantinople, Tribonien, pour participer à la rédaction des ouvrages et la mise en cohérence de l'ensemble des règles romaines répertoriées. Si, à l'image de la volonté de Justinien d'unité géographique de l'Empire et de réorganisation de son gouvernement, la codification est prévue pour l'ensemble du territoire, elle n'est vraiment connue qu'en Orient, l'Occident se référant au Code Théodosien jusqu'à la chute du régime en 476 avant que l'œuvre de compilation ne soit réalisée.

b) Les instruments de cette codification

Quatre ouvrages sont rédigés pour former ce que l'on appellera plus tard le *Corpus juris civilis* :

- le ***Code*** remet à jour l'ancien Code Théodosien en sélectionnant les textes toujours en application depuis le IIIe siècle et en l'augmentant des nouvelles constitutions prises depuis 438 – environ 4 600 constitutions au total –. Adopté en 529, il est suivi d'une deuxième version en 534 qui incorpore de nouvelles constitutions et donne autorité officielle à l'ensemble des textes présentés. Le succès du code conduit à envisager la synthèse des opinions juridiques des grands jurisconsultes passés ;
- le ***Digeste***, ou les ***Pandectes***, est un recueil de jurisprudence à destination des grands juristes. Il fait la synthèse de près de 300 000 citations (*versus*) des 38 ou 39 grands jurisconsultes de la période classique sur chaque matière juridique, en écartant les éléments désuets et répétitions, en corrigeant les contradictions et respectant la toute puissance de l'empereur. Ouvrage extraordinaire par son originalité, son ambition et la rapidité de sa réalisation, il paraît en 533 accompagné de l'interdiction faite aux jurisconsultes de l'obscurcir par de nouveaux commentaires ;

Pour aller aux sources du droit

Texte 11 : Extrait du *Digeste* de Justinien tiré de *Corpus Iuris Civilis* traduit en français par MM. Bérenger fils, Berthelot, Hulot et Tissot, Metz : Behmer et Lamort ; Paris : Rondonneau, 1803-1811, 14 vol. in 4

Le *Digeste* ou, en grec, les *Pandectes* a été rédigé sur ordre de Justinien et publié dans sa version définitive en 534. Il nous a transmis les extraits les plus instructifs de la doctrine des cinq principaux jurisconsultes romains de la grande époque (Paul, Papinien, Ulpien, Gaius et Modestin) dont il constitue un concentré des consultations. Les compilateurs ont supprimé les divergences d'opinion entre jurisconsultes et ont repris souvent textuellement leurs écrits, en citant leurs sources. Le classement est établi par matières. Quelque peu oublié en Europe occidentale (au motif qu'il avait été rédigé à l'intention des juristes de l'Empire romain d'Orient), cet ouvrage ne fut vraiment redécouvert qu'au Xe siècle et fut à l'origine de la renaissance du droit dans la partie occidentale de l'Europe, tout particulièrement en Italie puis en France.

« Livre huitième

TITRE PREMIER. DES SERVITUDES.

Marcien au liv. 3 des *Règles.*

Les servitudes sont ou personnelles, comme l'usage et l'usufruit, ou réelles, comme les servitudes des maisons ou des terres.

Ulpien au liv. 17. *sur l'Edit,*

Un des propriétaires d'une maison commune ne peut point lui seul imposer une servitude sur la maison.

Paul au liv. 21. sur l'Edit.

Les servitudes de fonds sont établies ou sur le sol, ou sur la superficie.

Papinien au liv. 7. des Questions.

Les servitudes ne peuvent point dire établies de plein droit, à commencer d'un certain temps, pour durer un certain temps, ou sous certaines conditions, par exemple, tant qu'il me plaira ; cependant si on ajoute quelques-unes de ces clauses, elles forment une convention qui donne lieu à une exception contre celui qui revendique la servitude malgré les termes de la convention. On a aussi contre lui l'exception tirée de la mauvaise foi. Cassius écrit que tel était l'avis de Sabin, qu'il approuve aussi lui-même.

1. On peut ajouter aux servitudes qu'on établit une mesure déterminée, par exemple, si l'on pourra passer ou non par un chemin, avec telle espèce de voiture, convenir qu'on n'y passera qu'à cheval, qu'on ne pourra y faire porter qu'une certaine charge, y conduire un troupeau de moutons, transporter du charbon.

2. Lorsqu'une servitude est distinguée par ses jours et ses heures, elle n'est point pour cela établie pour un certain temps. Cette clause détermine l'usage d'une servitude légitimement établie.

Gaïus au liv. 7, sur l'Edit provincial.

Les servitudes de chemin, de sentier, de passage, d'aqueduc, s'établissent à peu près des mêmes manières que nous avons rapportées en parlant de l'usufruit.

1. L'usage des servitudes peut être distingué par temps, par exemple, de manière que celui à qui on accorde la servitude puisse en jouir depuis la troisième jusqu'à la dixième heure, eu de deux jours l'un.

Paul au liv. 21 sur l'Edit

On peut établir une servitude, ou en faire la remise sur une certaine partie d'un fonds.

Ulpien au liv. 15. sur la Loi Julia et Papia.

Le droit de décharger son égout sur le terrain d'un autre est une servitude.

Paul au liv. 15. Sur Plautus.

On ne peut imposer sur le fonds d'un autre une servitude qui consiste à cueillir un fruit, à se promener ou à faire un repas chez lui.

Si j'ai une servitude sur le fonds qui vous appartient et que j'acquière la propriété d'une partie de votre fonds, ou vous celle d'une partie du mien, la servitude se conserve par partie, quoique dans l'origine elle n'eût pas pu être établie par partie indivise. »

– ***Œuvres*** de professeurs pour l'enseignement aux étudiants, les ***Institutes*** constituent un manuel rédigé spécialement pour l'apprentissage du droit et paraissent en 533. Clair et succinct, faisant table rase des éléments obsolètes pour faire état du droit applicable, l'ouvrage se divise sur le modèle de l'œuvre des Gaius en 4 livres (personnes, choses, obligations et contrats, délits et actions) et acquiert immédiatement valeur de loi. Il inspire directement le Code civil de 1804 ;

Pour aller aux sources du droit

Texte 12 : Extrait des *Institutes* de Justinien, tirées de la 7e édition de l'*Explication historique des Instituts de l'Empereur Justinien* de J.-L.-E. Ortolan, Paris : H. Plon, 1863.

Les *Institutes* est le manuel d'enseignement qui accompagne le *Code Justinien* et le *Digeste*. C'est un ouvrage destiné aux étudiants pour faciliter l'apprentissage du droit romain. Ce manuel est inspiré en grande partie de celui de Gaius dont il reprend pour l'essentiel le plan, en séparant les personnes et les biens, les actions.

« Préambule

(Au nom de notre Seigneur J.-C.) l'Empereur César Flavien Justinien, alémanique, gothique, francique, germanique, antique, alanique, vandalique, africain, pieux, heureux, glorieux, vainqueur et triomphateur, toujours auguste, à la jeunesse désireuse d'étudier les lois.

La majesté impériale doit s'appuyer sur les armes et sur les lois, pour que l'État soit également bien gouverné pendant la guerre et pendant la paix ; pour que le prince, repoussant dans les combats les agressions des ennemis, devant la justice les attaques des hommes iniques, puisse se montrer aussi religieux dans l'observation du droit que grand dans les triomphes.

1. Cette double tâche, par les plus grands travaux et les plus grands soins, à l'aide de Dieu, nous l'avons remplie. Nos exploits guerriers sont connus des Barbares que nous avons placés sous notre joug ; ils sont attestés et par l'Afrique et par tant d'autres provinces que nos victoires, dues à la protection céleste, ont, après un si long intervalle, rendues à la domination romaine et rattachées à notre empire. Des lois promulguées ou rassemblées par nous régissent tous les peuples.

2. Après avoir amené à une harmonie parfaite les constitutions impériales si confuses jusque-là, nous avons porté nos soins sur les volumes immenses de l'ancienne jurisprudence, et, marchant comme plongés dans un abîme de difficultés, cet ouvrage désespéré, déjà, par une faveur du ciel, nous l'avons terminé.

3. Ceci fait, grâce à Dieu, nous avons convoqué l'illustre Tribonien, maître et ex-questeur de notre palais, Théophile et Dorothée, hommes illustres et antécesseurs, qui tous les trois nous ont déjà donné plus d'une preuve de leur capacité, de leur savoir dans le droit, de leur fidélité à nos ordres, et nous les avons chargés spécialement de composer, avec notre autorisation et nos conseils, des Instituts, afin qu'au lieu de chercher les premiers éléments du droit dans des ouvrages vieillis et reculés, vous puissiez les recevoir émanés de la splendeur impériale ; que rien d'inutile, rien de déplacé ne frappe vos oreilles et votre esprit ; que vous n'appreniez rien enfin qui ne tienne aux affaires mêmes. Ainsi, lorsque jusqu'à ce jour la lecture des constitutions impériales était possible à peine aux premiers d'entre vous après quatre ans d'étude, c'est par elle que vous commencerez, dignes d'assez d'honneur et doués d'assez de bonheur pour que les premières et les dernières leçons de la science des lois soient parties pour vous de la bouche du prince.

4. Nous avons donc, après les cinquante livres du Digeste ou Pandectes, dans lesquels tout le droit ancien a été recueilli par le même illustre personnage, Tribonien, aidé de plusieurs hommes célèbres et éloquents, nous avons ordonné qu'on divisât les Instituts en quatre livres, renfermant les premiers éléments de toute la science.

5. On y a brièvement exposé ce qui existait autrefois, et ce qui, obscurci par le non-usage, a été, par la sollicitude impériale, éclairé d'un nouveau jour.

6. Ces Instituts, tirés de tous ceux des anciens, de plusieurs commentaires, mais surtout de ceux qu'a faits notre Gaius tant sur les Instituts que sur les causes de chaque jour, nous ont été présentés par les trois jurisconsultes nommés plus haut ; nous les avons lus et revus, et nous leur donnons toute la force de nos constitutions.

7. Travaillez donc avec une joyeuse ardeur à apprendre ces lois ; et montrez-vous tellement instruits que vous puissiez être animés de l'espérance si belle d'être capables, à la fin de vos travaux, de gouverner notre empire dans les parties qui vous seront confiées. »

Donné à Constantinople, le 11 des calendes de décembre, sous le troisième consulat de l'empereur Justinien, toujours Auguste.

– la rédaction de la *seconde édition du Code* (534) n'achève pas l'œuvre de Justinien. De nombreuses constitutions importantes furent en effet promulguées principalement dans la période 535-540. Ces nouvelles constitutions, désignées sous le nom de ***Novelles***, furent souvent écrites en grec. Cependant, Justinien ne fit faire aucun recueil officiel : la publication des constitutions promulguées depuis la parution du code permit sa mise à jour et la traduction dans les deux langues des nouvelles dispositions.

Cette codification générale élève au niveau légal l'ensemble du droit romain antérieur, et les interprétations juridiques sont réservées à l'empereur, impliquant ainsi une forte hiérarchie au niveau des juges. La place prééminente de ce dernier impose qu'il puisse ne pas être lié par les lois. Seule sa sagesse constitue une réserve contre tout abus et tout excès de sa volonté. Le succès des compilations est néanmoins inégal : le Code et les Novelles sont véritablement les instruments utilisés dans l'Orient romain alors que le Digeste n'a qu'un succès auprès des professeurs. Introduites par le pape Vigile en Occident, les compilations ne reçoivent qu'un écho limité et restreint à l'Italie.

Pour aller plus loin

L'avenir des compilations justiniennes

Vers 900, l'empereur Léon le Sage commanda la traduction de l'ensemble en grec, pour le rendre compréhensible aux juristes byzantins. Cette version grecque fut intitulée *Basilica*.

Ce n'est qu'à la fin du XIe siècle que les compilations justiniennes furent redécouvertes à l'Université de Bologne, en Italie. De cette redécouverte s'engagea la renaissance du droit romain en Europe occidentale. Cette œuvre législative prend une importance fondamentale en Occident car c'est sous cette forme reçue de Justinien que l'Occident médiéval, à partir du XIIe siècle s'approprie le droit romain et le marie aux coutumes d'origine germanique, pour former le propre des États de tradition romano-germanique européens.

BIBLIOGRAPHIE

ADAM (R.), *Institutions et citoyenneté de la Rome républicaine*, Paris, Hachette, 1996.

BORDET (M.), *Précis d'histoire romaine*, A. Colin, 1998.

CORIAT (J.-P.) *Le prince législateur : la technique législative des Sévères et les méthodes de création du droit impérial à la fin du principat*, École française de Rome, 1997, 771 p.

DUCOS (M.), *Rome et le droit*, Le livre de poche, coll. Références, 1996.

ELLUL (J.), *Histoire des institutions*, tome I *L'Antiquité*, PUF, rééd. 2011, 640 p.

FÖGEN (M.-T.), traduit de l'allemand par Denis Trierweiler, *Histoires du droit romain : de l'origine et de l'évolution d'un système social*, Paris, éd. de la MSH, 2007, 231 p.

GAUDEMET (J.), *Histoire du droit et des institutions de l'Église en Occident : IVe-Ve siècles*, Tome III : *L'Église dans l'Empire romain*, Paris, Sirey, 818 p.

GAUDEMET (J.), *Les institutions de l'Antiquité*, 7e éd. Montchrestien, Domat, coll. Droit public, 2002.

GAUDEMET (J.), *Les naissances du droit*, 4e édition, Montchrestien, 2006.

GAUDEMET (J.), *Droit privé romain,* Montchrestien, rééd, 2009.

GRIMAL (P.), *La civilisation romaine,* Arthaud, Paris, rééd. 2001.

HOMO (L.), *Les institutions romaines, de la Cité à l'État*, Paris, Albin Michel, 1970.

HUMBERT (M.), *Institutions politiques et sociales de l'Antiquité*, Paris, Dalloz, 2007.

LADJILI-MOUCHETTE (J.), *Histoire juridique de la Méditerranée,* droit romain, droit *musulman* Publisud, 2007.

LANÇON (B.), *Rome dans l'antiquité tardive,* Hachette, coll. La vie quotidienne, 1995.

MAGDELAIN (A.), *Jus, imperium, auctoritas. Études de droit romain*, Rome rééd. 1990.

MORIN (M.), ROULAND (N.), *Introduction historique au droit romain, au droit français et au droit anglais*, éditions Thémis, 2004.

PETIT (P.), *Précis d'histoire ancienne,* PUF, 11e éd. 2001.

ROBAYE (R.), *Le droit romain,* Louvain-la-Neuve : Academia-Bruylant, rééd., DL 2005, 2 vol.

ROUGE (J.), *Les institutions romaines*, A. Colin, 1991.

SCHIAVONE (A.), *Ius, l'invention du droit en Occident*, coll. l'Antiquité au présent, Belin trad. française 2008, rééd. 2009.

STEIN (P.), *Le droit romain et l'Europe*, Bruxelles, Bruylant, Paris, LGDJ, Genève, Schulthess Medias Juridiques, cop. 2004, 172 p.

VALDRINI (P.) et al., *Droit canonique*, Précis Dalloz, rééd. 2008.

VIDAL-NAQUET (P.), VERNANT (J.-P.), BRISSON (J.-P.), *Démocratie, citoyenneté et héritage gréco-romain*, éd. Liris, 2004.

VILLERS (R.), *Rome et le droit privé*, Albin Michel, coll. L'évolution de l'humanité, 1977.

PARTIE 2

La Gaule au croisement des traditions culturelles (IVe-XIIe siècles)

Si les invasions et l'établissement durable de peuples d'origine germanique sur le territoire européen et l'Empire romain constituent la rupture majeure qui inaugure le Moyen Âge, l'arrivée de ces nouveaux habitants, démographiquement minoritaires, n'a pas pour effet de faire disparaître d'un coup d'épée la culture qui imprègne les territoires longuement soumis ou influencés par Rome. Les mœurs des populations germaniques introduisent une nouvelle tradition culturelle, sans faire disparaître totalement la romanité que les nouveaux arrivants copient ou assimilent malgré son lent déclin. Qui plus est, Gallo-Romains et envahisseurs germaniques se rassemblent dans la même foi chrétienne dont la tradition culturelle constitue dès lors une référence partagée. Aussi, certains historiens n'hésitent-ils pas à qualifier d'Antiquité tardive les siècles qui prolongent la chute de l'Empire romain d'Occident en 476 jusqu'au début du IXe siècle.

Dans ce contexte de rupture et de continuité, c'est une dénaturation progressive du droit romain qui s'observe entre le Ve et la fin du Xe siècle. Après la chute du gouvernement impérial en 476, le droit continue son lent déclin sans disparaître. Les rois barbares font rédiger leurs coutumes nationales en s'inspirant pour certains des dispositions romaines : Euric, roi des Wisigoths, en 476 ; Gondebaud, roi des Burgondes, en 502... De manière parallèle, les rédacteurs des actes publics et privés continuent de recopier les formules des actes romains, même s'ils ne comprennent plus le droit dont elles émanent. Alternatifs à la romanité malgré leur aspect rudimentaire, les usages germaniques sont également mis pas écrit à destination des populations concernées. Admis à côté des règles romaines, ils inaugurent un pluralisme juridique original, protecteur des spécificités ethniques de chacun alors que le droit de l'Église connaît un essor particulier et influence le droit laïc et la société, en réduisant d'autant l'autonomie du droit défendue à la période romaine (chapitre 3).

Rassemblant sous une même autorité et une même foi les populations de l'ouest du continent européen à la fin du VIIIe siècle, l'ère carolingienne simplifie provisoirement ce pluralisme juridique par des lois communes avant que le morcellement du royaume au profit des princes puis des seigneurs n'assure le triomphe d'un ordre juridique diversifié par la démultiplication des ressorts coutumiers dans le monde féodal. Au plus près des populations et des autorités locales, malgré l'affaiblissement des institutions chargées d'élaborer ou d'appliquer le droit, ces usages modifient les mentalités, la société et les cadres politiques. S'enrichissant encore auprès des sources romaines notamment dans le midi de la France et sous l'influence chrétienne, ces usages finissent par constituer de nouveaux cadres du pouvoir et de nouvelles sources d'autorité en droit public. Ils créent également des solutions originales dans la sphère du droit privé qui tend à s'étendre très largement. Le lent processus de « sédimentation coutumière » de ces différentes traditions va fonder spécifiquement l'identité culturelle et juridique à venir de la France (Chapitre 4).

CHAPITRE 3

Ruptures et permanences juridiques (IVe-VIIIe siècles)

Depuis la Renaissance jusqu'à une période récente, la thèse confondant le Haut Moyen Âge avec une période de recul de la civilisation occidentale a été enracinée dans la mémoire collective. Pourtant, la période allant du IVe au VIIIe siècle n'a pas un caractère obscur aussi fort que la tradition lui prête et constitue un tournant majeur de l'histoire européenne et de la Gaule.

De la partition de l'Empire romain au IVe siècle jusqu'à VIIIe siècle, l'Occident se détache de l'Orient. L'Empire byzantin s'est protégé au IVe siècle des populations germaniques en les cantonnant à l'ouest en dehors de ses frontières. Leur accumulation au centre puis à l'ouest de l'Europe sur les rives du Rhin aura raison de la partie occidentale de l'Empire au Ve siècle, incapable de les pacifier et de se défendre durablement. Dès lors, tourné initialement vers la Méditerranée, le centre de gravité européen se décale vers le nord-ouest et l'Occident se tourne vers l'Atlantique.

En Gaule, la transition du pouvoir entre l'Empire et les Francs qui marque le Ve siècle conduit à la confrontation de deux traditions culturelles de richesse inégale qui se superposent alors que la disproportion entre les populations nouvelles et les Gallo-Romaines inaugure une acculturation progressive réciproque. La langue et la culture romaine sont généralement adoptées par les envahisseurs de la Gaule et l'idéal impérial est durablement admiré par les chefs des populations nouvellement installées. L'introduction d'usages germaniques à côté du droit romain amorce l'importation de mœurs nouvelles, sous l'influence fédératrice du christianisme qui s'étend progressivement aux nouveaux arrivants et rassemble les populations germaniques et romaines dans un même élan spirituel (1).

Tout à la fois politique et juridique, la rupture avec le monde antique est consommée. Jusqu'à la chute des Mérovingiens en 751 sont juxtaposées des règles juridiques d'origines diverses qui inaugurent un pluralisme juridique sur une base ethnique originale. Cette diversité juridique conduit à un lent métissage et continue de désagréger l'héritage romain, dans un amalgame à l'origine du droit de l'Europe continentale contemporaine.

Dernier rempart contre l'érosion de l'héritage antique, l'Église perpétue les institutions impériales et prolonge les usages romains. Née sous l'Empire, elle s'est approprié les cadres et la hiérarchie impériale et les maintient dans une dimension universaliste à l'échelle européenne au moment même où se constituent les royaumes germaniques (les îles britanniques se convertissent définitivement à compter de la fin du VIe siècle, la christianisation de la Scandinavie sera effectuée au Xe siècle, l'Europe du centre et de l'est est évangélisée par les orthodoxes byzantins). Dotée d'un droit spécifique depuis l'Empire, elle étend sa compétence juridictionnelle face à la faiblesse de l'autorité publique et imprègne le droit laïc de principes chrétiens tout en reliant la justice de Dieu à la justice des hommes. Il faudra attendre St-Thomas d'Aquin au XIIIe siècle (redécouvrant Aristote) et la redécouverte des compilations justiniennes pour réintroduire la notion antique de justice, et valoriser un droit régulant les rapports sociaux, fondé sur la raison, dit avec prudence, appliqué avec modération en vue du bien commun (2).

1 • LA DIVERSIFICATION DES POPULATIONS ET DES CULTURES SUR UN MÊME TERRITOIRE (IVE ET VE SIÈCLES)

L'installation de barbares sur le même territoire que les populations romanisées de l'Empire confronte des traditions culturelles et juridiques distinctes. L'héritage romain de l'Empire et la tradition chrétienne imprègnent encore les populations de la Gaule (A). Les populations germaniques en moindre nombre adoptent lentement la langue latine et accèdent à la culture romaine. Mais malgré leur rapprochement avec les autres populations dans une même foi, leur domination politique garantit la permanence de leurs mœurs spécifiques (B).

A - L'héritage culturel de l'Empire

1) La tradition romaine

a) Concepts et technique du droit romain

Les Romains en tant que techniciens du droit laissent aux générations postérieures tout un savoir-faire, tant sur la forme que sur le fond :

– sur la forme : outre la prolongation des termes latins comme référents, le droit romain laisse une terminologie claire et spécifique, empruntée fréquemment au vocabulaire courant mais assorti d'un sens juridique précis, à même de saisir la réalité matérielle sans confusion possible. Description des choses matérielles (biens meubles/immeubles), énumération des référents, appui sur l'étymon des mots (convention, contrat), classements par catégories, concepts abstraits construits sur la base des valeurs morales défendues par les juristes romains (équité)... toute cette technicité juridique qui tranche avec le droit des périodes plus anciennes constitue autant d'outils dont vont s'inspirer les juristes à venir. Le mode rédactionnel lui-même sous la forme d'adages ciselés, concis, complets et précis, contribue encore à l'efficacité de la règle juridique dans son application pratique. L'utilisation même du droit, qui passe par la qualification juridique des faits préalablement analysés, l'interprétation logique des règles en vigueur pour les appliquer aux faits ainsi classés dans une catégorie juridique participent à réduire la subjectivité des jugements par un travail de déduction tout en limitant toute inflation exagérée de nouvelles règles de droit. L'art de l'argumentation emprunté des sophistes Grecs se révélera ici un outil complémentaire dans l'établissement des démonstrations. Quant aux règles juridiques elles-mêmes, elles sont le fruit d'une construction théorique progressive d'un principe par les juristes à partir de la confrontation d'une multitude de cas concrets appréciés par la pratique. Cela renforce le pragmatisme et l'adéquation des règles de droit à la réalité et leur confère une efficacité transposable à des sociétés organisées sur le même schéma ;

- sur le fond : cette froide technicité n'est pas détachée de l'appréciation de la solution juridique et de sa conformité à l'idéal de justice. Les litiges ne sont aux yeux des Romains que le résultat d'un déséquilibre et selon Ulpien, la justice est le fait de « *donner à chacun le sien* », soit ce qui revient légitimement à chacun. De ce fait, celui qui rend la justice a pour premier objectif « *d'attribuer* » aux parties ce qui leur revient. Reprenant les distinctions faites par Aristote, deux principes sont mis en œuvre à cet effet :
  - d'abord une notion de justice distributive permet de donner à chaque membre d'une communauté la juste part qui lui revient, de façon proportionnelle selon son mérite, évalué d'après la part que celui-ci prend au bien commun,
  - à côté, un principe de justice commutative assure l'équivalence, l'égalité des valeurs dans les échanges réalisés entre plusieurs parties. Le juge a dès lors pour mission de rétablir l'équilibre au regard de la raison, et ce en appliquant les lois qui doivent être justes.

En outre, selon Celse, « *le droit est l'art du bon et de l'équitable* ». L'application de la règle de droit ne peut donc s'affranchir d'une réflexion sur la conformité à l'idée de justice de la solution juridique retenue et l'esprit de la règle de droit doit l'emporter sur la lettre. L'évolution au Bas-Empire fait toutefois se rejoindre l'idéal de justice du droit romain et les principes chrétiens pour prolonger la justice de Dieu sur la base des thèses de St-Augustin, entraînant de fait des confusions avec les notions de droit naturel défini par les Grecs.

Enfin, au-delà de la science du droit privé, des cadres administratifs et circonscriptions, de l'organisation et de la procédure judiciaire sophistiquées et rationnelles, Rome laisse un droit de la puissance publique spécifique, qui reflète l'évolution institutionnelle romaine et l'étatisation sous l'Empire. L'adaptation du droit à l'activité de l'État dans des règles *ad hoc* est une innovation apportée par les Romains. Elle conduit à dégager la finalité essentielle de l'action de l'État au service de l'utilité publique et à affirmer sa prééminence sur les intérêts privés. Dès lors sont justifiés les prérogatives juridiques dérogatoires du droit commun de l'État, la particularité des engagements des agents administratifs notamment des juges, mais aussi l'encadrement de l'activité du prince par rapport aux lois.

Cependant, la culture juridique de la fin de l'Empire n'a véritablement résisté qu'en Orient, Rome conservant une école de droit de moindre qualité et le droit romain n'est plus connu à l'ouest que sous sa forme simplifiée du droit vulgaire. À la chute de l'Empire, la culture se réfugie dans les monastères, et les conditions ne sont plus réunies pour connaître et enseigner le droit avant la fin du XIe siècle.

b) La dégradation du droit romain depuis le IVe siècle

Le droit romain a subi une dégradation et une simplification notable dès le IVe siècle sur le territoire des provinces romaines. Au Ve siècle bien qu'il conserve valeur de modèle, le droit romain connu en Occident par l'intermédiaire du Code Théodosien ne se renouvelle plus. Aux versions élaborées sont substitués des textes simplifiés, où les dispositions pratiques préservées laissent de côté les fondements théoriques qui en justifient l'application au risque de perdre de vue toute la cohérence du système juridique initial. Jusqu'au XIe siècle, cette dénaturation de ce qui reste du droit romain est à l'œuvre. Résumé des premières sources, explications simplifiées à destination de praticiens moins bien formés conduisent à une perte de sens et à des confusions dans l'usage des outils juridiques mis au point à l'époque romaine, voire à la disparition de concepts juridiques. Les dispositifs pénaux germaniques peuvent si nécessaire s'adjoindre ou compléter des mécanismes romains pervertis par leur usage faussé.

Le recul de l'écrit qui accompagne cette dégradation de la tradition romaine renforce l'opportunité et la rigueur du formalisme dans l'établissement des actes juridiques. Inspiré de procédures germaniques, conforté par des usages chrétiens comme le serment, ce formalisme solennise par des rites les actes conclus, facilite par la présence de témoins la production de preuves, participe à laisser une trace durable et à garantir la portée des décisions prises par des parties pour l'avenir. À l'instar des sociétés traditionnelles étudiées par les anthropologues du droit, toute une gestuelle symbolique et significative accompagne la transmission de biens, la conclusion de contrats, l'établissement de rapports de fidélité d'homme à homme...

À ce recul technique du savoir-faire romain, il faut ajouter le rapprochement du droit avec les règles morales et religieuses chrétiennes, qui inverse le mouvement de dissociation des deux domaines initié depuis l'Antiquité grecque et renforcé à la période romaine. Les populations germaniques ne sont pas habituées à cette dichotomie et, une fois christianisées, elles subissent l'influence de l'Église pour qui le droit rejoint la loi et la justice de Dieu. La règle juridique poursuit dès lors des objectifs de morale chrétienne. Elle s'imprègne des principes d'équité et le religieux pallie les mécanismes juridiques déficients. De la sorte, le caractère obligatoire incertain des contrats est conforté par le serment religieux, la légitimité du pouvoir royal en France est appuyée sur la religion par la cérémonie du sacre à compter de 751, les difficultés à établir en justice les preuves de culpabilité sont écartées par le recours croissant aux ordalies à compter du VIIIe siècle lors desquelles le jugement de Dieu s'exprime et distingue le coupable de l'innocent.

Enfin la spécialisation du droit public qui avait caractérisé le développement de l'État à la période de l'Empire romain à côté du droit privé se réduit elle aussi avec l'arrivée des populations germaniques. Le déclin de la culture romaine contribue à la corruption progressive de l'héritage juridique, et est accéléré par la faiblesse du nouveau pouvoir royal établi par les Francs. La richesse de ce savoir-faire romain n'en demeure pas moins un élément qui assurera le renouveau de l'autorité de l'État en Europe à compter du XIIe siècle.

2) La tradition chrétienne

a) La naissance de l'Église dans l'Empire

Initialement développé au Moyen-Orient et en Grèce à l'époque antique, le christianisme ne tolère pas de cultes concurrents et refuse le syncrétisme des cultes romains tolérants envers toutes les croyances. Face à cette rigueur, Rome multiplie les persécutions au IIIe et au début du IVe siècle avant que l'empereur Constantin ne reconnaisse comme licite la religion chrétienne à côté des cultes païens par l'Édit de Milan de 313. Continuant de s'étendre d'autant plus facilement qu'il répand l'idée d'une vie meilleure après la mort et définit une croyance plus moderne et universaliste que le panthéon romain, le christianisme est reconnu comme religion officielle par l'empereur Théodose 1er en 380 (édit de Thessalonique). Dès lors l'Église s'organise sous le contrôle de l'État romain et les influences réciproques entre les deux sont multiples.

D'abord, se constituant en corps, l'Église se voit reconnaître la capacité juridique et la possibilité de rassembler un patrimoine matériel par la réception des legs de ses adeptes. Un statut protecteur sur les plans judiciaire et fiscal notamment est conféré à ses membres et la compétence juridictionnelle temporelle est reconnue à l'évêque qui a vocation à dire le droit entre les chrétiens à l'égal du juge laïc. L'Église va en outre épouser les cadres territoriaux et les principes d'organisation de l'administration romaine. Une hiérarchie structurelle est établie entre l'évêque de Rome et les autres évêques dans le ressort des circonscriptions administratives, des cités (les diocèses repris du grec) au sein des provinces ecclésiastiques équivalant aux provinces romaines à la tête desquelles sont placés des évêques particuliers, les métropolitains. De même, les clercs s'organisent de manière hiérarchisée à l'image des fonctionnaires. En parallèle, une place particulière est réservée aux assemblées synodales et aux conciles des évêques lors desquels sont prises de grandes décisions en matière de dogme ou de discipline (cf. Concile de Nicée de 325).

Pour aller aux sources du droit

Texte 13 : Extrait des *Canons du concile de Nicée 325*, *Les conciles de Nicée et de Constantinople, 324 et 381*, I. Ortiz de Urbina, Paris Fayard 2006, 312 p pp 260-261

Afin de rétablir la paix religieuse et de construire l'unité de l'Église, et sans doute aussi de parvenir à ses fins politiquement, l'empereur Constantin décide de réunir un concile d'hommes d'Église entre mai et juillet 325 à Nicée pour définir l'orthodoxie de la foi, suite à une controverse soulevée sur la nature du Christ. Vingt canons sont adoptés par le concile. Les trois premiers canons sont d'ordre disciplinaire, le 4e concerne l'ordination des évêques. La périodicité souhaitée des synodes pour assurer le maintien des positions du dogme acquises à Nicée et la prééminence de certains sièges épiscopaux sont précisés par les canons 5 et 6.

« 1. De ceux qui sont devenus eunuques de leur propre gré ou qui l'ont subi de force. Si quelqu'un a été mutilé par les médecins durant une maladie, ou bien par les barbares, qu'il reste dans le clergé ; mais si quelqu'un étant en bonne santé s'est mutilé lui-même, qu'on l'exclue du clergé dont il fait partie, et à l'avenir on ne devra pas admettre celui qui aura agi ainsi. Mais comme il est évident que ce qui vient d'être dit ne regarde que ceux qui ont agi avec intention et qui ont eux-mêmes voulu se mutiler ; ceux qui l'auront été par les barbares ou par leurs maîtres pourront, conformément à la règle ecclésiastique, être reçus dans la cléricature, s'ils en sont dignes par ailleurs.

2. De ceux qui entrent dans la cléricature aussitôt après le baptême. Comme soit par nécessité, soit que l'on ait été poussé par d'autres motifs, plusieurs choses contraires à la règle ecclésiastique se sont produites : ainsi on a accordé le bain spirituel et aussitôt après le baptême la dignité épiscopale ou sacerdotale à des hommes, qui avaient à peine passé de la vie païenne à la foi, et qui n'avaient été instruits que pendant très peu de temps ; il est juste qu'à l'avenir on n'agisse plus ainsi, car il faut un temps d'épreuve au catéchumène, et après le baptême une plus longue épreuve. Elle est claire la parole de l'apôtre disant "que l'évêque ne soit pas néophyte, de peur que par orgueil il ne tombe dans le jugement et dans le piège du démon". Si dans la suite un clerc se rend coupable d'une faute grave, constatée par deux ou trois témoins, il doit cesser d'appartenir au clergé. Celui qui agit contre cette ordonnance, vu qu'il se montre désobéissant à l'égard de ce grand concile, risquera lui-même de perdre sa place dans le clergé.

3. Des femmes qui cohabitent avec des clercs. Le grand concile a défendu absolument aux évêques, aux prêtres et aux diacres, et en un mot à tous les membres du clergé, d'avoir avec eux une sœur-compagne, à moins que ce ne fût une mère, une sœur, une tante, ou enfin les seules personnes qui échappent à tout soupçon.

4. Par combien d'évêques un évêque est élu. L'évêque doit être avant tout choisi par tous ceux de la province ; mais si une nécessité urgente ou la longueur de la route s'y opposait, trois évêques absolument doivent se réunir et procéder à l'élection, munis du consentement écrit des absents. La confirmation de ce qui s'est fait revient de droit dans chaque province à l'évêque métropolitain.

5. Des excommuniés, qu'il ne faut pas que d'autres les reçoivent, et des synodes à réunir deux fois par an. Pour ce qui est des excommuniés clercs ou laïcs, la sentence portée par les évêques de chaque province doit avoir force de loi, conformément à la règle prescrivant que celui qui a été excommunié par l'un ne doit pas être admis par les autres. Il faut cependant s'assurer que l'évêque n'a pas porté cette sentence d'excommunication par étroitesse d'esprit, par esprit de contradiction ou par quelque sentiment de haine. Afin qu'un tel examen puisse avoir lieu, il a paru bon d'ordonner que dans chaque province on tînt deux fois par an un synode, afin que tous les évêques de la province étant réunis, on fasse toutes les enquêtes nécessaires ; ainsi ceux qui de l'avis commun auraient désobéi à leur évêque seront justement considérés par tous comme excommuniés, jusqu'à ce qu'il plaise à l'assemblée des évêques d'adoucir leur sentence. Ces conciles devront se tenir l'un avant le quarantième jour pour que, ayant éloigné tout sentiment pusillanime, l'on puisse présenter à Dieu une offrande pure, et le second pendant l'automne.

6. De la primauté revenant à certains sièges et de ce qu'il ne faut pas nommer un évêque sans l'avis du métropolitain. Que l'ancienne coutume en usage en Égypte, dans la Libye et la Pentapole soit maintenue, c'est-à-dire que l'évêque d'Alexandrie conserve la juridiction sur toutes ces provinces, car il y a le même usage pour l'évêque de Rome. On doit de même conserver aux Églises d'Antioche et des autres diocèses leurs anciens droits. Il est bien évident que si quelqu'un est devenu évêque sans l'approbation du métropolitain, le concile décide qu'un tel n'est même pas évêque. D'autre part, l'élection ayant été faite par tous avec discernement et d'une manière conforme aux règles de l'Église, si deux ou trois font de l'opposition par pur esprit de contradiction, la majorité l'emportera. » (...)

Si de façon nouvelle dans l'Antiquité le spirituel et le temporel sont distingués du fait de leurs finalités distinctes, l'Église n'échappe pas en Orient à l'interventionnisme de l'empereur sur les questions religieuses, ce qui va poser difficulté pendant des siècles, alors que la déliquescence du pouvoir en Occident laisse l'Église maîtresse des charges politiques et administratives avant l'installation des nouveaux chefs barbares.

b) La constitution du droit canonique

De plus, renouant avec la parole divine comme source de droit, l'Église prolonge également la tradition juridique romaine en se dotant d'un droit spécifique, le droit canonique. La Bible par ses prescriptions et les commentaires des Pères de l'Église en sont les sources premières. Ils contiennent des principes généraux propres à influencer le droit lui-même : la charité et le pardon dans les relations entre les hommes d'une part, l'égalité entre les hommes, tous fils de Dieu d'autre part, remettant en cause toute distinction juridique personnelle (origine géographique, statut de liberté ou d'esclave, sexes...).

La correspondance épistolaire de l'évêque de Rome – qui s'entoure de bureaux et d'une chancellerie –, lorsqu'elle fixe au IVe siècle des précédents pour l'avenir, mais aussi les décisions prises lors des conciles majeurs des évêques aux IV et Ve siècles – les « canons » qui laissent leur nom à ce droit – constituent des sources complémentaires auxquelles s'ajoutent les règles de droit romain qui fixent l'organisation et les privilèges de l'Église. Un archivage soigneux des décrétales pontificales à Rome et l'établissement de collections des canons des conciles comme le Codex Hadrianus au début du VIe siècle permettent leur application durable jusqu'au Moyen Âge.

De fait, l'Église prolonge l'Empire et hérite de la langue et de la culture romaine. Elle est le seul élément d'unité dans l'Occident du haut Moyen Âge et va intégrer les envahisseurs germaniques au fil de leur conversion, les enrôlant conjointement contre l'expansion musulmane au début du VIIIe siècle.

B - L'apport culturel des envahisseurs germaniques

1) L'unification politique et religieuse de la Gaule par les Francs

Soumis aux Romains après la conquête de Jules César (52 av. J.-C.), les habitants de la Gaule ont connu une organisation judiciaire hiérarchisée et vécu sous un droit romain simplifié équivalent au droit vulgaire. Mais dès le IVe siècle, les invasions sur le territoire de la Gaule se multiplient (Alamans, Wisigoths, Vandales, Burgondes, Francs...). Certaines installations de concert avec les Romains sont durables (les Burgondes dans le sud-est, les Wisigoths sur le territoire aquitain), d'autres sont provisoires avant le prolongement vers le sud des populations (Alains, Vandales), d'autres encore sont stoppées (Huns). Au nord, les Francs, population regroupée environ entre le I et le IIIe siècle, s'établissent dans la province romaine de Belgique seconde autour du IVe siècle.

Avant le Ve siècle, ces populations fédérées par les Romains et enrôlées dans les légions pour défendre les frontières et arrêter d'autres vagues d'envahisseurs (les Huns au milieu du IVe siècle) coopèrent avec l'autorité impériale. Le Ve siècle marque un tournant dans leur attitude vis-à-vis de l'Empire : les Wisigoths mettent à sac Rome en 410, les Burgondes étendent leur domination entre la Savoie et le Jura. Après la chute de l'Empire en 476 provoquée par les Goths, ils fondent des royaumes indépendants alors que subsiste encore une enclave romaine de Soissons à la Loire (Nantes à Auxerre) dirigée par Syagrius. Le chef des Francs installés sur la frontière nord se lance à la conquête du territoire et va, en l'espace de trente ans, imposer sa domination sur l'ensemble de la Gaule.

Bien que minoritaires en nombre (2 à 3 % de la population occidentale), ces multiples ethnies d'origine germanique installées en Gaule introduisent leurs propres usages juridiques spécifiques. Établies sur un même espace, ne partageant ni la même langue, ni les mêmes usages juridiques, ni les mêmes mœurs, ces populations passent sous l'autorité des Francs sans perdre leur identité. Clovis, leur roi, écrase Syagrius à Soissons (486), les Alamans à Tolbiac (496), les Wisigoths à Vouillé près de Poitiers (507). Ses fils achèvent son œuvre, éliminant la royauté burgonde et occupant la Provence. Dès lors, la Gaule est placée sous l'autorité franque des descendants de Clovis, les Mérovingiens, jusqu'en 751.

Outre les processus d'acculturation croisés entre envahisseurs et autochtones, la conversion des Francs au christianisme à partir de 496, puis des Burgondes, contribue au rapprochement, à la collaboration avec les Gallo-Romains et aux mariages mixtes. Cette coexistence politique est également d'ordre juridique.

Pour aller plus loin

Chronologie de l'époque Franque

481 : avec Clovis établissement de la dynastie des Mérovingiens

720 : invasion musulmane en Aquitaine et en Provence (720-739)

732 : bataille de Poitiers remportée par le maire du palais Charles Martel

751 : règne de Pépin le Bref, les Carolingiens supplantent les Mérovingiens

768 : règne de Charlemagne (768-814)

800 : Charlemagne proclamé empereur d'Occident

838 : début des raids sarrasins sur la Provence (838-990)

842 : serments de Strasbourg prêtés en germanique et en français (premier document écrit dans cette langue)

843 : Traité de Verdun, partage définitif entre Francie occidentale, Francie orientale (Germanie) et Lotharingie (Lorraine, Bourgogne, Provence, Italie). Charles II le Chauve roi de France (843-877)

856 : début des raids danois et norvégiens (appelés Normands) à partir des côtes et cours d'eau

877 : promulgation rendant les charges publiques héréditaires

884 : règne de Charles le Gros (884-887), carolingien de Germanie

885 : Siège normand de Paris défendu par le comte Eudes

888 : le comte Eudes, ancêtre des Capétiens, proclamé roi de France contre le candidat carolingien (888-898)

911 : le chef de guerre normand Rollon accepte le baptême et reçoit la future Normandie des mains de Charles III (traité de Saint-Clair-sur-Epte)

926 : début des raids hongrois

962 : Otton le Grand établit le Saint Empire romain germanique

2) L'introduction de mœurs nouvelles

Les usages des populations germaniques installées en Europe occidentale rompent avec les habitudes romaines. Sommaires et peu synthétiques en comparaison avec le droit romain, ils se révèlent lacunaires et d'une technique juridique rudimentaire. Bien que variables selon chaque ethnie, ils sont marqués par leur absence de mise par écrit, par la préférence faite aux énumérations de règles sur la généralisation et le concept, par la dissociation limitée entre règle juridique et règle religieuse qui rappelle un stade de connaissance juridique plus ancien. La distinction entre le droit public et le droit privé n'est pas achevée et les rapports individuels au sein de ces sociétés traditionnelles sont caractérisés par une forte solidarité familiale qui s'exprime notamment dans l'exercice de la *vengeance* en cas d'agression par un autre membre du groupe.

Propre au groupe social, le droit en cause n'est pas lié au territoire ou à l'institution d'un État mais aux individus constitutifs de la communauté. Il est le reflet du passé nomade de ces nouvelles populations.

Pour exemple, pour ce qui a trait au droit des personnes, les Francs introduisent une nouvelle référence dans la distinction de l'étranger du sujet du royaume dans un contexte de pluralité de populations sur un même sol. Le royaume des Francs est composé de différentes ethnies mais la monarchie est fondée sur l'autorité personnelle du roi qui l'exerce à l'égard de tous, sur l'ensemble du territoire soumis à sa puissance. À côté du lien du sang qui rattache les individus à tel peuple (*ius sanguinis*) se construit en parallèle de façon innovante un autre lien de rattachement lié à l'appartenance au royaume des Francs (*ius soli*), renforcé par le serment que tous les hommes libres prêtent au roi (avec plus ou moins de régularité...) lors de son avènement. Ce lien de dépendance à l'égard du pouvoir deviendra exclusif avec l'apparition du système féodal[1].

Autre exemple possible, le mode d'appropriation du sol. La notion germanique de saisine du bien se différencie du droit de propriété romain. La procédure d'investiture qui l'accompagne place les tiers comme garants de cette appropriation personnelle en remplacement du rapport étroit du propriétaire à la chose dans la conception romaine. La saisine est juste et légitime lorsqu'elle repose sur le consensus du groupe, un consensus qui se manifeste sous deux formes : la publicité du transfert et l'exercice paisible d'un an et un jour sans contestation d'un tiers. Davantage que la propriété romaine de la matière, c'est plutôt la propriété de l'utilisation de la matière qui caractérise la propriété d'origine germanique, et engendre des rapports différents entre le propriétaire et le reste du groupe[2].

À défaut d'une synthèse rapide de ces mœurs et traditions juridiques diverses, coexistent sur un même sol une pluralité de sources de droit juxtaposées.

2 • LA JUXTAPOSITION DES TRADITIONS JURIDIQUES : ROMAINE, GERMANIQUE ET CHRÉTIENNE

L'usage romain de l'hospitalité garantissait aux peuples fédérés une totale autonomie dans leur organisation au sein de l'Empire romain. Les lois dites barbares étaient préservées par les populations d'autant plus facilement qu'elles ressortaient localement de l'autorité d'un chef barbare. Au sein de la Gaule, cette préservation a contribué à dégrader la qualité du droit romain et à réduire son application au rang de loi nationale des Gallo-Romains alors que la diversité des lois nationales liée à la diversité de

1. A. Lefebvre Teillard, *Introduction historique au droit des personnes et de la famille*, Paris PUF, pp. 24-25.
2. A.-M. Patault, *Introduction historique au droit des biens*, Paris, PUF, pp. 27-28.

populations installées sur le territoire de la Gaule se maintient et que la mise par écrit de ces usages juridiques des nouveaux arrivants est organisée (A). Malgré l'unité du territoire sous l'autorité d'un seul chef et l'hégémonie franque, les rois Mérovingiens n'ont imposé leurs décisions à l'échelle du territoire que dans le domaine indispensable pour le pouvoir : celui du droit public. En revanche, les rapports entre particuliers – de droit privé et de droit pénal – échappent à un statut uniforme. C'est à cette survivance des lois nationales que l'on doit le système dit de la personnalité des lois, dont la réduction territoriale n'est pas réalisable à l'échelle des juridictions mises en place par les Francs (B). Seule l'Église face aux nouvelles monarchies germaniques maintient sa supériorité culturelle. Le droit canonique acquiert une valeur universelle à l'échelle de la chrétienté et les principes chrétiens imprègnent l'ensemble des comportements humains et la justice. En parallèle, la juridiction ecclésiastique élargit son champ de compétence et relie la finalité antique de justice à l'idéal chrétien (C).

A - La survivance des lois nationales

1) Le droit des Gallo-Romains

Réduit à la qualité de loi nationale, le droit romain se révèle excessivement sophistiqué pour un monde en repli dans lequel les Gallo-Romains sont dominés. Son non-renouvellement, la disparition de son autorité émettrice au profit de chefs Francs qui n'ont qu'une vision limitée de la notion d'État, sa dispersion en une multitude de textes obligent à sa simplification. Les préoccupations essentiellement d'ordre public des nouveaux dirigeants lui font perdre de surcroît son intérêt.

Néanmoins, plusieurs rois barbares se chargent d'en établir des résumés à l'usage de leurs sujets. Le droit romain qui sert de base à ces travaux de rédaction s'appuie sur le Code Théodosien car, jusqu'au XIIe siècle, les compilations justiniennes n'ont aucune influence en Europe occidentale.

Gondebaud au début du VIe siècle rédige la loi romaine des Burgondes pour servir de guide aux juges chargés de litiges entre Romains. Le texte subit une forte influence germanique pour la composition pécuniaire. Mais ce sont surtout pour les sujets Romains des Wisigoths installés en Espagne et le sud-ouest de la Gaule que le roi Alaric II adopte une loi romaine, appelée « Bréviaire d'Alaric » en 506. Ce bréviaire rassemble des extraits du Code Théodosien et toute une série de commentaires dans un résumé commenté. Repris par les Francs pour toute la Gaule après la défaite des Wisigoths en 507, il va se maintenir jusqu'au XIIe siècle par le biais de résumés réduits (*épitomés*) qui en restreignent l'utilité. En 768, Pépin le Bref reconnaît encore le droit d'utiliser ce texte, l'Église vivant avant tout sous la loi romaine.

2) Les lois des ethnies germaniques

Les usages oraux propres à chaque tribu barbare sont également compilés et mis par écrit. Rédigées en latin et améliorées pour l'occasion, plusieurs lois barbares sont ainsi bien connues.

Pour les Wisigoths, après une première législation établie par le roi Théodoric II vers 458 mais qui ne concerne guère le territoire de la Gaule, c'est le roi Euric qui établit un code (Code d'Euric, vers 476). Au croisement des traditions germaniques, du droit romain et de l'influence chrétienne, le texte constitue une synthèse plus moderne qui relie des dispositions germaniques de droit pénal, des mesures d'asile et d'affranchissement inspirées par les chrétiens, des modérations de peines d'origine romaine. Il fait l'objet de nouvelles rédactions au VIe siècle pour la population des Wisigoths.

Chez les Burgondes, la seule rédaction relève du roi Gondebaud au VIe siècle avec la *loi Gombette* (502). Cette loi a subi une forte influence du droit romain mais les traits germaniques demeurent exemplaires : la plupart des dispositions touchent au droit pénal qui remédie à la vengeance privée. La loi est composée d'une liste de tarifs d'amendes et est marquée par la solidarité familiale et les modes de preuve irrationnels comme le serment purgatoire et le duel judiciaire, malgré l'opposition des évêques contre ces modes de preuve jusqu'au IXe siècle.

La loi salique des Francs Saliens, influencée elle aussi par le droit romain et les principes chrétiens, est le texte le plus important qui nous soit parvenu. Rédigées en latin en plusieurs versions entre le Ve et le IXe siècle, la grande majorité des articles concernent là encore le droit pénal et tarifient minutieusement l'extinction du droit à la vengeance en éliminant les discussions autour des peines. Rien ou presque ne concerne le droit privé.

Pour aller aux sources du droit

Texte 14 : Extrait de la *loi Salique*, tirée de J. F. A. Peyré, *Lois des Francs, contenant la loi Salique et* la loi *Ripuaire*, Édition Firmin Didot, Paris 1828, in 8

Les Francs Saliens, comme beaucoup d'autres peuples barbares, ont pour les hommes libres un code de procédure judiciaire et un code pénal, la loi salique. Sa première composition date du règne du roi Clovis à la fin du Ve siècle. Elle compile une succession d'articles qui s'enchaînent les uns après les autres sans grande suite logique. Pour les deux tiers, elle rassemble des règles de procédure, des titres de droit privé et, surtout, des tarifs de compositions légales. Le *wergeld*, payé à la victime ou à sa famille, est destiné à remplacer la vengeance personnelle par une transaction de compensation. Ces compensations sont graduées selon l'importance du délit, l'importance sociale de la victime... Si la loi salique traite principalement des atteintes aux personnes, elle ne néglige pas pour autant la protection des biens mobiliers ou fonciers.

« Titre XXXI. Des mutilations.

Art. I. Quiconque aura coupé à un autre homme la main ou le pied, lui aura fait perdre un œil, ou lui aura coupé l'oreille ou le nez, sera condamné à payer 4 000 deniers, ou 100 sous d'or.

Art. II. Si la main n'est pas entièrement détachée, il sera condamné à payer 1 800 deniers, ou 45 sous d'or.

Art. III. Mais si la main est entièrement détachée, il sera condamné à payer 2 500 deniers, ou 62 sous d'or et demi.

Art. IV. Quiconque aura abattu à un autre homme le gros doigt du pied ou de la main, sera condamné à payer 1 800 deniers, ou 45 sous d'or.

Art. V. Si le doigt blessé n'a point été entièrement détaché, le coupable sera condamné à payer 1 200 deniers, ou 30 sous d'or.

Art. VI. Quiconque aura abattu le second doigt qui sert à décocher les flèches, sera condamné à payer 1 400 deniers, ou 35 sous d'or.

Art. VII. Celui qui d'un seul coup aura abattu les trois autres doigts, sera condamné à payer 1 800 deniers, ou 45 sous d'or.

Art. VIII. Celui qui aura abattu le doigt du milieu, sera condamné à payer 600 deniers, ou 15 sous d'or.

Art. IX. Celui qui aura abattu le quatrième doigt, sera condamné à payer 600 deniers, ou 15 sous d'or.

Art. X. Si c'est le petit doigt qui a été abattu, le coupable sera condamné à payer 600 deniers, ou 15 sous d'or.

Art. XI. Quiconque aura coupé un pied à un autre homme, sans l'avoir entièrement détaché, sera condamné à payer 1 800 deniers, 45 sous d'or.

Art. XII. Mais si le pied est entièrement détaché, le coupable sera condamné à payer 2 500 deniers ou 62 sous d'or et demi.

Art. XIII. Celui qui aura arraché un œil à quelqu'un, sera condamné à payer 2 500 deniers, ou 62 sous d'or et demi.

Art. XIV. Celui qui aura coupé le nez à quelqu'un, sera condamné à payer 1 800 deniers, ou 45 sous d'or.

Art. XV. Quiconque aura coupé l'oreille à un autre homme, sera condamné à payer 600 deniers ou 15 sous d'or.

Art. XVI. Si quelqu'un a eu la langue coupée, de manière à ne plus pouvoir parler, le coupable sera condamné à payer 4 000 deniers, ou 100 sous d'or.

Art. XVII. Celui qui aura fait tomber une dent à un autre homme, sera condamné à payer 600 deniers, ou 15 sous d'or.

Art. XVIII. Si un ingénu a coupé à un autre ingénu les parties naturelles, ou les a mutilées, de manière à ce que celui-ci n'en puisse plus faire usage, il sera condamné à payer 4 000 deniers, ou 100 sous d'or.

Art. XIX. Si ces parties ont été entièrement enlevées, le coupable sera condamné à payer 8 000 deniers, ou 200 sous d'or. »

D'autres lois pour des tribus de moindre importance sont rédigées. Plus tardive mais proche de la loi salique, la loi ripuaire est ainsi rédigée sur ordre de Dagobert au VIIe siècle, pour l'Austrasie (Metz). Cette diversité de lois nationales contraint à admettre leur autorité équivalente sur un même territoire et à s'interroger préalablement sur l'origine des plaideurs pour déterminer la loi applicable devant le juge à l'occasion d'un litige.

B - Le système de personnalité des lois

1) La définition de la loi applicable et les conflits de loi

Faute d'une autorité centrale suffisamment forte pour imposer un droit unique à tous sur le territoire, le système de la personnalité des lois s'impose. Déjà inauguré à Rome pour les *pérégrins* et certains *barbares*, ce système est la conséquence de cette diversité de statuts personnels qui est maintenue sur un même territoire et répond à la diversité ethnique. À l'exception du droit pénal rattaché au droit privé, il ne concerne pas le domaine du droit public où l'application du droit est territoriale. Mais en la matière, il faut bien souligner que la législation mérovingienne reste modeste et ne se développe lentement qu'aux VI et VIIe siècles. Pour le droit privé, le droit applicable sur le même territoire tient compte de l'origine de chacune. Ainsi, pour une même situation juridique, les Gallo-Romains restent assujettis au droit romain alors que chaque tribu barbare se soumet à ses lois propres.

La détermination de la loi personnelle s'effectue au tribunal. La question préliminaire « sous quelle loi vis tu ? » est posée au plaideur. La réponse détermine la loi applicable et chacun suit la loi de ses origines. Les difficultés étaient multipliées lorsqu'un individu possédait un état spécifique (affranchi, femme mariée, religieux...) ou lorsque les parties étaient d'origine différente. Dans cette hypothèse et sauf exceptions, la loi du défendeur était retenue.

Mais au fil des siècles et sans uniformité territoriale générale, les mariages mixtes, les contaminations entre droits barbares et romains jointes à l'ignorance des juges, à l'unification de l'État sous l'autorité unique des Carolingiens au VIIIe siècle... privent le système de la personnalité des lois de ses raisons d'être. La loi du lieu de résidence tend à devenir le droit commun applicable aux populations dans un système territorial. À la personnalisation des lois se substitue alors le système de territorialité des lois, à peu près autour de l'avènement des Carolingiens en 751.

2) *La dégradation de l'appareil judiciaire*

a) *L'alternative de la vengeance privée à la justice juridictionnelle*

Le déclin de l'appareil judiciaire accompagne la lente décomposition du pouvoir à l'époque mérovingienne. Le repli de l'État qui caractérise la période franque conduit à revenir sur des avancées de l'époque antique pour faire de la justice privée, avec le mécanisme de la ***vengeance***, le procédé le plus simple pour réparer les préjudices subis.

Réservée toutefois aux cas les plus graves et dans les lieux à l'écart de la paix du roi, la vengeance de la victime (la *faida*) ou de sa famille (du fait de la solidarité familiale) peut être accomplie ou bien servir de menace pour obtenir une composition pécuniaire dont les lois barbares fixent le tarif précis et par laquelle le coupable ou son lignage éteint tout droit à la vengeance. L'Église se prononcera contre le versement du sang à l'avantage des compositions pécuniaires et des arbitrages. Mais elle reste ouverte à l'idée de vengeance de Dieu qui frappe les auteurs de crimes horribles, tels le parricide.

En dépit du progrès que constitue la justice publique organisée pendant mille ans par les Romains, les rois Mérovingiens ne sont pas soucieux de supprimer définitivement ces pratiques qu'ils utilisent parfois eux-mêmes entre eux. Bien que non obligatoire et privée de force publique à même d'appliquer ses décisions, la justice publique est organisée et malgré la multiplicité des lois appliquées, une même juridiction rend la justice pour tous.

b) *La justice archaïque des Francs*

La juridiction ordinaire des Francs est le *mallus*. Héritage germanique initialement d'origine populaire, il est désormais sous le contrôle du comte assisté d'au moins sept notables désignés pour chaque session (les *rachimbourgs* ou *boni vires*) qui jugent l'affaire. À la différence de l'époque romaine, plus un seul n'est professionnel. Connaissant du fait de leur âge et leur expérience la coutume, ces derniers qualifient juridiquement les faits et le comte n'a qu'à appliquer la peine prévue. Itinérant au sein des subdivisions du ***comté*** que constituent les ***centaines***, ce tribunal est compétent pour les litiges civils comme pénaux, et pour tous les habitants de la circonscription du *pagus*, barbares ou Gallo-Romains. Les hommes libres participent à la justice : ils assistent sous peine d'amende au procès et approuvent ou désapprouvent la décision proposée.

Enfin, prolongeant l'idéal romain, le roi, assisté de grands dignitaires et du comte du palais, se réserve le droit de juger en première instance au tribunal du palais les affaires qui le concernent directement (lèse-majesté, trahison...), qui touchent son patrimoine ou les personnes qu'il protège. De plus, en cas de déni de justice ou de sentence délibérément injuste des *rachimbourgs,* sans pour autant rétablir le mécanisme romain de l'appel, le plaideur peut adresser au roi une réclamation contre les juges en cause. À cette justice au palais s'ajoute la justice rendue par les *missi dominici* à la période carolingienne, qui peut se substituer localement à celle des comtes. En définitive, aucune centralisation ni hiérarchisation juridictionnelle ne permettent la mise en cohérence du droit par le biais d'une jurisprudence. Mais au-delà de l'organisation juridictionnelle, les modalités même d'élaboration du jugement rendent impossible toute jurisprudence.

c) L'impossible construction jurisprudentielle

Faisant intervenir la divinité ou reflétant le rapport de force entre les parties, la justice n'est pas le fruit d'une déduction entre la règle de droit et le fait, reconductible par analogie pour des litiges similaires. De ce fait, les décisions judiciaires n'ont pas de liens logiques et rationnels entre elles et la justice ne peut construire une série de « précédents » sur lesquels de nouvelles décisions peuvent s'appuyer sans cohérence d'ensemble. Elle perd ainsi son aspect créateur de droit et aucune jurisprudence n'est concevable.

Formaliste, la procédure fait peser la charge de la preuve sur le défendeur, à charge pour lui de se purger de l'accusation en établissant son innocence. Surtout, mêlant les héritages romain et germanique, elle fait appel aux preuves rationnelles et irrationnelles, parfois de façon complémentaire. Ainsi, par un serment purgatoire, l'accusé doit se disculper. Pour les cas les plus graves, son serment est conforté par le serment confirmatif de plusieurs co-jureurs, qui ne sont pas des témoins des faits mais des garants de la moralité et de l'honorabilité de l'accusé. Des moyens subsidiaires peuvent venir établir la culpabilité ou l'innocence de l'accusé. Ce sont les ***ordalies*** ou jugements de Dieu (par exemple, il s'agira de chercher une pierre dans un chaudron d'eau bouillante avec la main. Si, après un délai, la cicatrice a bon aspect, l'individu est déclaré innocent). Le jugement de Dieu peut également s'exprimer de façon bilatérale dans le cadre du ***duel judiciaire*** entre les deux parties (ou leurs champions) et la victoire désigne l'innocent avant la tombée du jour. Peu approuvées par l'Église, ces formes se développent à partir du VIIIe siècle et laissent une part d'interprétation non négligeable aux juges. En complément, les preuves rationnelles (écrit, aveu, témoignages) peuvent être apportées par le demandeur.

En matière de saisine du juge, la procédure est avant tout privée et l'initiative de l'État pour poursuivre est réservée à un nombre exceptionnel d'hypothèses. Pour les procès à l'initiative du roi, la procédure devient inquisitoire et l'accusé est tenu de présenter des gages et cautions pour garantir sa présence au procès alors que des ordalies unilatérales permettent d'éprouver l'accusé.

Quant aux peines, elles se répartissent en peines privées et publiques qui bénéficient respectivement à la victime ou au roi et se veulent dissuasives. Les dommages causés aux personnes ou aux biens sont sanctionnés par le versement de composition pécuniaire. Le montant du *wergeld* – soit le prix de l'homme –, payé par le coupable varie selon l'ethnie, le sexe et la condition de la victime, selon la gravité de l'infraction également. Un tiers de la composition pécuniaire est en principe versé au roi, c'est le *fredum* (argent de la paix). En cas de non-paiement, la vengeance reprend. À ces peines privées s'ajoutent les peines publiques qui rassemblent châtiments corporels (depuis les mutilations jusqu'à la mort) et sanctions pécuniaires.

C - L'essor du droit canonique

1) *La législation de l'Église*

La chute de l'Empire n'a pas eu d'incidence profonde sur le droit de l'Église qui se maintient et s'enrichit des nouvelles influences. De nouvelles décisions conciliaires prises en Orient comme en Occident viennent grossir le corpus juridique alors que les décisions de l'évêque de Rome, dont la supériorité est reconnue, se font plus rares aux VI et VIIe siècles.

C'est pourtant le temps de la rédaction des collections canoniques regroupant textes anciens, lettres des papes, canons conciliaires, extraits des Pères de l'Église... collections dont l'authenticité n'est pas toujours exempte de faux. Au *Codex Hadrianus* connu depuis le VIIe siècle et promulgué dans tout l'Empire en 802 s'ajoute la *Collectio Hispana* attribuée à Isidore de Séville rédigée en Espagne au VIIe siècle.

À ces références désormais classiques s'ajoutent toute une série de décisions d'importance moindre et d'application limitée mais qui introduisent des usages nouveaux dans les objectifs poursuivis par l'Église. Les règlements épiscopaux du IXe siècle instruisent les prêtres comme les laïcs sur leurs devoirs respectifs ; les pénitentiels qui se multiplient à compter du VIIe siècle depuis l'Irlande tarifient les différents péchés sur le modèle du *wergeld* et conquièrent l'Ouest européen. Enfin, la coutume vient renforcer les sources traditionnelles du droit canonique. Tout en maintenant l'unité du droit canonique à l'échelle de la chrétienté, elle permet par la diversification des usages son adaptation locale à chaque Église régionale.

2) *L'extension de la juridiction ecclésiastique*

La faiblesse récurrente de l'État facilite l'élargissement des compétences juridictionnelles de l'évêque dont la justice fondée sur des principes supérieurs est techniquement plus performante que la justice séculière du *mallus*.

Maintenant sa compétence juridictionnelle sur le monde des clercs dans un objectif tout à la fois de discipline et de protection, l'Église limite toute intrusion de la justice séculière contre ses membres, ce à quoi consentent les Mérovingiens en 614, comme les Carolingiens au VIIIe siècle. Ne relèvent de ce fait de la justice du comte que les délits pénaux des clercs n'ayant reçu que les ordres mineurs, les autres litiges concernant des clercs étant tranchés soit exclusivement par l'évêque, soit paritairement avec le comte. Renforcé encore au IXe siècle au fil de l'affaiblissement de l'État, ce ***privilège de clergie*** ou ***privilège du for*** permet tout au long du Moyen Âge de faire bénéficier les clercs de cette juridiction particulière.

Au-delà des membres de l'Église, cette compétence de la justice ecclésiastique s'étend aussi aux laïcs qui peuvent opter pour l'arbitrage de l'évêque dont la sentence a même valeur que les jugements comtaux, est susceptible d'exécution forcée et paraît plus sûre. La compétence s'élargit aussi par le biais du respect de la discipline chrétienne imposée aux fidèles qui conduit les évêques dans des tournées au sein de leur diocèse aux fins de dénonciation et de pénitence des péchés. L'accusé se disculpe alors par le serment, ou par le jugement de Dieu exprimé par la voie d'une ordalie.

Si l'évêque demeure le juge de droit commun des cours d'Église, le succès de la justice ecclésiastique au VIIIe siècle le conduira à se décharger des causes mineures sur ses archidiacres à l'instar de ce qui s'observe entre le comte et ses subordonnés. Quant à la procédure, à la différence notable des justices laïques, la technique romaine de l'appel à chaque degré de juridiction permet de demander la réformation d'une sentence judiciaire par le degré supérieur de juridiction et rétablit la possibilité d'une construction jurisprudentielle, par la construction de ***précédents judiciaires*** rationnellement structurés et hiérarchiquement contrôlés.

BIBLIOGRAPHIE

GUILLOT (O.), RIGAUDIERE (A.), SASSIER (Y.), *Pouvoirs et institutions dans la France médiévale*, tome 1, Armand colin, 1999.

HEERS (J.), *Précis d'histoire du Moyen Âge*, PUF, 2004.

HILAIRE (J.), *Introduction historique et histoire des institutions publiques*, rééd. Dalloz 2007.

RIGAUDIERE (A.), *Introduction historique à l'étude du droit et des institutions*, Economica, 2006.

THIREAU (J.-L.), *Introduction historique au droit*, Flammarion, 2009.

VALDRINI (P.) et alii, *Droit canonique*, Précis Dalloz, 1999.

WERNER (K.-F.), *Les origines*, tome 1er de *l'Histoire de France* sous la direction de Jean Favier, Paris Fayard, 1987.

WIJFFELS (A.), *Introduction historique au droit : France, Allemagne, Angleterre*, PUF Thémis, 2010, 374 p.

CHAPITRE 4

Unification culturelle et sédimentation coutumière (VIIIe-XIIe siècles)

La renaissance carolingienne entre 751 et 987 constitue un intermède dans la lente implosion qui marque l'Occident depuis la chute de l'Empire au Ve siècle sur les ruines duquel une nouvelle civilisation va fleurir à compter du XIIe siècle, plus adaptée aux circonstances du moment.

Reflet des ambitions des maires du palais qui gouvernent sans régner avec les derniers Mérovingiens, la restauration de l'État qui accompagne l'avènement Carolingien répond également à une impérieuse nécessité face à la décomposition de l'autorité publique et aux menaces d'invasions nouvelles que font planer les Arabes établis sur le bassin méditerranéen. Sans rompre totalement avec l'héritage Mérovingien sur la conception du pouvoir, ce rétablissement étatique permet la renaissance du droit par le développement de l'outil législatif. En parallèle, l'unité de l'Empire de Charlemagne assure la formation d'une identité juridique partagée par tout l'ouest de l'Europe continentale, sur un territoire dont l'unité religieuse accentuée renforce la cohésion. Confortée en termes d'autorité plus qu'en termes de fondement juridique par le rétablissement de l'idée d'Empire, assortie par le rapprochement avec l'Église d'une finalité chrétienne, la loi n'en demeure pas moins l'expression du pouvoir de ban comme à la période mérovingienne sans exprimer davantage la volonté populaire.

Mais la refondation de l'État par les Carolingiens, bien que brillante, n'est pas durable et ne connaît véritablement l'apogée qu'au temps de Charlemagne. Confrontée à nouveau aux risques d'invasion au IXe siècle, contestée à l'intérieur par une aristocratie montante très présente militairement sur le territoire, moins soutenue par l'Église, la dynastie carolingienne accepte en 888 la prééminence du mode électoral dans la désignation du roi. Elle s'efface derrière les relais de son autorité formés par les princes et comtes et perd le pouvoir d'élaborer une législation uniforme à l'échelle du royaume (1).

Malgré la disparité des situations sur le territoire, la féodalité qui se développe privilégie les relations d'homme à homme dans les rapports de *seigneur* à *vassal*. Elle s'accompagne d'un morcellement du territoire et des fonctions publiques. Or, cet émiettement cantonne l'État à son expression la plus réduite lorsque les titulaires de *fiefs* s'approprient les compétences d'ordre public pour les exercer personnellement à l'échelle de leur seigneurie. C'est sur ce territoire cloisonné en multiples *seigneuries* que triomphe un ordre juridique diversifié d'ordre coutumier, qui consacre les usages locaux admis par les seigneurs et leurs paysans et intègre des « sédiments » juridiques hérités des lois nationales. Par cette fusion et cette gestation de cadres juridiques innovants, cet ordre juridique participe à la reconstruction d'un monde nouveau dans lequel la coutume est reine (2).

Enfin, le droit n'étant plus imposé autoritairement par l'État mais formé spontanément par le fait dans un contexte où l'autorité publique est affaiblie, il perd l'autonomie par rapport à la religion qu'il avait acquise à la période romaine et les prescriptions de droit privé tendent à envahir tout l'espace juridique, y compris le domaine des prérogatives d'ordre public accaparées par les seigneurs comme droits patrimoniaux. L'affaissement juridique est encore prolongé par la segmentation de l'organisation judiciaire entre juges seigneuriaux à partir de la période féodale (3). La renaissance carolingienne a vécu, une monarchie féodale est en devenir. La structuration d'un système juridique français dont les bases lentement se sédimentent n'est encore qu'un horizon lointain.

1 • L'UNITÉ FRAGILE DU ROYAUME CAROLINGIEN

Avec la reconstitution d'un État fort unifié dans la foi chrétienne par les premiers Carolingiens, de façon nouvelle depuis le Ve siècle, la législation royale se superpose aux lois barbares et établit pour tous de nouvelles règles, détachées des lois nationales, accentuant de la sorte l'intégration des traditions juridiques antérieures (A). Mais la renaissance carolingienne est éphémère et le déclin de l'État induit celui de la loi. Dès la fin du IXe siècle, le pouvoir central ne peut plus imposer ses décisions sur le royaume et s'efface au profit de l'autorité locale des princes, des comtes. Ces derniers sont à leur tour débordés au Xe siècle par les seigneurs, bref par les relais de l'autorité et les acteurs locaux mis en place localement depuis le Ve siècle (B).

A - La restauration temporaire de l'État

1) Le rassemblement des populations au sein de l'Empire

a) Fondation d'une nouvelle dynastie et sacralisation de l'autorité royale

Du fait de leur conception patrimoniale du pouvoir, les Mérovingiens partagent leur territoire au gré des successions. Ces subdivisions du royaume (notamment en 511 et 561) réduisent l'autorité royale alors que les périodes de réunification (de 558 à 561 sous Clotaire 1 et de 613 à 639 sous les règnes de Clotaire 2 et de son fils Dagobert) restaurent un pouvoir chancelant. La royauté s'affaiblit peu à peu du VIIe au VIIIe siècle au profit d'une aristocratie puissante. Dès le VIIe siècle, les Mérovingiens subissent la concurrence de leurs maires du palais et les ambitieux maires d'Austrasie sont à même d'exercer l'intégralité des responsabilités gouvernementales. L'un d'eux, Charles Martel, se distingue en arrêtant l'avancée musulmane à Poitiers en 732. Avec l'assentiment du Pape, son fils Pépin le Bref dépose le roi Mérovingien Childéric III. Il se fait sacrer roi en 751 et réitère en 754 avec ses héritiers. Une nouvelle dynastie et une nouvelle légitimité royale sont établies.

Les Carolingiens lient leur pouvoir au christianisme par l'intermédiaire du sacre, cérémonie fondatrice de leur supériorité. Tiré de la tradition biblique des rois d'Israël, le sacre investit le roi d'un charisme religieux qui légitime le changement de dynastie et étend encore les prérogatives royales. Élu de Dieu, le roi devient un personnage religieux et est dès lors dépositaire d'un ministère sacré qui lui impose de propager le christianisme et la justice de Dieu. À ce titre, et plus encore avec la restauration de l'Empire comme ensemble unitaire chrétien, son rôle vis-à-vis du droit est renforcé.

b) La restauration de la dignité impériale

La restauration de la dignité impériale renforce cette autorité naissante sur la base de la tradition antique. Charlemagne qui succède à Pépin étend largement sa souveraineté sur l'ouest européen du nord de l'Espagne à la Germanie. Son couronnement impérial à Rome en l'an 800 l'élève à une dignité équivalente à celle de l'empereur d'Orient et fait de lui le chef du monde chrétien en Europe de l'ouest. À ce titre, il entend généraliser la paix au pourtour comme au sein de l'Empire. Meneur politique investi de missions chrétiennes, Charlemagne contribue à convertir au christianisme, si besoin par la force, toutes les populations sous son autorité. Les efforts en faveur de l'instruction religieuse des clercs, l'obligation du culte pour tous confortent au-delà de la symbolique l'unité chrétienne et territoriale de son Empire et des peuples qui l'habitent.

Sans abandonner la conception patrimoniale du pouvoir de leurs prédécesseurs, les nouveaux maîtres restaurent l'idée d'État et rétablissent l'unité et l'effectivité du droit. Étendant plus largement le pouvoir de ban qui caractérise l'autorité royale depuis Clovis, ils conquièrent de nouvelles compétences régaliennes et légifèrent plus librement.

2) L'essor de lois communes

a) L'idéal d'unité chrétienne et juridique de l'Empire

Se développant sur tout l'ouest et le centre européen à l'exception de l'Angleterre et du centre de l'Espagne, l'Empire carolingien étend à des populations non touchées par la culture romaine des habitudes et des règles tirées de l'Antiquité romaine. Malgré la disparité des territoires et des populations unifiées sous le pouvoir carolingien, une culture et une loi communes sont insufflées et initient une unité juridique en devenir, à l'origine de la future famille des systèmes romano-germaniques.

Assisté d'ecclésiastiques lettrés regroupés autour du trône pour conseiller sa politique, le pouvoir carolingien associe missions temporelle et spirituelle dans la même main. Quant à l'unité de l'Empire, elle reste avant tout scellée sur la base de la foi chrétienne qui transcende la disparité ethnique subsistante. Promoteur de l'instruction de l'écriture et de la langue latine aux fins de christianiser et d'éduquer les populations, le pouvoir défend une idéologie unitaire qui fait de ces progrès culturels généraux - comme des administrateurs et des clercs instruits - les garants locaux de l'application de ses décisions. De fait, le système de lois nationales ne répond plus aux besoins du temps et les décisions royales inaugurent le renouveau d'une législation générale et permanente d'ampleur.

b) La législation unitaire de l'empereur

Dans ce contexte où les ecclésiastiques idéalisent l'unité du peuple chrétien et contestent le système de personnalité des lois au profit d'une application pour tous de la même loi sans différenciation d'origine, le pouvoir royal répond par le développement d'un droit unitaire sous forme de normes législatives qui dépasse les clivages ethniques. L'impulsion royale en matière juridique s'explique par la synthèse des traditions romaines, chrétiennes et germaniques par les Carolingiens en une notion de ministère royal. Ce *ministerium regis* définit le rôle du roi comme conducteur de ses peuples et le place comme première source du droit : il peut légiférer pour tout le royaume.

Les lois nationales perdurent mais elles sont complétées, corrigées et unifiées par une législation royale supérieure : les capitulaires royaux. Élaborés suivant une procédure encore simple mais efficace, rédigés sous forme de décrets divisés en petits chapitres par le chancelier du roi, ils sont présentés aux assemblées des Grands à l'automne puis aux assemblées du peuple au printemps avant leur promulgation. Les *plaids* qui se tiennent généralement deux fois l'an permettent du temps de Charlemagne de faire connaître les ordres du roi aux Grands et à la population.

Plus de deux cents capitulaires sont recensés avant le IXe siècle sur des questions laïques comme ecclésiastiques. Parmi les textes qui s'appliquent aux laïcs, trois catégories sont fréquemment distinguées. D'abord, les capitulaires se contentent d'ajouter à la loi nationale de chacun notamment sur les questions de droit privé et pénal : ce sont les *capitularia legibus addenda*, en quantité modeste. Une deuxième catégorie est formée des *capitularia per se scribenda* pris sous l'autorité du prince et qui s'imposent à tous sous forme de programmes. D'application non plus personnelle mais territoriale, ces textes interviennent sur les questions de droit public (administration générale, police, justice, armée) et assurent l'unification juridique de l'Empire. Enfin, les *capitularia missorum* adressent aux *missi dominici* du roi des instructions à charge pour eux de les appliquer dans leurs tournées sur le territoire.

Pour aller aux sources du droit

Texte 15 : *Capitulaire pour rendre la justice...*, c. 2 (811-813) ; éd. A. Boretius, *Capitularia regum Francorum*, t. I, *Monumenta Germaniae historica*, Hanovre, 1883, p. 176, n° 80, tiré de J. Imbert et al. *Histoire des institutions et des faits sociaux*, t. 1 PUF p 400

Les capitulaires sont les actes publiés par les rois et empereurs carolingiens qui concernent des mesures d'ordre législatif et administratif. Littéralement, il s'agit d'un « ensemble de chapitres » d'un édit. Les premiers capitulaires apparaissent avec Pépin le Bref en 754 et se poursuivent, en France, jusqu'à la mort de Carloman en 884. Certains capitulaires sont des additifs aux lois populaires ; d'autres apparaissent comme des instructions données aux missi ; il en est enfin dont le caractère administratif prévaut. Voici un extrait concernant l'exercice de la justice au profit du peuple.

(...)

2. Que soit ordonné aux évêques, abbés, comtes et grands quelconques, s'ils ont entre eux un litige et ne veulent pas se concilier, de se présenter devant nous ; et que leur procès ne soit pas tranché ailleurs et que pour cette cause, les affaires judiciaires des pauvres et des petites gens ne soient pas retardées. Et que le comte de notre palais n'ait pas l'audace de terminer les litiges des grands sans notre ordre, mais qu'il sache devoir s'occuper seulement de rendre justice aux pauvres et aux petites gens. (...)

Archivés par la chancellerie royale, ces textes divers font l'objet de compilations d'initiative privée comme celle de l'abbé Anségise de St-Wandrille en 827 ; ou la collection plus hétéroclite de Benoît le Lévite vers 850. Cet effort d'unité juridique gomme les trop grandes disparités entre lois nationales sans pour autant abolir la diversité des statuts juridiques. Mais témoignant du caractère peu durable de l'autorité des Carolingiens, les successeurs de Charlemagne sont davantage contraints de négocier avec l'aristocratie. Passé le viiie siècle, cette activité législative ralentit pour disparaître durablement à partir de 884.

B - La dévitalisation de l'État

1) *La division de l'Empire et la montée en puissance de l'aristocratie*

La restauration de l'État par les Carolingiens est éphémère et ne survit pas à la quatrième génération : par le Traité de Verdun en 843, les arrière-petits-fils de Pépin partagent le territoire en trois *francies* : l'ouest jusqu'à l'océan à Charles le Chauve, l'est au-delà du Rhin à Louis, la partie centrale de la Mer du nord à l'Italie à Lothaire. Cette dernière portion, bien qu'attachée au titre d'Empire, est divisée au fil de la succession de Lothaire en 855 et attise la convoitise des royaumes voisins. À l'unité initiale se substituent lentement deux royaumes : la France à l'ouest, la Germanie devenue Saint Empire Romain Germanique à l'est en 962.

Cette division de l'Empire après le règne de Louis le Pieux est renforcée par la contractualisation des relations hiérarchiques entre le roi et ses hommes et la montée en puissance de l'aristocratie.

Les liens sociaux sont en effet le reflet des risques militaires de l'époque. Les invasions sarrasines au début du viiie siècle obligent le roi à s'attacher durablement des soldats aguerris. Le vieux contrat mérovingien de la *commendatio* est perpétué pour contraindre à l'obéissance ces guerriers en contrepartie de la protection royale et de l'attribution de ***bénéfices*** pour financer l'équipement du soldat. Mais cette relation hiérarchique structurelle à finalité militaire est généralisée et dévoyée en technique d'assujettissement général des chefs pour l'exercice des fonctions publiques. Les hommes du roi deviennent ***vassaux***, élèvent leur niveau social et s'attachent à leur tour personnellement leurs propres vassaux.

Or l'équilibre de l'autorité entre le roi et ses chefs de guerre se renverse. Profitant de la division de l'Empire et des assauts de nouveaux envahisseurs aux ix et xe siècles – au nord les Normands, à l'est les Magyards, au sud les Sarrasins –, l'aristocratie étend ses pouvoirs aux dépens de l'autorité centrale et accélère le déclin de l'État jusqu'au xiie siècle. Les nouvelles formes de combats font des guerriers établis dans leurs châteaux les premiers défenseurs du territoire et le contrôle du pouvoir central sur ces chefs se réduit sans que la hiérarchisation imposée par le biais des ***ducs*** et ***marquis*** n'enraye le phénomène. Prolongeant l'organisation en *castra* puis en ***grands domaines*** initiés dès le ve siècle, l'échelon local des châteaux devient dès lors, par le jeu des circonstances politiques, le cadre dans lequel s'exerce le pouvoir. Le royaume est pulvérisé en une multitude de territoires quasiment autonomes : les principautés se constituent à la périphérie du royaume à la fin du ixe siècle, les comtés suivent le mouvement d'émancipation dans le centre avant d'être eux-mêmes morcelés en seigneuries. Le souvenir de l'État reste une réalité en Normandie, en Flandres, en Catalogne où le pouvoir politique demeure fort.

L'ère féodale entre les fins respectives du xe et du xiie siècle constitue de ce fait la période où le repli de l'État est le plus marquant depuis la chute de l'Empire romain et forme un moment charnière entre les suites de l'Antiquité tardive et le début de l'ère moderne. Amenée à transiger avec cette aristocratie exigeante, la royauté passe progressivement sous l'autorité de ces Grands, qui entendent désigner leur roi. De 888 à l'élection d'Hugues Capet en 987, la royauté devient élective. Le changement dynastique en 987 en faveur des Capétiens ne freine pas cet effritement de l'autorité étatique. En effet, le roi de France de 987 jusqu'à 1214 (victoire de Bouvines) n'est alors qu'un seigneur parmi les autres, singulier par son caractère sacré, mais dont le territoire est limité entre Orléans, Senlis et Laon. Le reste du territoire français est alors divisé en grandes principautés – Normandie, Bretagne, Flandres, Bourgogne, Aquitaine, Toulouse – et en comtés autonomes apparus à la périphérie de ces principautés. Face à cette autorité royale chancelante, aucune législation d'ensemble n'est plus désormais possible.

2) *La disparition d'une législation générale*

Avec ce morcellement territorial et cette dévitalisation de l'État, la législation générale et permanente périclite rapidement dès la fin du IXe siècle. Toute législation à l'échelle du royaume n'est plus possible qu'avec l'accord des Grands avant 884. Elle est remplacée par la suite par une somme de décisions particulières et contingentes, nées des rapports contractuels qui se sont substitués à l'autorité du roi.

La transition du système de personnalité des lois à celui de la territorialité du droit est achevée. Elle a débuté avant l'arrivée des Carolingiens et les terres sur lesquelles les Francs étaient massivement rassemblés ont progressivement oublié les souvenirs de droit romain. L'unification politique et religieuse carolingienne n'a fait que contribuer à la fusion des éléments romains et germaniques, alors même que la culture juridique limitée des juges facilitait l'amalgame des principes de droit tirés des deux traditions. L'identité de la foi, l'unicité de la personne du roi comme autorité supérieure, l'enracinement local, la politique matrimoniale limitant les mariages trop rapprochés au sein des mêmes ethnies ont favorisé le rapprochement de ces populations. De ce fait, les habitants ne se définissent plus comme appartenant à un ensemble humain particulier, lié par ses ancêtres et ses mœurs, mais par le lieu, le sol sur lequel ils vivent. Les termes même de Français (*Francus*) et de France qui se substituent à ceux de Gaule et Gallo-Romains soulignent cette évolution dès avant l'an 1000.

Mais si les lois personnelles ont disparu au profit d'un système de règles territoriales, c'est dans le cadre des seigneuries et principautés et non à l'échelle du royaume qu'est défini le droit applicable. La dissémination de l'autorité et la multiplication des principautés et comtés, sans unification supérieure de la part de la personne royale, multiplient les statuts juridiques à caractère territorial. Les populations de chaque seigneurie se dotent d'un ensemble de règles propres qui combinent en proportion variable ce qui reste des droits nationaux, des capitulaires carolingiens avec les dispositions nouvelles prises localement au gré des nouvelles circonstances. Elles sont à l'origine des coutumes de l'ancienne France.

De l'intermède carolingien ne demeurent plus au sein des monastères que des éléments communs d'une culture savante écrite, appuyée sur le latin, au sein de laquelle subsistent les souvenirs de l'héritage antique. Le droit recule et la distinction établie à Rome entre droit public et droit privé s'estompe.

2 • LE TRIOMPHE D'UN ORDRE JURIDIQUE DIVERSIFIÉ À PARTIR DU XE SIÈCLE

Le pouvoir législatif du roi s'est totalement effacé avec la féodalité et ce n'est que tardivement au XIIe siècle qu'est reconstitué au profit des seigneurs un pouvoir normatif bien plus contractuel qu'imposé. Il se manifeste sous forme d'ordonnances qui oscillent entre décisions particulières et règlements plus généraux sous le nom ***d'assises*** ou de ***constitutions***. Moins qu'une disparition du droit, c'est surtout un autre cadre juridique qui se substitue à un ordre légal désormais improbable à l'échelle du territoire. La somme des usages réglant la vie d'un groupe humain partageant les mêmes conditions ou lieux de vie... se résume sous la forme de coutumes (A). Ce droit nouveau est morcelé, cloisonné dans ces alvéoles autonomes que constituent les seigneuries plus ou moins étendues sur l'ensemble du territoire. La disparité des ressorts coutumiers sur le territoire est le reflet du nouvel ordre politique (B).

Époque féodale jusqu'au XIIe siècle

987 : Hugues Capet proclamé roi de France (987-996), début de la dynastie capétienne
1059-1122 : querelle des Investitures entre le Pape et l'Empereur germanique
1066 : conquête de l'Angleterre par Guillaume duc de Normandie. Bataille d'Hastings
1096 : départ de la première croisade armée (1096-1099)
1099 : prise de Jérusalem par les croisés. Confection de la Tapisserie de Bayeux
1108 : Règne de Louis VI le Gros (1108-1137)
1130 : Apparition du gothique (Saint-Denis, Noyon, Sens, Laon, Senlis, Paris)
1140 : *Décret de Gratien*
1180 : Règne de Philippe II Auguste (1180-1223)

A - La primauté de la coutume

1) Le mécanisme de la coutume

Du fait de leur simplification, les sources de droit sont moins bien différenciées et les hommes de droit qui ne maîtrisent plus la technique juridique de l'époque antique continuent d'édulcorer les restes de droit romain qui subsistent et perdent le sens des concepts. La forme des normes et leur source créatrice ne sont plus les premiers critères de classement et plus aucune autorité publique ne peut imposer une norme à l'ensemble du territoire ou de la population. C'est désormais l'admission collective par une communauté de faits répétés pendant un temps suffisamment long qui confère à ces règles une force obligatoire. Le fait devient créateur du droit sous le contrôle du groupe social. C'est encore ce consensus collectif qui permet à la coutume d'évoluer souplement. La non-mémorisation d'un usage contraire à la coutume assure sa légitimité, tant que la désuétude ou l'acceptation d'une règle contraire ne l'ont pas conduite à s'adapter. Rare avant 987, le terme de *consuetudo* apparaît lors du changement dynastique au tournant des X-XIe siècles dans le centre de la France, plus tardivement dans le Midi[1].

Dans un contexte féodo-vassalique étendu à l'échelle du territoire, ces nouveaux usages expriment souvent un rapport de force entre le seigneur et ses paysans dans chaque fief et l'ancienneté renforce la légitimité de coutumes contre lesquelles le seigneur ne peut aller. L'évolution des exigences de celui-ci et des besoins de la main-d'œuvre modifie cet équilibre précaire, cet état de droit. Les bonnes et mauvaises coutumes sont distinguées et l'assentiment collectif pour la transformation du contenu coutumier est requis. De fait, les bonnes coutumes recouvrent les prélèvements habituels, acceptés et enregistrés par tous ; les mauvaises coutumes s'apparentent aux prélèvements exigés sans raison justifiée par le seigneur. Très tôt le roi s'estime dans son droit pour écarter les mauvaises coutumes et privilégier les bonnes. De la sorte, par le biais de la coutume, un droit spontané formé par la pratique et associant l'héritage des lois nationales avec les nouveaux usages seigneuriaux supplante, tant en droit privé qu'en droit public, un droit élaboré et imposé par l'État.

Cette forme juridique a ses avantages et ses défauts. Le caractère de fait répété dans la durée et admis par tous participe à faire du contenu de la coutume un élément consenti de la population. De plus, l'oralité facilite l'élasticité et l'évolution des règles dans la durée. En revanche, elle constitue également le défaut technique majeur de la coutume en la rendant difficile à connaître et à appliquer, peu précise et d'interprétation multiple. À défaut de rédaction, il faut nécessairement prouver la coutume avant son application par le juge. Aussi, pour tout nouveau procès, le juge doit-il connaître la coutume. Il peut enquêter par l'interrogation de témoins ; sinon chaque plaideur doit prouver la coutume qui lui est applicable, par ***duel*** d'abord puis à compter du XIIIe siècle par ***turbe***, c'est-à-dire en présentant dix personnes considérées comme sages à même de rappeler le contenu du droit coutumier. Le jugement a pour effet de révéler au public la coutume, qui une fois reconnue peut devenir notoire.

Cette difficulté matérielle à établir la preuve explique l'idée de rédiger ces coutumes. Les premières tentatives au XIIe siècle sont encore peu nombreuses et plus précoces dans le midi de la France. Des chartes de franchise ou statuts des villes à compter des XIe-XIIe siècles mettent par écrit ces coutumes mais pour des territoires souvent modestes. On peut signaler les coutumes se rattachant à certaines villes et aux terroirs voisins : les *statuts d'Avignon ou d'Arles* (milieu XIIe siècle) mis par écrit à l'initiative de l'autorité publique. Dans le nord, seul le *Très ancien coutumier de Normandie* voit le jour au XIIe siècle. C'est au XIIIe siècle qu'est initié un mouvement de rédaction des coutumes à l'initiative notamment d'auteurs privés, de praticiens, qui vont mettre en forme savante le droit local[2].

---

1. J.-M. Carbasse, *Introduction historique au droit*, PUF, 1998, p. 116
2. *Infra* chapitre 5.

Pour aller aux sources du droit

Texte 16 : *Charte de Lorris-en-Gâtinais* 1155, extrait, F. Guizot, *Histoire générale de la civilisation en France, depuis la chute de l'Empire romain*, 2e éd., Paris, Didier, vol. 4 pp 245-248

En 1068, le bourg de Lorris à la lisière de la forêt d'Orléans entre dans le domaine royal. En 1119, Louis VI accorde une charte de franchises aux habitants. Son fils, Louis VII en 1155 et son petit-fils, Philippe-Auguste en 1187 la confirment. Comprenant 35 articles, la charte fixe des droits contre l'arbitraire seigneurial, en l'occurrence royal, et les abus des administrateurs royaux, prévôt, guetteur et crieur public sous forme de coutumes. Elle incite les habitants en tant qu'hommes libres à développer l'agriculture et le commerce. En cela, elle fixe juridiquement les règles coutumières dans les relations entre les habitants, leur prévôt et leur seigneur, et entre les habitants eux-mêmes.

« Louis, etc. Qu'il soit connu à tous, etc.

1° Que quiconque aura une maison dans la paroisse de Lorris paie un cens de six deniers seulement pour sa maison, et chaque arpent de terre qu'il aurait dans cette paroisse. Et s'il fait une telle acquisition, que cela soit le cens de sa maison.

2° Que nul habitant de la paroisse de Lorris ne paie de droit d'entrée ni aucune taxe pour sa nourriture ; et qu'il ne paie aucun droit de mesurage pour le blé que lui procurera son travail ou celui des animaux qu'il pourrait avoir, et qu'il ne -paie aucun droit de forage pour le vin qu'il retirera de ses vignes.

3° Qu'aucun d'eux n'aille à une expédition de pied ou de cheval, d'où il ne pourrait revenir le même jour chez lui s'il le voulait.

4° Qu'aucun d'eux ne paie de péage jusqu'à Étampes, ni jusqu'à Orléans, ni jusqu'à Milly, qui est en Gâtinais, ni jusqu'à Melun.

5° Que quiconque a du bien dans la paroisse de Lorris n'en perde rien pour quelque méfait que ce soit, à moins que ledit méfait ne soit commis contre nous ou quelqu'un de nos hôtes.

6° Que personne allant aux foires et marchés de Lorris, ou en revenant, ne soit arrêté ni inquiété, à moins qu'il n'ait commis quelque méfait ce même jour. (...)

7° Que les forfaitures de soixante sous soient réduites'à cinq, celles de cinq sous à douze deniers, et le droit du prévôt, en cas de plainte, à quatre deniers.

8° Que nul homme de Lorris ne soit oblige d'en sortir pour plaider avec le seigneur-roi.

9° Que personne, ni nous, ni aucun autre, n'exige des hommes de Lorris aucune taille, offrande ni exaction.

10° Que personne à Lorris ne vende du. vin, avec ban publie, sauf le roi, qui vendra son vin dans son cellier, avec tel ban.

15° Que nul homme de Lorris ne fasse pour nous de corvée, si ce n'est deux fois l'an, pour amener notre vin à Orléans, et point ailleurs. Et ceux-là seulement le feront qui auront des chevaux et des charrettes, et ils en seront avertis ; et ils ne recevront de nous aucun gîte. Les vilains amèneront aussi du bois pour notre cuisine.

16° Nul ne sera retenu en prison s'il peut fournir caution de se présenter en justice.

17° Quiconque voudra vendre ses biens le pourra ; et ayant reçu le prix de vente, il pourra s'en aller de la ville, libre et tranquille, si cela lui plaît ; à moins qu'il n'ait ˉcommis dans la ville quelque méfait.

18° Quiconque aura demeuré un an et un jour dans la paroisse de Lorris sans qu'aucune réclamation l'y ait poursuivi, et sans que le droit lui ait été interdit, soit par nous, soit par notre prévôt, y restera ' libre et tranquille. (...)

34° Ces coutumes sont accordées aux hommes de Lorris, et elles sont communes aux hommes qui habitent à Courpalais, à Chanteloup, et dans le bailliage de Harpard.

35° Nous ordonnons que toutes les fois que le prévôt changera dans la ville, il jurera d'observer fidèlement ces coutumes ; et de même feront les nouveaux sergents chaque fois qu'ils seront institués. »

2) L'évolution du contenu de la coutume

Le fond de la coutume s'inspire localement des règles juridiques antérieurement en vigueur, à savoir les lois nationales ou la législation carolingienne, et la primauté romaine ou germanique varie selon les origines ethniques de la population installée localement. Mais ce socle juridique de base s'enrichit et se diversifie au gré des nouvelles règles adoptées au sein des seigneuries dans les rapports quotidiens du seigneur envers ses paysans et avec la diversification des statuts sociaux.

En effet, du fait de la confiscation des droits régaliens et du pouvoir de *ban* par les seigneurs locaux, ceux-ci défendent les populations, administrent et rendent la justice, commandent et perçoivent les amendes. Contre leur protection, les habitants de la seigneurie se soumettent à leurs décisions militaires, judiciaires et économiques, sont corvéables, et paient des taxes ou des banalités, en sus des droits de péage et autre droit d'aubaine. À partir du XIe siècle, l'origine régalienne de tous ces pouvoirs se perd : c'est l'habitude et l'usage répété par le seigneur qui font de ces droits souvent fiscaux des « coutumes », aux fondements distincts des règles juridiques tirées des lois nationales ou carolingiennes.

Cet ancrage de la coutume dans le contexte féodo-vassalique est encore enrichi par la diversité sociale qui multiplie les règles selon le statut de chacun. En effet, au clergé et à l'aristocratie distingués du reste du peuple au tournant des Xe et XIe siècles sont reconnus en raison de leurs missions sociales des droits et devoirs distincts au sein de statuts qui, notamment, les exemptent fiscalement et leur confèrent un privilège de juridiction. À ces différences statutaires s'ajoutent des règles issues des stratégies communautaires au sein de chaque corps social pour protéger le groupe auquel l'individu appartient et qui font naître autant de droits spécifiques aux communautés paysannes ou religieuses ou aux lignages nobles. Tout un ensemble de règles nouvelles liées au contexte seigneurial et propres à chaque groupe humain vient ainsi s'agréger aux coutumes et au socle juridique de base.

Quant au champ matériel considéré, la coutume est d'abord cantonnée aux droits liés à l'exercice de la puissance publique du seigneur (le ban, le droit de contraindre, les droits de justice criminelle, les prérogatives d'ordre militaire, les taxes). Puis elle s'étend progressivement aux droits domaniaux tirés de l'exploitation de la terre (cens, redevances, corvées...) et aux transactions de droit privé (vente, échanges, libéralités, legs). Continuant de s'élargir, la coutume finit par dépasser les rapports entre seigneur et habitants pour prendre en compte les relations entre paysans entre eux. Elle recouvre ainsi les usages de droit privé qui se sont constitués par l'accord commun et par des pratiques répétées.

Pour aller aux sources du droit

Texte 17 : Notice des coutumes de Favars, XIIe siècle, extrait de M. Deloche, *Cartulaire de l'abbaye de Beaulieu en Limousin*, Coll. de docs inédits, Paris, 1859, pp 153-155, n° CI, tiré de J. Imbert et al. *Histoire des institutions et des faits sociaux*, t. 2, PUF 1970, pp 53-55

Les coutumes fixent au Moyen Age les droits et devoirs des paysans titulaires d'une tenure dans leurs rapports avec leur seigneur. Entre autres choses, les taxes et impositions dues par ces exploitants, mais aussi le statut social et les conditions de mariage… sont définis avec précision. Elles illustrent le « rapport de force » des habitants de la seigneurie vis-à-vis de leur seigneur et incorporent des usages locaux aux éléments subsistant des lois germaniques ou des dispositions de droit romain sur le territoire en cause. La mise par écrit de ces règles est encore exceptionnelle, et relève de juges locaux, de praticiens. Leur valeur officielle est souvent de ce fait réservée. Ici, cette rédaction officielle par l'abbaye, à l'instar du Très ancien coutumier de Normandie, inaugure la volonté de disposer de règles de droit précises, connues, et facile à appliquer.

Les cultivateurs doivent, au temps de la moisson, deux gerbes aux vicaires par cartonnée de terre ; qu'ils rendent des gerbes conformes à la loi, telles qu'ils les donneraient aux moissonneurs pour leur salaire. De même pour le foin : un faix [charge sous laquelle on plie] de foin par cartonnée [mesure de base des superficies des champs céréaliers], tel que normalement un homme peut le porter de la maison du cultivateur jusqu'à la maison du vicaire, sans mauvaise ruse ; qu'ils soldent lesdites redevances de la messe de Saint-Martin jusqu'au commencement du jeûne… Pour le méteil [mélange de céréales], voici ce que doivent les cultivateurs à titre de cens : deux setiers par cartonnée, soit trois émines [mesures de volume de grains] d'avoine et un quart d'orge ou de mélange de blé et de seigle. S'ils ne veulent pas se charger de fournir le méteil en une seule fois, qu'ils rendent la quantité prescrite en y ajoutant une mesure comble mais non tassée, plus exactement une émine d'orge, comble ou une de mélange, rase. Sur le fief du juge, le vicaire n'a ni juridiction, ni saisie. Sur le fief du cellerier, sur le fief du cuisinier, sur le fief du forestier, sur le fief du pêcheur, sur le fief du collecteur de redevances, sur le bois seigneurial, le vicaire n'a aucune juridiction et le juge aucune saisie. Que les hommes de la terre de Saint-Pierre ne prennent pas de femmes étrangères, dès l'instant qu'on peut trouver à l'intérieur du domaine lui-même des femmes à qui ils peuvent être unis. Qu'il en soit de même pour les femmes, dès l'instant que dans le domaine lui-même, il se trouve des hommes avec qui elles peuvent s'unir légalement. Que si le juge ou le vicaire a transgressé cette disposition pour quelque raison, qu'il l'amende, selon la loi, à l'abbé ou au prévôt : ladite loi indique 60 sous. Et si le cultivateur a agi sans leur conseil, il l'amendera selon la loi, et l'homme en question, ou la femme retournera là où on l'a pris, sans félonie. Si un homme ou une femme meurt dans ledit domaine, sans fils ou fille ou tel héritier qui paie le cens aux seigneurs, que soit respecté ce qu'il aura laissé spontanément en aumône à Saint-Pierre et aux prêtres ou aux vicaires : quant à ce qui restera de ses biens, que les juges s'en saisissent et le gardent avec soin jusqu'à ce que le prévôt vienne et dès qu'il viendra que lui soit présenté ce qu'ils auront trouvé et qu'ils le divisent en trois parts : qu'il y en ait deux parts pour Saint-Pierre et que la troisième soit partagée entre le juge et les vicaires. S'il laisse un héritier que soit respecté, sans opposition aucune, ce dont il aura disposé et ce qu'il aura ordonné. Pour les terres abandonnées, si un homme en a cultivé, que le juge perçoive ce qu'elle produira ; et si le cultivateur veut payer le cens aux vicaires, que ceux-ci le reçoivent ; et s'il ne veut pas payer le cens, qu'il rende aux vicaires le tiers de ce que la terre aura produit et les deux tiers à Saint-Pierre, (…)

C'est contre ces droits seigneuriaux que se développent les franchises au profit des villes et cités autour du XIe siècle. Des chartes consacrent des usages ou instaurent un droit nouveau. Elles touchent à des domaines multiples (police, sécurité, délits, protection des biens, exercice de la justice, fixation et levée de la taille, utilisation des communaux, pâturages et forêts, taxes sur les présentations, le four ou le pressoir banal…) et élargissent le champ des libertés des individus par comparaison au statut des habitants des seigneuries.

B - L'inscription des ressorts coutumiers dans le monde féodal

1) Le décalque des ressorts coutumiers sur la carte politique

Diverses dans leur contenu, ces coutumes sont d'application territoriale sur les hommes de la seigneurie et sur ceux qui y transitent. De fait, le détroit de la coutume est d'autant plus vaste que l'étendue de l'autorité publique du chef sur le lieu est grande et la carte des ressorts coutumiers, qui se confond avec celle des juridictions locales, reflète le paysage politique de la France féodale.

Selon l'unité de chaque principauté ou le morcellement en multiples seigneuries, il y a unité de la coutume sur un même territoire ou juxtaposition de coutumes différentes sur des parcelles restreintes. La carte coutumière révèle ainsi le plus ou moins grand morcellement de l'autorité publique sur le territoire. En Île-de-France par exemple, où l'émiettement du pouvoir a été particulièrement poussé, existent des confettis de territoires qui disposent de coutumes spécifiques (coutumes d'Orléans, de Senlis, de Dreux, de Paris, de Dourdan). En dépit de l'élargissement progressif des ressorts coutumiers, les coutumes locales sont préservées par les juridictions du lieu et les officiers royaux nommés en ces lieux. Aussi n'est-ce que de façon encore exceptionnelle que le terme de coutume recouvre le sens de droits seigneuriaux appliqués à toute une région dans la seconde moitié du XIe siècle. C'est véritablement en Normandie, en Flandres, en Catalogne, fortement gouvernées à partir de 1060, qu'apparaissent officiellement ces embryons de coutume territoriale correspondant aux horizons de la principauté ou du comté (Les *Usages de Barcelone* du comte Raymond Béranger 1er, 1060-70 ; comprenant des tarifs de composition et des règles judiciaires ; Les *Consuetudines et Justicie* de Guillaume de Normandie du même siècle, qui posent des interdits et des cas de justice relevant du duc). Le midi est alors peu tourné vers la coutume.

Du fait du morcellement généralisé du royaume et de l'absence d'une hiérarchie juridictionnelle étatique, l'unification coutumière est impossible. Au contraire combinées avec le système des franchises octroyées par chartes aux communautés urbaines, les coutumes forment peu à peu un statut juridique propre à chaque parcelle du territoire, caractéristique de ses libertés locales et considéré comme une loi privée, comme privilège d'une localité. C'est donc une pulvérisation en multiples ressorts coutumiers qui caractérise le royaume de France à compter de l'an 1000 et cette diversité se maintiendra malgré le progressif resserrement jusqu'en 1789.

2) La fracture coutumière entre le nord et le sud

Une grande fracture géographique divise le territoire, notamment à partir du XIIe siècle depuis le lac de Genève jusqu'aux Charentes, en incluant l'Alsace et en excluant l'Auvergne. Les pays du sud connaissent le système coutumier mais demeurent, plus que partout ailleurs dans le royaume, imprégnés de droit écrit romain qui a pu inspirer ces coutumes ou qui, après sa redécouverte au XIIe siècle, va avoir tendance à s'y substituer du fait des praticiens et des lacunes coutumières. Le nord du royaume relève en revanche avant tout de la coutume et la propagation du droit romain à partir du XIIe siècle[3] y reste limitée. Si l'on est conduit aujourd'hui à relativiser cette fracture en soulignant la multiplicité des coutumes du Midi, telles qu'elles apparaissent au travers des arrêts de justice ou des actes des praticiens, et ce jusqu'au XIVe siècle, le roi consacre cette partition et reconnaît le consentement des populations à ce droit écrit d'origine romaine comme à une coutume générale, auxquelles font exception une multitude de coutumes locales. Il reconnaît cette ligne de partage entre le nord et le midi de son royaume à partir du XIIIe siècle, (cf. ordonnance de 1251 de Blanche de Castille régente du royaume). Cette différence demeurera flagrante à l'avenir par la plus grande pénétration du droit romain dans le midi que dans le nord.

De ce fait, malgré cette diversification territoriale, il apparaît que ces coutumes sont imbriquées peu à peu les unes dans les autres[4], présentent des traits communs et se regroupent en grandes familles : une soixantaine de coutumes provinciales sur l'ensemble du territoire se subdivise en près de sept cents coutumes locales. Des groupes de coutumes sont repérables par leurs points de convergence. On peut citer le groupe des coutumes de l'Ouest (Anjou, Maine, Touraine), pays qui est soumis à la domination des Plantagenêt. Ces coutumes de l'Ouest ne s'enferment pas comme la coutume de Normandie dans un périmètre défini, mais rayonnent sur la Bretagne et le Poitou. Autre famille coutumière, le groupe des coutumes de Picardie Wallonie marquées par un fort esprit communautaire (droits collectifs des membres de la famille, droit du lignage sur les biens). Un autre ensemble est constitué par le groupe de l'Artois et des Flandres avec de multiples coutumes de villes, seigneuries et châtellenies.

La restauration de l'autorité des princes à partir du XIIe siècle a pour conséquence l'élargissement des ressorts coutumiers en ensembles cohérents au sein des grandes divisions géographiques couvertes désormais par leur autorité. Ainsi voit-on émerger des coutumes à l'échelle d'une province vers 1200, avec la coutume de France « autour de Paris », celles d'Anjou, de Touraine, du Maine et de Poitou, etc. Réduisant la multiplicité coutumière, cette carte élargie des coutumes ne fait pas cependant disparaître la fracture qui différencie les coutumes du nord et du midi de la France jusqu'à la révolution de 1789.

3 • LE RECUL DE L'ORDRE JURIDIQUE

Les lois nationales ont disparu avec la fusion ethnique, les capitulaires royaux ont cessé avec le déclin de l'autorité royale, et seul le droit canonique préserve son unité au sein d'une Église puissante et organisée. Il influe sur le droit séculier et l'imprègne de ses principes. Ce repli juridique s'accompagne aussi d'un débordement du droit privé sur le droit public alors que son contenu se concentre sur les relations contractuelles entre les hommes et leur rapport à la terre, en dehors de tout cadre institutionnalisé (A). Empirique, approximative, la coutume est appliquée localement par une justice

3. *Infra* chapitre 5.
4. Jean-Marie Carbasse, *op. cit.* p. 119.

segmentée entre les différentes seigneuries qui n'est plus que le pâle reflet de la justice carolingienne du *mallus* et contribue encore à la diversification coutumière (B).

A - L'affaissement du droit

1) L'imprégnation du droit par la religion

L'autonomie du droit par rapport à la religion recule par rapport à la période romaine. Faute d'école de droit à même de former des juristes, ce sont les clercs qui s'approprient la connaissance juridique et la rapprochent de la loi chrétienne. L'idéal de justice antique est confondu avec la justice divine et les lois sont conçues comme outils au service des principes chrétiens. Le terme même de « droit » qui sanctionne la « rectitude » et se retrouve dans toutes les langues européennes a détrôné le terme romain de *ius* à partir du IXe siècle[5]. Son hégémonie linguistique illustre ce rapprochement vers le sacré, et l'incorporation de la morale chrétienne dans le modèle juridique pensé des relations humaines.

Différents domaines sont particulièrement affectés par cette imprégnation du sacré. Le pouvoir du roi d'abord depuis 751 est légitimé par le sacre, cérémonie religieuse qui confère au monarque un charisme particulier et lui donne la qualité d'élu de Dieu. Prolongé jusqu'au terme de la monarchie en 1789, ce sacre élève le roi au-dessus de tous les autres princes, étend largement les missions royales de son ministère et les inscrit dans une finalité religieuse, déresponsabilise le roi devant les hommes au profit d'une responsabilité devant Dieu. Là aussi, la fonction de roi est marquée par le suivi de la bonne ***direction*** par un gouvernement ***droit***.

Mais surtout, le sacré constitue un vernis qui vient couvrir les défaillances du système juridique. Par exemple, le serment prêté sur la Bible devient un accessoire fréquent des contrats pour en confirmer la valeur ou en renforcer les effets en un temps où le formalisme préside à la conclusion des conventions et où la justice est dotée de peu de moyen pour imposer le respect de la parole donnée par les parties.

En justice également, le sacré s'immisce dans les procédures par le biais des ordalies notamment qui corroborent les faits dont la preuve est difficile à rapporter par l'intervention surnaturelle présumée de Dieu. Qu'il s'agisse d'ordalie unilatérale (par le fer rouge, par l'eau froide) ou d'ordalie bilatérale comme le duel judiciaire, l'intervention divine est censée distinguer le coupable de l'innocent par une manifestation évidente (plaie en voie de guérison pour le fer rouge, immersion durable de l'innocent dans l'eau, succès du duel judiciaire entre les parties).

Enfin au-delà de cette pénétration du sacré dans le droit, avec l'extension des compétences juridictionnelles du juge ecclésiastique, tout un pan de la vie sociale passe sous sa jurisprudence et le serment comme l'ensemble des faits rattachés à un sacrement (le mariage) ou à une institution religieuse permettent à ce juge d'influencer les règles juridiques dans un sens chrétien.

5. LOVISI (Cl.), *Introduction historique au droit*, Les cours du droit, p. 107.

2) Le débordement du droit privé sur le droit public

L'époque féodale consacre l'absorption du droit public par le droit privé et la distinction faite à la période romaine s'efface avec le dépérissement de l'État. Le recul des institutions au profit de relations de nature contractuelle entre les individus rend le droit public inutile et le droit privé indispensable pour régir les rapports des hommes entre eux et leur relation à la terre.

L'apparition des principautés territoriales et des comtés autonomes n'a pas eu pour effet premier de bouleverser les institutions antérieures. En effet, même s'il y a appropriation des fonctions publiques et distribution de terres à ces princes et comtes, les responsables continuent d'exercer chacun à leur niveau des prérogatives de puissance publique conçues sur le modèle carolingien. C'est surtout l'apparition des seigneuries à partir de l'an mille qui, bien que reproduite de façon inégale sur l'ensemble du territoire, – la Flandre ou la Normandie demeurant durablement sous l'autorité de leur prince –, dénature ces prérogatives en les transformant en droits patrimoniaux, attachés non plus à une institution mais incarnés dans la personne qui les détient, se les approprie et peut les aliéner librement. Cette appropriation privée permet au seigneur de détourner à son profit les droits régaliens (fiscalité, guerre, justice vengeance...) et privilégie la satisfaction de ses intérêts personnels. Cette incarnation des prérogatives publiques dans les personnes échappe définitivement à l'expression d'un pouvoir étatique. En cela, elle prolonge une évolution amorcée depuis la mise en place des *castra* au Ve siècle et rejoint la tradition germanique de la conception du pouvoir royal, telle qu'elle s'est manifestée depuis les Mérovingiens par une pratique de partage successoral du royaume. La frontière entre ce qui relève du public et du privé se brouille définitivement par la superposition sur un même territoire des droits fonciers du seigneur et de son pouvoir de ban. L'assimilation dans un premier temps des coutumes aux prélèvements fiscaux du seigneur en témoigne. Cette privatisation du droit, y compris des prérogatives publiques, laisse le droit romain dans l'ombre au profit d'une gestation pragmatique de nouveaux équilibres qui s'établissent par le biais du phénomène coutumier entre chefs et population et qui englobent l'activité publique dans leur champ d'élaboration.

B - La segmentation de l'organisation judiciaire

1) Le perfectionnement du mallus à l'époque carolingienne

La justice de l'époque carolingienne est modernisée. Les sessions du *mallus* sont limitées à trois chaque année et prennent la forme de plaids légitimes, limitant les contraintes pesant sur les hommes libres obligatoirement présents aux sessions. Dans l'intervalle des sessions, la justice est rendue par des juges professionnels, les *échevins*, établis dans chaque subdivision de la *centaine* sous la présidence du comte, et ces derniers se joignent aux hommes libres lors des sessions. Enfin, face à la désertion des comtes de leur tribunal, Charlemagne impose leur présence aux affaires les plus graves en distinguant les causes majeures et mineures. Les premières sur le plan criminel concernent les affaires qui encourent la peine de mort, à savoir le meurtre, l'incendie, le vol, le rapt. Sur le plan civil, elles portent sur les questions jugées primordiales, propriété immobilière et état des personnes. Les causes mineures couvrent le reste des litiges possibles et peuvent être déléguées par le comte à ses subordonnés. Cette dichotomie préfigure la future distinction médiévale entre haute et basse justice.

À compter du Xe siècle, le *mallus* se réunit toujours au chef-lieu du *pagus* et est présidé par le comte ou le vicomte, assisté ou remplacé parfois par l'évêque lorsque le *pagus* s'identifie à une cité. Au niveau inférieur des sous-circonscriptions (des *vigueries*), le *viguier* entouré des hommes libres des environs tient des assemblées régulières pour trancher les litiges de moindre importance. Prolongeant la dynamique carolingienne, le comte se réserve les causes majeures (vol, incendie, rapt, meurtre). De fait, il conserve fréquemment la justice des hauts personnages du *pagus*, et laisse aux viguiers la justice des petites gens, illustrant par là même la transformation du *mallus* en cour féodale. En parallèle, le développement de la hiérarchie féodale a pour effet de multiplier les échelons de la justice, du châtelain jusqu'au comte.

2) L'essor des juridictions seigneuriales à partir du xe siècle

Accaparant les prérogatives de puissance publique autrefois départies au roi, les seigneurs sont investis à compter de la fin du Xe siècle du pouvoir de rendre la justice. La juridiction du seigneur justicier s'applique dès lors, du fait de sa compétence territoriale limitée, à tous les hommes levants et couchants de la seigneurie. Mais tous les seigneurs ne possèdent pas la même compétence selon qu'ils exercent la haute et/ou la basse justice. La haute justice – pour laquelle le seigneur peut ordonner le duel judiciaire – concerne les causes majeures en matière civile (les questions d'état des personnes, la propriété foncière) comme pénale (le meurtre, le rapt, l'incendie, le vol) précédemment décrites ; alors que la basse justice recouvre les petites affaires, délits courants punis d'amendes ou affaires civiles qui ne comportent pas la preuve par bataille. Du fait des démembrements féodaux, plusieurs seigneurs différents peuvent se partager ces niveaux de compétences sur un même territoire et les deux types de justice sont indépendants, sans technique de l'appel de l'une à l'autre.

Pour ce qui concerne la compétence et la procédure judiciaire devant la justice seigneuriale, l'héritage carolingien est prolongé et adapté aux nouvelles formes du pouvoir. La cour seigneuriale est présidée par le seigneur ou l'un de ses officiers. Le vassal défendeur au procès est jugé par ses pairs, soit des vassaux du même seigneur, et le seigneur ne fait que prononcer une sentence conforme au jugement. Les roturiers sont plus couramment jugés par un officier du seigneur que par un collège d'échevins ou de francs hommes de même condition que l'accusé, mais après consultation d'un collège de prud'hommes pour avis. Enfin à l'exception des causes majeures, les serfs ne répondent que devant leur seigneur foncier à l'instar d'esclaves envers leur maître.

La procédure accusatoire fait peser la charge de la preuve sur le demandeur ou l'accusateur et outre le duel judiciaire réservé aux litiges de haute justice, les preuves par témoins et par écrit se multiplient aux dépens des ordalies qui tombent en désuétude. La valeur qui s'y attache est renforcée par la multiplicité des témoins ou le sceau d'un haut personnage apposé sur l'acte mais peut être levé par le duel judiciaire. Conçue plutôt comme un combat dont le juge n'est qu'un arbitre, cette justice repose davantage sur l'usage que sur la loi, dans un esprit contractuel bien plus qu'institutionnel.

BIBLIOGRAPHIE

« La coutume », *Recueils de la société Jean Bodin*, vol. LII, Bruxelles, 1990.

BARBEY (J.), BOURNAZEL (E.), HAROUEL (J.-L.), THIBAUT-PAYEN (J.), *Histoire des institutions de l'époque franque à la révolution*, PUF Droit fondamental, 11e éd. 2007.

BOURNAZEL (E.), POLY (J.-P.), *La mutation féodale, X^{e}-XIIe siècles*, Paris, PUF, 1993.

GAUDEMET (J.), *Les naissances du droit*, Paris, Montchrestien, 3e éd. 2001.

GUILLOT (O.), RIGAUDIERE (A.), SASSIER (Y.), *Pouvoirs et institutions dans la France médiévale*, vol. 1, *Des origines à l'époque féodale*, Paris, Armand Colin, 1994.

HEERS (J.), *Précis d'histoire du Moyen Âge*, PUF, 10e éd. 2004.

OLIVIER MARTIN (F.), *Histoire du droit français des origines à la Révolution*, rééd. CNRS, 1998.

PETOT (P.), *La formation du droit privé français*, Paris, Les cours du droit, 1957-58.

VALDRINI (P.), VERNAY (J.), DURAND (J.-P.), ECHAPPE (O.), *Droit canonique*, Précis Dalloz, 1989.

WERNER (K.-F.), *Les origines*, tome 1er de *l'Histoire de France* sous la direction de Jean Favier, Paris Fayard, 1987.

WIJFFELS (A.), *Introduction historique au droit : France, Allemagne, Angleterre*, PUF Thémis, 2010, 374 p.

PARTIE 3

Du pluralisme juridique médiéval à la formation d'un droit national français (XIIe-XVIIIe siècles)

Depuis la Renaissance intellectuelle et artistique du XVIe siècle, la période médiévale, entamée avec l'effondrement de l'empire romain d'Occident en 476 et qui se termine avec la prise de Constantinople, puis la découverte de l'Amérique à la fin du XVe siècle, a été considérée avec condescendance par les humanistes. Par la suite, les philosophes des Lumières ont également rejeté du côté de l'obscurantisme ce millénaire d'une Chrétienté profondément imprégnée de croyances religieuses, ces « temps gothiques » où s'interpénètrent étroitement le droit et la morale catholique. Cependant, cette période de très longue durée présente peu d'unité, entre un Haut Moyen Âge marqué par les invasions barbares et l'établissement des monarchies franques, une société féodale où se nouent des liens vassaliques d'homme à homme autour de l'an mille, et un Bas Moyen Âge qui permet aux États de mettre à profit la redécouverte du droit romain pour fonder et développer *leur législation nationale. À partir du XIIe siècle, les progrès matériels et intellectuels en Europe occidentale ouvrent la voie au dépassement du morcellement des normes juridiques qui caractérisait l'émiettement territorial du pouvoir seigneurial. En ajoutant les apports des coutumes, certifiées par leur rédaction, à l'héritage recueilli du droit romain et à des éléments de droit canonique, les États tentent de concilier le pluralisme des sources de droit avec la formation d'un droit commun savant plus rationnel, plus sûr, mieux adapté à des relations sociales et économiques diversifiées. La revitalisation des échanges commerciaux, la croissance des villes et l'émancipation des institutions municipales, enfin le foisonnement des universités se conjuguent pour susciter la demande d'un droit écrit disposant de la garantie d'un pouvoir étatique. En dépit de l'aspiration à l'unité juridique selon le modèle impérial romain et carolingien, c'est dans le cadre national que va se réaliser l'édification d'un système juridique cohérent, issu de la famille romano-canonique mais individualisé à la faveur du renforcement doctrinal et pratique de la monarchie absolutiste française.*

CHAPITRE 5

Les sources plurielles d'un droit national

Si « l'âge seigneurial » a été caractérisé à partir de 980 par la dislocation du royaume carolingien au profit des principautés des comtes, puis à leur tour en faveur des sires des châteaux, la traduction juridique de cette descente du pouvoir réellement exercé vers la seigneurie rurale prend la forme de la conservation dans les archives des monastères de chartes compilées dans des cartulaires, au détriment des notices de plaid de la justice carolingienne[1]. À compter de 1180, la recomposition politique enregistre à la fois l'essor urbain et l'affermissement du pouvoir royal avec le grand règne de ***Philippe-Auguste***. Le triomphe de la culture juridique impose l'usage accru de l'écriture, mise au service des prétentions des deux principaux pouvoirs à vocation universelle : l'Église catholique et l'État monarchique. La lente mais décisive amélioration des rendements agricoles alimente le renouveau des villes et du commerce, le dynamisme des foires de Champagne et de Flandre, et le besoin d'une sécurité d'application des normes juridiques dans un ressort moins étriqué que celui du cadre seigneurial. Au sein de l'Occident chrétien, la persistance de la nostalgie de l'unité prestigieuse du droit romain soutient la tentative de formation savante d'un droit commun (1). Mais les matériaux intellectuels de ce perfectionnement juridique sont réutilisés par les légistes royaux pour conforter la souveraineté et le pouvoir normatif du monarque français (2).

1 • LA SURVIVANCE DE L'IDÉAL JURIDIQUE AU SEIN DES DROITS SAVANTS

L'héritage du corpus justinien avait été reçu par l'empire romain d'Orient. Ce conservatoire byzantin offre la possibilité d'une redécouverte par l'Occident de la richesse des solutions juridiques élaborées par le droit romain. Inadaptées à la rusticité des relations de domination de la société féodale, la complexité et la sûreté du droit civil, la rationalité d'une procédure judiciaire à l'organisation centralisée répondent particulièrement bien aux nécessités ressenties par les marchands, les banquiers et les administrateurs des cités italiennes, entravées dans le déploiement de leurs entreprises commerciales au long cours par l'étroitesse du ressort des coutumes locales. Or, la renaissance du XIIe siècle se manifeste tout

1. BARTHÉLÉMY (D.), *L'ordre seigneurial, XIe-XIIe*, Paris, Points Histoire, Nouvelle histoire de la France médiévale, tome 3, éditions du Seuil, 1990, 321 p.

autant dans le domaine intellectuel à partir de l'enseignement du droit dans les universités, d'abord en Italie, puis dans les principales villes des autres États européens (A). En outre, ce travail d'explication des compilations justiniennes s'enrichit de la concomitance du développement des instruments juridiques élaborés par une Église universaliste, très influente sur les savoirs et sur les pouvoirs de la société médiévale (B).

A - La redécouverte et l'utilisation universitaire du droit romain

La redécouverte de la compilation de l'empereur Justinien constitue une véritable « révélation » selon Portalis, l'un des rédacteurs du Code civil. Elle suscite une renaissance de la science médiévale du droit, désormais émancipée et qui s'épanouit au sein des universités.

1) L'étude rénovée de la compilation de Justinien

Bien que l'on évoque la redécouverte ou la renaissance du droit romain, celui-ci n'avait jamais complètement disparu d'Europe, du territoire de l'ancien empire romain d'Occident. En effet, les compilations avaient été utilisées politiquement par les deux grands pouvoirs à prétention universelle, la Papauté et le Saint-Empire, en conflit pour dominer la Chrétienté. Toutefois, le contexte est profondément transformé à partir du XIe siècle par le renouveau urbain et intellectuel puis par la formation d'États nationaux qui réclament des règles de droit stables et sophistiquées. Dans ce cadre, la redécouverte du *Digeste* à Pise à partir de 1070, à travers les lectures commentées des lois de Justinien prodiguées par ***Pepone***, bouleverse le statut des sources juridiques au profit du droit civil. Aux alentours de 1100, l'école de droit de Bologne se met en place, inaugurant une interprétation savante des plus grands textes conservés du droit romain. À partir de l'analyse grammaticale des textes, un maître en arts libéraux, ***Irnérius***, dispense un enseignement spécialisé des techniques juridiques romaines. De ce fait, la science du droit civil est forgée à l'université en se détachant de l'ensemble classique des sept arts libéraux : les trois disciplines littéraires qui forment le *trivium* (grammaire, rhétorique, dialectique) et les quatre matières scientifiques constitutives du *quadrivium* (arithmétique, géométrie, musique, astronomie). L'émancipation de l'étude du droit romain entretient le prestige pédagogique et intellectuel de l'école de Bologne où le groupe des « quatre docteurs » assure la pérennité de l'enseignement des lois romaines dans la grande cité du nord de l'Italie. Capitale universitaire de la science juridique, Bologne attire rapidement les meilleurs étudiants de tout le continent européen. Au surplus, l'activité de conseil menée par ***Martinus***, ***Bulgarus***, ***Hugo*** et ***Jacobus*** auprès de l'empereur du ***Saint-Empire romain germanique, Frédéric-Barberousse***, nourrit l'espérance de leurs disciples de recevoir une formation pratique au Conseil des princes séculiers ; autant que la passion des querelles d'écoles, la promesse de débouchés professionnels explique ainsi le succès de l'enseignement universitaire. À leur retour dans leur pays d'origine, ces jeunes juristes fondent à leur tour des écoles de droit, d'Oxford (1139) à Salamanque en passant par Montpellier (1170), où sont dispensées des formations juridiques professionnelles adaptées à la pratique du notariat et au développement des usages administratifs des villes de consulat. Cette romanisation de la formation des praticiens encourage la rédaction des coutumes municipales, particulièrement dans l'Europe méditerranéenne.

2) Les glossateurs universitaires du droit civil

Le droit romain par son caractère universel et individualiste apparaît très favorable à l'épanouissement des relations contractuelles au sein de cités portuaires dont la bourgeoisie marchande entend disposer d'outils financiers sophistiqués et de capitaux mobilisables de manière souple et rapide. Toutefois, les progrès de la science juridique ne s'effectuent pas comme à Rome à partir des consultations des jurisconsultes praticiens. Ils résultent d'une élaboration intellectuelle qui débute par l'explication de textes et conduit les professeurs à édifier au sein des universités une doctrine, un vocabulaire, une méthode de raisonnement dont la rigueur ouvre des perspectives d'application pratique. L'essor des universités est facilité par la sédentarisation des enseignants qui s'implantent durablement dans les villes où eux-mêmes et leurs étudiants bénéficient de privilèges concédés par le pape ou par l'empereur. À l'instar des métiers jurés, la communauté universitaire forme une corporation jalouse de ses intérêts autonomes face à l'État et aux potentats locaux. Chaque université détermine de son propre chef ses statuts, son règlement intérieur, les programmes des enseignements et les modalités d'examen, le *cursus honorum* du baccalauréat à la licence et jusqu'au doctorat, grades reconnus dans toute l'Europe grâce à l'usage universel du latin. Afin d'attirer les étudiants des nations étrangères, les universités sont libres pour fixer la rémunération de leurs enseignants, intellectuels professionnels en contact avec les spécialistes des autres disciplines.

La méthode de commentaire du texte juridique est peaufinée à Bologne par les Glossateurs. À la suite d'Imerius et des « quatre docteurs », Azon rencontre vers 1228 un énorme succès d'audience qui lui vaut le surnom de « maître du droit et source des lois » ; son disciple ***Accurse*** prolonge son ambition d'éclairage du droit romain ; il commence par lire lentement le texte à étudier, de façon à permettre aux étudiants de le noter, puis il en donne une sorte de résumé, la *summa*, avant d'entrer dans une explication de détail, dont le but est d'identifier un cas d'espèce. Le professeur aboutit à dégager les principes juridiques généraux tirés du *Corpus* justinien, glose qu'un étudiant note entre les lignes ou en marge sur le manuscrit du texte. L'accumulation de ces gloses successives menace de rendre illisible le texte, d'où l'utilité d'opérer dès les années 1230 une sélection et une mise en ordre ; ce travail fastidieux de tri est effectué par ***Accurse*** dont la « Grande Glose » rencontre un succès que l'imprimerie va démultiplier. Les glossateurs rédigent en outre des traités qui éclairent les étapes de la procédure, mais la qualité de ces ouvrages n'évite pas le risque d'enfermement de la glose dans un système appauvrissant où l'amas de citations et d'interprétations littérales se fait souvent sans référence au contexte historique de la société romaine.

Si l'introduction des études de droit romain est rapide en France, dès 1125, l'accueil de l'Église catholique n'est guère enthousiaste. Les prélats s'inquiètent pour le maintien de la discipline ecclésiastique, bien des moines décidant de délaisser la théologie et le droit canon au profit du droit romain, avant de devenir avocats. Déterminés à combattre cette désaffection des étudiants, les conciles de Clermont et de Tours rappellent en 1130 l'interdiction de quitter le couvent, la rupture des vœux perpétuels entraînant l'excommunication. Peu après la victoire du roi de France Philippe-Auguste sur l'empereur Othon à Bouvines en 1214, l'interdiction d'enseigner le droit romain à Paris par la décrétale du Pape Honorius III en 1219 a avant tout pour origine la volonté de sauvegarder les études de théologie dont Paris est le grand centre européen. Le résultat de cette mesure, sanctionnée par la menace d'interdiction professionnelle et d'excommunication, est de promouvoir la deuxième ville du domaine royal, ***Orléans***, comme capitale française de l'enseignement du droit civil : autorisée dès 1235, l'étude du droit romain s'y développe rapidement ce qui aboutit, dès 1306, à la constitution officielle d'une université qui va bénéficier, jusqu'aux enseignements de Pothier au XVIIIe siècle, d'une grande renommée juridique internationale. Dès 1230, les commentateurs de l'école orléanaise tentent de sortir de l'impasse de la glose. Afin de retrouver le sens originel et l'esprit des dispositions de droit civil, ils replacent le droit romain dans le contexte social de son émergence. Les civilistes orléanais ne considèrent plus comme intouchable et sacré l'héritage justinien, ils l'utilisent comme une des sources de renouvellement permanent du droit, à côté du droit canonique et des coutumes. Ces post-glossateurs appliquent une démarche rigoureuse, exercent une critique positive des textes du *Corpus* dans le but de dégager pour chaque grand thème une interprétation admissible. Ils demeurent des praticiens, rendant des consultations juridiques tout en tirant de leurs thèses des commentaires novateurs et des traités savants. Le prestige intellectuel et l'influence politique des maîtres orléanais fait converger vers Orléans la jeunesse estudiantine européenne, avant que les Italiens ne rapatrient à Bologne le fruit de ces avancées dans les méthodes de synthèse.

Pour aller aux sources du droit

Texte 18 : Bulle d'Honorius III, *Super Speculam*, 16 nov. 1219 ; éd. Denifle et Cratelain, *Chartularium Universitatis Parisiensis...*, t. I, Paris, 1889, p. 90-93, n. 32, extrait de J. Hilaire et al. *Histoire des institutions et des faits sociaux*, t. 2, PUF 1970, pp 90-91

Le droit romain demeure connu en Occident à travers le Bréviaire d'Alaric et le Code théodosien mais ces traces de droit romain ne sont pas pratiquées ou elles le sont mal, car ce droit est mal compris. Les compilations de Justinien non connues en Occident jusqu'alors sont découvertes au XIe siècle en Italie. Les commentaires des glossateurs de l'Ecole de Bologne se développent et le droit romain commence à être enseigné dans les universités, y compris dans le sud de la France. Dans le nord du royaume de France, cet enseignement va être interdit à Paris par cette décrétale papale, puis par le roi de France. Si l'argument d'un « droit étranger » est évoqué pour rejeter cet enseignement, la raison principale réside dans la volonté de préserver le monopole de l'université de Paris dans l'enseignement de la Théologie. Le roi autorisera l'enseignement du droit romain dans la 2e ville de son domaine, et fera naître ainsi l'école de droit d'Orléans.

Honorius, évêque, serviteur des serviteurs de Dieu, à ses chers fils, le chapitre de Paris, tous les autres prélats des églises et à tous les chapitres de la ville et du diocèse de Paris. Salut et bénédiction apostolique... Bien que la Sainte Église ne réprouve pas le commerce des lois séculières, qui suivent suffisamment les traces de l'équité et de la justice, cependant, parce qu'en France et dans quelques provinces, les laïcs ne se servent pas des lois des empereurs romains, et qu'il se présente rarement des causes telles qu'elles ne puissent être résolues à l'aide de statuts canoniques, afin que l'Écriture Sainte soit plus pleinement étudiée et que les disciples de l'Élysée comme les colombes demeurent plus aisément auprès des sources les plus abondantes, pourvu qu'ils ne trouvent pas à leurs portes des écoles où ils pourraient égarer leur démarche, nous interdisons formellement et nous défendons rigoureusement qu'à Paris, ou dans les villes ou dans les lieux voisins, quelqu'un ose enseigner le droit civil ou en suivre les leçons. Que celui qui contreviendra à cette interdiction, non seulement soit exclu pour l'instant de la défense des causes, mais encore, qu'après citation par l'évêque du lieu, il soit enchaîné par le lien de l'excommunication. Vous, cependant, mes frères et mes fils, observez avec grande diligence ces prescriptions et faites-les observer avec soin par les autres ; pour que, vrais amis de l'Époux, vous puissiez être approuvés à bon droit, dès l'instant que vous aurez pris soin de promouvoir ses paranymphes à l'étude des chants épythalamiques. Fait à Viterbe, le 16 des calendes de Décembre, la quatrième année de notre Pontificat.

Le meilleur des enseignements de la doctrine orléanaise est repris et amplifié par le jurisconsulte italien ***Bartole***. Perfectionnant les procédés de l'école orléanaise transmis par son maître Cynus de Pistoie, ancien étudiant en droit à Orléans, Bartole développe l'analyse dialectique des post-glossateurs et met au point la méthode du commentaire qui ne se contente pas d'une exégèse serrée des mots du texte romain. Il la prolonge par une étude de la portée de la loi, de ses limites, des exceptions à son application. En outre, ce commentaire préalable est surtout prétexte à de longues discussions doctrinales sur les opinions savantes et au développement de la thèse de l'auteur.

La renaissance des droits savants marque bien un moment décisif dans l'histoire des droits européens. C'est la redécouverte des compilations de Justinien qui donne son caractère propre au droit continental européen, par rapport à l'inspiration coutumière et jurisprudentielle du droit anglais. De plus, l'apport de ce corpus juridique sophistiqué conduit à développer des pratiques intellectuelles et universitaires qui vont fonder une véritable science juridique. Or, les concepts et les raisonnements tirés de l'étude du droit romain s'avèrent opérationnels dans l'exploitation des autres sources du droit, en premier lieu dans le droit canonique, mais également pour développer et régulariser l'usage du droit coutumier.

B - Le développement de l'influence du droit canonique

Distinct de la théologie, le droit canonique se développe à partir de compilations. L'intérêt de ses méthodes accroît l'utilisation de ce droit qui influence le droit commun en formation.

1) Les compilations : le Décret de Gratien et la réunion des décrétales

Parallèlement à l'émancipation de l'étude du droit romain, le droit canonique bénéficie au XIIe siècle d'une autonomie nouvelle face à la théologie, en dépit de leurs bases religieuses communes. Postulant à l'universalité comme le droit romain, le droit propre à l'Église catholique est personnel : il ne s'applique *a priori* qu'aux membres du Clergé et ne traite que de matières en relation avec la religion. Malgré cela, il va connaître un succès comparable à celui du droit civil à la fin du Moyen Âge. Depuis l'Empire romain, le droit canonique regroupe les règles tirées du message du Christ, mais aussi des écrits des Pères de l'Église reconnus par la tradition ainsi que l'ensemble de la législation adoptée par les papes successifs (les ***décrétales***) et les décisions des conciles d'évêques (les ***canons***). Ce corpus de règles juridiques a connu au cours de la période féodale un morcellement territorial et une confusion comparables à la situation des autres sources de droit, en dépit de l'existence de collections réalisées à l'initiative de prélats. C'est la raison pour laquelle le pape Grégoire VII décide d'impulser une profonde réforme apte à redonner unité, cohérence et dynamisme à une Église catholique désormais soumise à sa seule autorité. Le souci unitaire du Pape est à l'origine de son œuvre législative : il s'agit de trier les textes de droit canon puis de les rassembler en conservant uniquement ceux dont l'interprétation converge avec la doctrine officielle de l'Église. Ce travail est l'objet du *Décret* de Gratien ou *Concordance des canons discordants*. Ce moine vit à Bologne au moment de la redécouverte du droit romain en Italie. Vers 1140, il est chargé de compiler les textes juridiques accumulés par l'Église afin de constituer le *Corpus iuris canonici* : il coordonne et trie les canons en tentant de concilier leur apport et d'éclairer leur signification par ses explications et commentaires. Sa méthode consiste à aborder chaque question en regroupant en premier lieu les canons de principe, puis ceux qui admettent des dérogations, avant de réaliser une synthèse sous forme de conclusion qui permet de livrer la doctrine officielle. Son intérêt, à la base de son formidable succès, tient à son apport : le *Décret* éclaire les règles de l'institution ecclésiastique, de la vie religieuse et de la conduite sociale du chrétien, et son étude va constituer le fondement de l'enseignement du droit canonique. Jusqu'au véritable code publié sous le pontificat de Benoît XV en 1917, le *Décret* de Gratien va demeurer la base du droit canonique.

2) L'utilisation du droit canonique et ses apports

La méthode d'utilisation du *Décret* se révèle tout à fait comparable à celle du *Digeste* par les glossateurs : les décretistes le lisent avant de le commenter, de rédiger des gloses et des sommes successives ; en outre, la convergence des deux droits est manifeste : en cas de silence, de lacune du droit canonique, les décretistes en viennent à considérer le droit civil comme supplétoire. Ce rapprochement des deux droits à vocation universelle prépare l'émergence d'un droit savant commun à partir du XIIIe siècle.

Cependant, un siècle après le *Décret* de Gratien, le pape Grégoire IX ne peut que constater la nécessité de compiler à nouveau et de remettre en ordre l'ensemble des décrets pris par un pouvoir pontifical qui affirme désormais le monopole de son pouvoir de légiférer. En 1234, les *Décretales* constituent un recueil formé de cinq livres divisés par thèmes : organisation de la Justice ecclésiastique, procédure contentieuse, discipline imposée aux membres du Clergé régulier et séculier, règles matrimoniales des époux chrétiens, enfin échelle des sanctions pénales. Si de nouvelles compilations paraissent postérieurement, la crise de la papauté ouverte par le Grand Schisme d'Occident en 1378 ralentit la production normative pontificale. Cependant, les méthodes de glose, de discussion doctrinale et de compilation continuent de rapprocher les deux droits, qui aboutissent à la formation d'un droit commun romano-canoniste en Europe. Né de l'interprétation de sources communes par de grands juristes, ce droit savant ne fait pas disparaître le pluralisme des sources normatives particulières, nationales, locales ou de métiers jurés.

En revanche, l'émergence d'un droit commun contribue à une transformation majeure des sciences juridiques : le vocabulaire employé par les praticiens du droit se précise, les étudiants en apprennent les subtiles distinctions en utilisant des ramifications logiques et en développant une argumentation charpentée selon un plan rigoureux et binaire. Au surplus, le contenu des normes évolue sous l'influence des conceptions du droit savant. Ainsi le mariage intègre l'idée de consentement présente dans le droit romain, mais l'Église catholique tient à le limiter aux seuls époux, considérant l'accord des parents secondaire et non indispensable à la validité de l'union. En outre, ce sacrement engage définitivement les époux ; or, ce caractère indissoluble gêne les grands qui ont pour usage de répudier une épouse inféconde, voire devenue politiquement inutile. Plus généralement, la conception chrétienne du mariage renforce la protection de la femme en affirmant l'obligation mutuelle de fidélité, heurtant les mentalités seigneuriales.

Une évolution parallèle touche le droit pénal, particulièrement quant à la conception de la faute, au rôle de la peine et au déroulement de la procédure inquisitoire. En effet, aux yeux des canonistes, seule l'intention de commettre un péché, de violer la loi divine compte, là où les lois barbares ne prenaient en considération que la matérialité des actes. Ici aussi, les romanistes se rapprochent du droit canon, puisque c'est la « volonté coupable » qui vient aggraver la faute : la préméditation accroît l'ampleur du crime, et par voie de conséquence la lourdeur de la peine. Le droit pénal va déduire de cette logique de la responsabilité individuelle une limitation des punitions collectives. De ce fait, le rôle attribué à la peine évolue : l'Église catholique y voit un remède pour l'amélioration intérieure, la rédemption du condamné, alors que le droit romain donnait priorité à la volonté de préserver la société d'un danger de récidive et de dissuader par l'exemplarité de la sanction. La conception civiliste l'emporte jusqu'au Code pénal de 1791 qui instaure la prison punitive.

Enfin, le renouveau de l'idée d'État est porteur du développement de la procédure inquisitoire : désormais, dans l'intérêt public, l'appareil d'État peut diligenter des enquêtes, mener des recherches afin de rassembler des preuves matérielles rigoureusement vérifiées, mais aussi recouper des témoignages sans attendre le dépôt d'une plainte privée et l'ouverture d'une procédure accusatoire. Là encore, l'insistance chrétienne sur l'idée d'un procès juste permet de progresser dans la voie du respect du principe du contradictoire, dans lequel les deux parties peuvent faire entendre équitablement leurs arguments et avec une présomption d'innocence protectrice de l'accusé, acquitté au bénéfice du doute.

2 • LA NAISSANCE D'UN DROIT PROPRE AU ROYAUME DE FRANCE

La renaissance de la loi du roi, que va connaître la France à partir du XIIe siècle, se produit également, à des degrés divers et selon des modalités spécifiques, en Angleterre, en Espagne et dans le Saint-Empire. La conquête normande de 1066 apporte au royaume d'Angleterre un moule unificateur au plan judiciaire et administratif plus précoce que l'édification capétienne de l'État royal français. La procédure originale du *common law* ouvre à tout individu le droit de demander justice au roi par une requête. Si le chancelier l'estime fondée, il adresse un ordre écrit, un « *writ* » au sheriff ou au seigneur du ressort du requérant ; en cas de désobéissance de l'autorité locale saisie, celui qui refuse d'obtempérer à l'ordre royal est tenu de venir défendre sa position devant une cour royale. L'ensemble des « *writs* » rédigés dans chaque cas d'espèce devient une collection, un droit commun applicable à tous les sujets, anglo-saxons aussi bien que normands. Le *common law* utilise fort peu d'apports issus du Corpus du droit romain, à l'inverse des États d'Europe continentale. Ainsi dans le Saint-Empire romain germanique, le prestige de l'empereur s'accompagne d'une grande pluralité des droits coutumiers sur un ensemble territorial immense aux peuples et aux langues bigarrés. Si Frédéric Barberousse édicte de grandes règles de droit féodal et ses successeurs des dispositions de droit public, les rapports de droit privé restent régis par les coutumes.

En Hongrie comme en Pologne, le poids social de l'aristocratie restreint la place de la loi ; les interventions royales empruntent prioritairement la forme de l'octroi de privilèges et de chartes de franchises, les prélats et les barons exerçant un contrôle serré de l'activité législative. De même dans le royaume de Castille, c'est également au cours du XIIIe siècle que s'affirme l'autorité de l'État par le canal de l'exercice du monopole législatif du roi, soumis cependant à la consultation préalable des grands d'Espagne et des « sages en droit ». Au sein du royaume de France, la naissance d'un droit national résulte dans un premier temps de l'affirmation d'un droit coutumier (A). Le relais est pris par l'essor de la législation royale qui amorce le déploiement des lois de réformation et des grandes ordonnances de l'État monarchique (B). En outre, cette reconquête de l'indépendance se manifeste à travers l'ébauche des « lois du royaume » qui deviennent les lois fondamentales et concernent spécifiquement la couronne et le domaine, au sein duquel se multiplient les agents royaux (C).

A - L'affirmation d'un droit coutumier

Le droit coutumier traditionnel voit sa valeur confortée par la doctrine, son application élargie au ressort provincial et certifiée par la rédaction privée puis officielle.

1) La réflexion doctrinale sur la nature et la valeur de la coutume

Déjà présente dans le droit romain à travers l'intégration des normes provinciales, la coutume est longtemps restée peu distinguée de l'usage. Les juristes de l'Université d'Orléans vont reprendre et préciser les critères distinctifs de cette source de droit autonome : Jacques de ***Révigny*** la sépare du simple fait et de l'oralité et, après avoir débattu des questions les plus controversées, établit les premières définitions des termes du vocabulaire juridique dans son *Dictionnaire de droit*. Son disciple Pierre de ***Belleperche*** met l'accent sur l'élément subjectif essentiel, le consentement du peuple, avec en arrière-plan le désir de défendre les prérogatives du roi de France lors du conflit entre Philippe le Bel et le Pape Boniface VIII ; il devient d'ailleurs chancelier en 1306. En outre, Bartole détermine le délai de transformation de l'usage en coutume : la durée nécessaire à cette mutation s'allonge selon que la coutume est conforme au droit romain, inconnue de la loi ou contraire à celle-ci. Enfin, la valeur de la coutume est fonction de son caractère raisonnable. Si le juge a le pouvoir de traquer celles qui se sont introduites par erreur, il n'appartient qu'à l'autorité publique royale de certifier les bonnes et d'écarter les mauvaises. Par ce biais de l'assentiment donné aux coutumes, les légistes vont faire reconnaître le droit du monarque à légiférer en dérogeant au droit romain.

2) La coutume provinciale dégagée par la jurisprudence

En effet, la définition de la coutume demeure ambiguë jusqu'au XIIIe siècle, synonyme d'une règle de droit particulière à un ressort territorial limité, étrangère aux compilations romaines et au droit canonique. L'affirmation du droit coutumier en tant que source propre du droit, dérogatoire au droit commun, va emprunter la voie de la jurisprudence. Si le roi est le « gardien des coutumes », il est également le garant suprême de la justice. À ce titre, il doit les faire respecter, y compris par les grands, et répondre à l'appel des justiciables. Les juges royaux constatent les preuves de l'existence de la coutume, recueillies à l'issue d'***enquêtes par « turbe »***, c'est-à-dire en rassemblant la foule des témoins et praticiens du droit pour attester de son existence. La rédaction des jugements met à la disposition des justiciables une série de précédents invocables à l'appui de leur cause. Toutefois, le juge doit déterminer la coutume qui s'applique à la cause et en préciser les dispositions. L'étroitesse initiale du territoire d'application de la coutume recule progressivement. Le morcellement du droit cède à un élargissement provincial de coutumes dégagées par la justice d'appel : les solutions retenues par les baillis royaux, puis par les Parlements, contribuent à écarter les usages locaux divergents sur tout le territoire d'une province. Cette action unificatrice est relayée par les praticiens du droit qui prennent l'initiative de fixer le droit coutumier en transcrivant la pratique qu'ils constatent dans des registres privés. Ces recueils appelés coutumiers présentent une précocité proportionnelle au degré d'unité politique de leur province.

À la suite du *Très ancien coutumier de Normandie,* de nombreux coutumiers sont rédigés au cours du XIIIe siècle, au premier rang desquels vers 1260 le *Livre de Jostice et de Plet* de l'Orléanais, truffé d'éléments empruntés aux droits savants, puis les *Coutumes de Clermont-en-Beauvaisis* du bailli royal ***Philippe de Beaumanoir***. Le succès de ces coutumiers d'initiative privée tient pour beaucoup à la volonté de leurs auteurs de trier et de regrouper les coutumes locales tout en intégrant les règles du droit savant romano-canonique, selon le principe logique d'une conciliation entre le droit commun et les coutumes compatibles avec son application. Toutefois, même rédigés avec l'assentiment tacite du roi, ces recueils privés ne peuvent prétendre détenir une autorité autre que doctrinale, et leurs différences témoignent de l'influence des rapports sociaux sur les normes juridiques : là où les coutumiers de l'Ouest privilégient le droit des nobles, les recueils orléano-parisiens favorisent les dispositions normatives souhaitées par la bourgeoisie.

3) La rédaction générale et officielle des coutumes

Si la jurisprudence des baillis et des parlementaires a contribué à l'affirmation du droit coutumier, la rédaction des recueils privés ne suffit pas à répondre au besoin de sécurité juridique. Puisque la jurisprudence est dégagée par des juges royaux, et que ces agents ou officiers se chargent également de rédiger les coutumiers, il apparaît cohérent et souhaitable que le roi apporte directement sa caution à l'entreprise de rédaction officielle et générale des coutumes. Traditionnellement reconnu comme gardien des coutumes du royaume, le monarque est chargé tout à la fois de chasser les « mauvaises coutumes » et de protéger les bonnes, y compris en dehors de son domaine royal, dans les possessions des barons. Pour ce faire, le roi accorde sa confirmation aux coutumes, apportant à la demande des populations concernées le poids de son autorité à des coutumes urbaines ou corporatives. Par ce biais, le roi s'appuie sur l'aspiration à l'autonomie des communautés locales pour mieux s'immiscer dans les relations entre le seigneur banal et ses sujets. Sa marge de manœuvre est d'autant plus élargie qu'en apportant sa garantie à une charte de franchises, il use de la possibilité d'ajouter ou de soustraire les dispositions de son choix. Parallèlement, le devoir du roi de censurer les mauvaises coutumes est interprété d'une manière extensive, grâce à l'appui doctrinal du droit canonique. En effet, les canonistes estiment justifié d'écarter toute coutume « impie » qui se trouverait en contradiction avec le bon sens, les bonnes mœurs, la religion catholique, le droit naturel, le bien commun ou l'équité. Or, c'est au roi seul que revient la prérogative de juger la valeur et la rationalité de la coutume, et il tranche le plus souvent en fonction des intérêts de la couronne. Ainsi, certaines exactions seigneuriales sont abolies en raison de leur caractère d'excessive cruauté, comme l'amputation de la main du voleur dans le bailliage de Tours ; d'autres pratiques sont interdites du fait de la menace qu'elles représentent pour la paix civile : le ***duel judiciaire*** est banni par Saint-Louis avant que la ***guerre privée*** ne soit prohibée par Philippe le Bel. Au surplus, le roi se réserve la possibilité de ne confirmer une coutume que sous réserve de l'abandon des articles qu'il désapprouve : Saint-Louis utilise cette prérogative dans la confirmation de la coutume de Toulouse, bien avant d'être imité sur ce point par Louis XI pour les coutumes de Perpignan. Il s'agit particulièrement de préserver le pouvoir du roi en matière de droit public et de dispositions pénales, base de son assise politique. Ces avancées législatives royales font reculer les coutumes et servent de vecteur à la pénétration du droit romain bien au-delà de son traditionnel bastion méridional.

La croisade lancée contre les Albigeois a également pour conséquence juridique de réduire la zone d'influence des coutumes locales au profit d'un droit romain imposé par le Parlement de Paris. Toutefois, dans la France du Nord, les coutumes subsistent et la progression du droit écrit se traduit par l'utilisation du droit romain comme moyen d'interpréter une coutume obscure et par l'initiative d'une rédaction officielle des coutumes.

En effet, la nécessité de réformer la justice au lendemain de la guerre de Cent Ans détermine le roi ***Charles VII*** à promulguer en avril 1454 l'ordonnance de ***Montils-lès-Tours*** dont le dernier article ordonne que soient « rédigés et mis par écrit » les « coutumes, usages et styles de tous les pays de notre royaume ». En réalité, il existe déjà à cette date de nombreuses coutumes écrites, mais le plus souvent étroitement locales dans le Midi et uniquement privées dans le Nord, donc dépourvues de valeur objective et officielle. Ces lacunes sont à l'origine de graves dysfonctionnements de la procédure judiciaire, l'incertitude des juges sur le droit à appliquer entraînant retards, coûts et incertitude. Du fait de leur caractère oral, les coutumes ont toujours présenté une difficulté de connaissance et de preuve en justice. Mais à compter du XIIIe siècle, cet inconvénient s'aggrave à mesure de la complexité croissante d'un système normatif enrichi des influences du droit savant. Restait à déterminer la méthode de rédaction et le ressort de base à retenir comme cadre. La circonscription judiciaire royale du bailliage s'impose, sauf quand un regroupement régional s'avère possible, comme en Anjou ou en Touraine. Cette procédure décentralisée utilise le dialogue entre les commissaires royaux, les praticiens du droit et les élus provinciaux. La démarche aboutit à la promulgation de nombreuses coutumes dans la France du nord, comme celle d'Orléans en 1509. Le rôle des agents du roi, baillis et spécialistes du droit, se renforce encore lors de la réformation des coutumes opérée dans la seconde moitié du XVIe siècle.

Texte 19 : Extrait de *La très ancienne coutume de Bretagne : avec les assises, constitutions de parlement et ordonnances ducales, suivies d'un recueil de textes divers antérieurs à 1491*, par M. Planiol, Rennes, 1896, pp 210-211

La coutume de Bretagne appartient à la famille des coutumes de l'ouest. Elle s'est élaborée au fil des siècles jusqu'au moment où l'expérience des « sages et bons coutumiers » a été mise par écrit à la fin du Moyen Age sous le nom de Très ancienne coutume de Bretagne, avant d'être publié à Paris en 1480. Une version plus moderne a été rédigée avec difficulté sous le nom de Coutume de Bretagne. Il s'agit avant tout d'un inventaire raisonné des pratiques communes au duché de Bretagne et jusqu'alors transmises de façon orale ; on n'y trouve donc pas d'éléments d'émanation législative autres que ceux qui seraient rentrés dans les mœurs de longue date. Le présent extrait souligne dans les relations familiales la place du père vis-à-vis de ses enfants non émancipés et la possibilité pour lui de s'attribuer les biens qu'ils acquièrent.

[209] Des choses que les enfants acquièrent et que le père peut s'attribuer à lui-même.

Quand les enfants acquièrent [des biens] par achat marchand ou par une autre voie, cela appartient au père dès lors qu'il les voudrait avoir et que les enfants ne soient pas émancipés du père, si ces biens ne leur venaient pas par raison de mariage et que les enfants fussent mariés avec l'assentiment du père comme il est dit, ou que [ces biens] leur eussent été donnés ou aumônés, ou que [ces biens] leur soient venus par la raison de l'eschaite [procédure qui attribue un bien à l'autorité publique en raison du décès d'un individu sans héritier], ou qu'ils les eussent conquis par service ou par la prouesse de leurs corps.

Et à nul autre qu'au père il ne sied d'en être responsable, si ce n'est au rapport des frères ou des sœurs ou parents, des biens qu'ils auraient d'eux, lesquels ils devraient rapporter.

La vaste diffusion permise par le recours à l'imprimerie encourage la comparaison, la « conférence des coutumes » dans le but d'éliminer les interprétations contradictoires et les conflits de normes dans des espaces limitrophes en rapprochant leurs dispositions. Le roi confie à un grand commissaire le soin d'harmoniser toutes les coutumes d'un même ressort parlementaire, avant que ces nouvelles coutumes provinciales soient promulguées par le roi et enregistrées par le Parlement concerné. Cependant, cette ambition de Charles VII n'aboutit pas dans l'immédiat, pas plus que la volonté de son fils Louis XI d'unifier la coutume française pour éradiquer les coûteuses controverses judiciaires. Mais la sanction apportée par le pouvoir royal renforce l'autorité des coutumes et permet à ce type de droit d'origine populaire de demeurer l'une des sources majeures du droit au moins jusqu'à la Révolution française.

B - L'essor de la législation royale

Bien loin de l'affirmation du pouvoir législatif manifesté par les capitulaires carolingiens, la dispersion féodale de l'autorité politique encourage les seigneurs disposant du droit de ban à prendre des textes à portée normative générale, des chartes de franchises aux « établissements » des barons correcteurs des mauvaises coutumes. Cette voie est empruntée à leur tour par les Capétiens qui s'appuient sur les comtes et les évêques pour rendre effective l'application de leurs ordonnances, en premier lieu celle prise par Louis VII à Soissons. Mais il faut attendre le déclin de la féodalité et le raffermissement de l'autorité judiciaire du roi de France pour voir se développer pleinement la législation royale. À l'inverse de l'Europe centrale impériale au sein de laquelle, à la fin du Moyen Âge, les droits particuliers des principautés et des villes continuent de s'épanouir, la France connaît, à l'instar de l'Angleterre et de l'Espagne, une renaissance des lois nationales édictées par une monarchie centralisatrice. Même les coutumes doivent progressivement intégrer cette sphère normative royale. Le renforcement de l'autorité du monarque sert de point d'appui au développement d'un droit royal français qui renoue avec certaines pratiques législatives des empereurs romains et carolingiens. Ce renouveau est également porté par l'affirmation doctrinale du prince législateur.

1) Le renouveau du pouvoir normatif royal

Alors que le pouvoir d'établir des normes générales s'était estompé depuis les derniers capitulaires carolingiens de la fin du IXe siècle, les grands princes territoriaux ont déjà ressaisi cette prérogative dans le but politique d'ordonnancer durablement leur autorité sur l'intégralité de leur ressort territorial féodal. À partir du XIIe siècle, la possibilité de faire la loi, d'édicter de grandes ordonnances, est à nouveau mis à profit par les rois capétiens ; toutefois, ces textes n'entrent véritablement en application, en dehors de l'étroit domaine royal que dans la mesure où ils obtiennent l'accord des grands ; leur conseil préalable puis leur intermédiaire apparaissent toujours indispensables, dans le cadre d'une société dominée par le cadre de vie de la seigneurie. Cette condition obligatoire de la concertation et du consentement des vassaux est concrétisée par l'énumération dans le texte même de l'ordonnance royale du nom et de la qualité des seigneurs banaux qui l'ont signée, mention indispensable à l'application de la norme dans leur ressort. Cette pratique recule cependant durant le règne de ***Saint-Louis*** : désormais, une mesure de portée générale est applicable dans tout le royaume dès que les grands princes territoriaux en sont d'accord, même en cas de discordance minoritaire. Au retour de Louis IX de la croisade en 1254, les ordonnances se multiplient, souvent en réponse à des requêtes. Baillis et sénéchaux les réceptionnent, à charge pour eux de diffuser les ordonnances et de s'assurer de leur bonne application ; les barons, les abbés et évêques, les municipalités urbaines et jurandes professionnelles sont également sollicités pour servir de courroie de transmission. C'est le cas, dans le domaine de la police du royaume, des ordonnances sur les Juifs et les Croisés, la motivation étant de limiter le recours à l'usure, ou encore pour l'interdiction des jeux de hasard. Plus profondément, les références à la conception mystique du pouvoir royal justifient le déploiement de ces interventions publiques, destinées à éviter aux sujets du roi de pécher, que ce soit en participant aux guerres privées ou au duel judiciaire. Mais les résistances et l'inertie l'emportent souvent sur le désir de réforme, en l'absence d'agents administratifs efficients.

2) L'affirmation doctrinale du prince législateur

Un nouveau pas décisif est franchi sous le règne de ***Philippe le Bel*** qui, non content d'instaurer l'usage d'une consultation des seuls vassaux et légistes de son conseil, considère en outre cet avis comme uniquement consultatif, sans que sa décision finale et souveraine y soit liée. En effet, c'est véritablement à la fin du XIIIe siècle que la doctrine vient appuyer l'inflation de l'activité législative royale. Les juristes, à l'instar du bailli Philippe ***de Beaumanoir***, commencent à considérer comme légitime, particulièrement en temps de guerre, une décision que le roi entend imposer en son conseil, à la condition qu'elle soit justifiée par le bien commun, conforme à la loi de Dieu, établie pour une « raisonnable cause » et dans le respect des lois naturelles. Or, ce tournant idéologique particulièrement favorable à la consécration de la souveraineté législative du roi de France correspond à la montée en puissance des légistes au sein de la *Curia regis*. Ces conseillers juridiques du roi soutiennent la thèse d'une définition élargie d'un droit public qui englobe désormais les fonctions judiciaires et administratives. En conséquence, la police du royaume et l'organisation de la procédure civile et pénale constituent le cœur de l'activité législative royale. En outre, les légistes trouvent la parade au risque d'une récupération par l'empereur de l'image, puisée dans l'héritage du droit romain, d'un Prince intervenant pour le bien de ses sujets : ils affirment que « le roi de France est empereur en son royaume ». Cette souveraineté est tout aussi bien à usage interne : la réunion des premiers États généraux en 1302 aide Philippe le Bel à se détacher de l'emprise des barons. Il s'appuie sur les doléances, les vœux et pétitions des représentants bourgeois du Tiers-État pour contenir les privilégiés et soutenir ses réformes. Cette pression de « l'opinion » s'inscrit parfois en temps de crise aigüe, comme lors de l'ordonnance « cabochienne » imposée à Charles VI en 1413 : la fraction pro-bourguignonne prend le contrôle de la capitale et arrache au roi ce texte qui reprend les principes de la grande ordonnance de 1357 pour instaurer une monarchie contrôlée ; la reprise de Paris par les Armagnacs met rapidement un terme à cette expérience originale.

Cependant, l'extension du champ des interventions législatives royales ne va pas jusqu'à remettre en cause leur exclusion traditionnelle des rapports de droit privé. Toutefois, la nécessité de chasser les mauvaises coutumes et de réformer les usages fournit au roi un instrument opportun pour intervenir dans la sphère du droit de la famille et des biens. Dès le règne de ***Philippe-Auguste***, l'ordonnance royale de 1214 s'autorise à légiférer dans le domaine des régimes matrimoniaux : le souci de l'ordre public et du bien commun légitime l'objectif d'assurer aux veuves leur douaire, à savoir le droit de prélever sur l'actif de succession de leur mari le nécessaire pour subsister. Pareillement, le roi use de son pouvoir de créer des normes pour venir combler les lacunes des dispositions coutumières successorales. En revanche, le principe selon lequel le droit privé doit être régi par la coutume, confinant la législation royale au seul droit public, demeure acquis ; le roi doit s'attacher avant tout à réformer l'administration générale du royaume et de sa justice.

C - L'émergence d'un droit spécifique à la Couronne

Les premières lois fondamentales du royaume concernent, de façon significative, la dévolution de la couronne, indisponible à la volonté royale. Ces règles coutumières, non-écrites mais contraignantes, établissent l'hérédité, la primogéniture et la masculinité tout en organisant les périodes de régence.

Sur le modèle de la distinction opérée par les canonistes entre la personne physique du Pape et la personne morale, abstraite et pérenne, du Saint-Siège, les légistes utilisent la distinction entre la couronne, symbole de la permanence de l'État, et le titulaire viager du pouvoir royal. Fondement de la continuité de l'État, cette notion présente beaucoup d'intérêt dans une période troublée où les guerres, les croisades, le risque de captivité, les régences menacent d'affaiblir l'autorité royale en cas d'absence prolongée d'un monarque incontesté. De telles situations surviennent fréquemment du règne de Saint-Louis à la fin de la guerre de Cent Ans.

Au plan juridique, ce transfert de compétences et de propriétés au profit de la couronne réduit le roi au rôle de simple usufruitier et rompt avec les usages patrimoniaux de droit privé. Dorénavant régis par un droit spécifique, le droit public, la dévolution du pouvoir royal et la composition du domaine échappent progressivement à la volonté du roi. À la faveur de crises et de contestations, des règles particulières se dégagent, en réponse à des cas pratiques, sur la couronne comme sur le domaine.

1) La détermination des règles de dévolution de la couronne

L'élection d'Hugues Capet en 987 souligne la dépendance d'une royauté tributaire du bon vouloir des grands. Afin de fonder durablement leur dynastie, les Capétiens vont écarter la procédure élective au profit de l'hérédité au sein de leur famille. Pour se libérer du consentement des barons et prendre des assurances pour leur succession en écartant le risque de l'élection, les premiers Capétiens tentent d'associer leur fils aîné au trône en faisant procéder à son ***sacre anticipé***. Dès l'année de son propre sacre, Hugues Capet prend prétexte de son expédition guerrière en Catalogne pour faire de son fils Robert le « *rex designatus* », le roi désigné. Cette procédure politiquement habile devient un usage respecté, tant faire sacrer son fils de son vivant permet d'éviter toute contestation lors de la phase délicate de transmission de la couronne. Toutefois, à compter du règne Philippe-Auguste, l'acceptation du principe de la royauté héréditaire autorise à se passer de ce rite, première étape de la déconnection entre l'investiture dans les fonctions royales et la cérémonie du sacre.

Quant au principe de ***primogéniture***, il est d'autant plus facilement accepté qu'il est très proche du droit d'aînesse appliqué au droit privé et à la transmission des fiefs. Il accompagne la publicisation de la royauté, désormais considérée comme un ministère indivisible. En droit féodal, cette disposition évitait les partages et un morcellement excessif du patrimoine. La transmission de l'intégralité du royaume à l'aîné conduit à dédommager les puînés en leur attribuant des apanages, c'est-à-dire étymologiquement de quoi se procurer leur pain quotidien, de quoi assurer leur subsistance.

Sur le même modèle du droit féodal, la ***régence*** est organisée comme la garde du fief lors de la minorité de l'héritier : l'un de ses parents les plus proches exerce ses prérogatives jusqu'à ce qu'il atteigne l'âge de la majorité. Ainsi Blanche de Castille, mère de Louis IX, est-elle régente de 1226 à 1235. Une ordonnance de Charles V en 1374 fixe la majorité royale à 14 ans, dans le but d'abréger une période d'inter-règne toujours délicate pour le gouvernement, mais cela ne suffit pas à éviter le risque de troubles de l'inter-règne. Sur le modèle de la saisine héréditaire coutumière qui transmet immédiatement la succession à l'héritier, deux ordonnances de Charles VI en 1403 et 1407 instaurent l'instantanéité de la succession royale et la continuité de l'État : si « le Roi ne meurt pas en France », ni son successeur, ni son chancelier ne doivent prendre le deuil, et le sacre se réduit à déclarer par une manifestation publique une royauté qui est déjà constituée. Toutefois, l'obsession de Jeanne d'Arc de faire sacrer le « gentil Dauphin » Charles VII témoigne du retard des mentalités populaires sur les avancées doctrinales.

Au Moyen Âge, le principe de ***masculinité*** s'impose plus difficilement que les autres règles de dévolution, du fait de sa discordance avec les pratiques féodales qui autorisaient, en l'absence d'héritier masculin, une fille à recueillir le fief de son père. Or non seulement les filles sont exclues de la succession au trône, mais en outre elles ne transmettent aucun droit à leurs descendants. Cette double exclusion des femmes revient à donner la priorité aux collatéraux masculins et, parmi eux, à ceux dont les prétentions à la couronne ne viennent pas par les femmes : cette solution doctrinale a avant tout le mérite d'écarter de la couronne de France le roi d'Angleterre Édouard III, petit-fils par sa mère de Philippe-le-Bel. À l'évidence, la volonté politique d'éviter une longue régence en 1316, la prétendante n'ayant que quatre ans, puis de refuser un monarque étranger a joué un rôle déterminant dans l'exclusion des femmes de la succession royale. Cette décision a pu trouver des arguments dans le refus de l'Église d'admettre les femmes au sacerdoce, ministère en partie comparable à la royauté. En dernier ressort, l'exhumation tardive et orientée de la loi des Francs Saliens, la tribu de Clovis, sert de caution à cette mesure, alors qu'elle ne traitait en rien de la succession royale. Au total, les bases de la ***constitution coutumière*** monarchique sont posées, renforçant l'autorité théorique du pouvoir royal.

2) L'inaliénabilité du domaine de la couronne : la continuité des biens de l'État

Si la transmission héréditaire de la couronne et la disparition des partages semblent préserver le domaine royal, celui-ci reste considéré comme appartenant au patrimoine privé du roi. L'application de règles spécifiques de droit public instaure un régime particulier, protecteur de l'intégrité du domaine royal. Lié à la question de la couronne, le statut du domaine participe de la continuité de l'État.

Sous les premiers Capétiens, le domaine royal ressemble au patrimoine des princes territoriaux, et ne s'étend guère au sud au-delà d'Orléans et au nord de Paris jusqu'à la forêt de Senlis. Son pouvoir ne s'exerce réellement, dans un premier temps, que sur le domaine où il est seigneur direct. L'autorité du roi est même contestée dans cet étroit ressort par des châtelains rebelles qu'il réussit péniblement à faire rentrer dans le rang au XIIe siècle. Au-delà, son autorité est médiatisée par les grands princes territoriaux. Les légistes vont cependant mettre à profit la théorie de la suzeraineté royale pour placer sous sa domination indirecte l'ensemble des arrière-vassaux. En outre, le roi utilise la commise féodale, après jugement en cour féodale. L'affaire la plus considérable permet au roi de France en 1202 de confisquer les possessions françaises du roi d'Angleterre, ***Jean sans Terre***, fautif en tant que duc d'Aquitaine envers son vassal de Lusignan et déclaré félon pour avoir refusé de comparaître devant la justice royale : Normandie, Anjou, Touraine, Poitou, le gain pour le domaine royal est considérable. En outre, le droit de déshérence offre l'opportunité d'annexer les seigneuries dépourvues d'héritier, compensant le morcellement des possessions consécutif à la pratique des apanages. Ainsi le comté de Toulouse est réuni grâce à la mort sans descendance du frère de Saint-Louis. Les mariages royaux apportent également, en dot ou après héritage, de nombreuses terres : c'est le cas lors de l'union d'Isabelle de Hainaut et de Philippe-Auguste et, bien plus tard, par l'union successive d'Anne de Bretagne avec Charles VIII puis Louis XII. Enfin, des comtés sont achetés par la couronne à leurs possesseurs en manque d'argent, de Bourges à Chartres et au Dauphiné.

En plus de ce domaine territorial, le roi possède des droits féodaux et seigneuriaux, des revenus immobiliers ainsi que des droits liés à sa qualité, en particulier sur les ressources et équipements utiles à la collectivité. Si l'idéal médiéval est que le roi doit « vivre du sien », à savoir se contenter des revenus ordinaires tirés de la gestion de son domaine, la montée en puissance des charges publiques, liée à la permanence des guerres, rend nécessaire la perception de recettes extraordinaires. C'est ce recours à l'impôt qui rend plus forte la pression pour préserver l'intégrité du domaine, sauvegarder ses revenus et les mettre à l'abri du risque de dilapidation engendré par la conception patrimoniale du domaine. Seul le statut spécifique du domaine public peut le transférer à la couronne pour, là encore, réduire le roi à un administrateur de biens indisponibles, inaliénables et imprescriptibles. Ce régime juridique exorbitant du droit commun place les biens publics sous une haute protection qui répond à l'attente exprimée par les États généraux. La montée de la pression fiscale mécontente les députés du Tiers-État qui réclament l'engagement de ne plus procéder à des aliénations. Or, les ambitions anglaises renforcent cette menace, le ***Traité de Brétigny*** de 1360 prévoyant la cession de la Guyenne bordelaise. Cela justifie l'introduction dans le serment du sacre, à partir de Charles V, d'une clause par laquelle le roi fait la promesse de ne pas aliéner les droits de la couronne de France, formule qui condamne implicitement les cessions passées et interdit de les réitérer à l'avenir. Le principe d'inaliénabilité va servir de fondement aux actes pris pour révoquer les dilapidations opérées par les prédécesseurs.

Toutefois, le domaine continue à être amputé par la pratique des ***apanages*** au profit des membres de la famille royale exclus de la succession au trône de France. Or, l'extension territoriale du domaine royal contribue paradoxalement à aggraver l'ampleur des démembrements, en détachant de vastes provinces, sous le règne coûteux de ***Jean II le Bon***. La prise de conscience du risque de déstabilisation de l'autorité monarchique par de puissants princes apanagés, tel le duc de Bourgogne, permet aux communautés d'habitants de faire pression sur Charles V pour l'encourager à être économe sur ce plan. Les légistes réussissent à canaliser la pratique des apanages en réglementant cette exception à l'inaliénabilité du domaine, sa disparition étant politiquement impossible. La ***clause de réversion*** permet ainsi le retour de l'apanage à la couronne en cas d'absence d'héritier de l'apanagiste en ligne directe. En outre, l'habitude est prise de n'accorder ***aux filles que des apanages en argent*** et non en terres. Enfin, cette politique délibérée de protection de l'intégrité du domaine royal est suivie d'un volet d'encadrement du partage des droits entre le prince apanagé et le roi : seuls les droits « utiles », c'est-à-dire les revenus tirés de l'exploitation économique de l'apanage, forment le socle de la rente viagère attribuée ; le roi se réserve tout ce qui relève directement de sa souveraineté, particulièrement la possibilité de juger en dernier ressort toutes les causes, et d'évoquer à tout moment une affaire en son conseil, en plus de sa compétence en première instance pour les « cas royaux ». De plus, dans le ressort de l'apanage, les abbayes et les églises que le roi a fondées demeurent sous sa juridiction, les ecclésiastiques « exempts » du droit de ban de l'apanagiste étant jugés par un bailli royal. Le monarque conserve également en théorie l'ensemble de ses régaliens : créer de nouveaux impôts, battre monnaie, exercer la police des foires et des marchés. En pratique, les princes apanagistes les plus puissants menacent d'une véritable sécession avec la couronne les terres qui leur sont confiées, mais ce danger réel n'est pas incompatible avec un progrès des méthodes d'administration de provinces dont les usages deviennent très proches des règles en vigueur dans le domaine royal.

Pour aller plus loin

Alciat (1492-1550)

Né probablement à Alzate près de Côme le 8 mai 1492, fils d'un riche marchand milanais, c'est dans la capitale lombarde qu'il débute ses études, avant de rejoindre Pavie puis Bologne afin de poursuivre sa formation juridique. Très vite, l'enseignement, dans la lignée de Bartole, qui y est dispensé, lui semble d'une pédagogie inadaptée et désuète. Alciat revendique l'étude des sources littéraires de l'Antiquité romaine dans une démarche humaniste qui vise à éclairer et à comprendre l'esprit des institutions publiques. D'abord avocat à Milan, il est engagé en tant que professeur de droit à Avignon où sa réputation attire rapidement des étudiants de toute l'Europe et où il entre en contact avec Guillaume Budé. Fuyant la peste, il revient en Italie où la jalousie des autres professeurs envers ses innovations le prive d'une chaire universitaire. Il trouve refuge en France grâce au roi François Ier qui lui confie en grande pompe la chaire lucrative de Bourges en 1529. Son séjour dans le Berry lui permet de publier de nombreux ouvrages dont la *Notitia dignitatum*. Sur l'ordre du duc de Milan, Francesco Sforza, Alciat est contraint de se fixer en Italie pour enseigner à l'Université de Pavie de 1533 à 1537 ; mais les guerres d'Italie parsèment les rangs des étudiants et le conduisent à se transporter à Bologne sous la protection du Pape, puis à Ferrare en 1542, avant de revenir mourir à Pavie en janvier 1550. Son enseignement et son œuvre contribuent au succès de l'humanisme juridique, à travers l'application de la méthode philologique d'Érasme et Budé à l'étude des lois. La référence à l'Antiquité, le souci d'éclairer le droit romain par l'histoire et par les témoignages littéraires participent aux succès d'édition de la Renaissance. Ses ouvrages écrits en latin, assurance d'une diffusion internationale, comprennent des traités de jurisprudence, mais aussi des œuvres littéraires comme ses *Emblemata*, recueil d'allégories en vers latins sur des sujets moraux qui servit de support aux étudiants européens pour recueillir les inscriptions de leurs amis.

ABBONDANZA (R.), « La vie et les œuvres d'André Alciat », in *Pédagogues et juristes. Congrès du Centre d'Études Supérieures de la Renaissance de Tours* 1960, Paris, Vrin, collection « De Pétrarque à Descartes », 1963, pp. 93-106.

RUSSEL (D. S.), « Alciato, Andrea (1492-1550) », in Colette Nativel, Centuriae latinae. *Cent une figures humanistes de la Renaissance aux Lumières offertes à Jacques Chomarat*, Genève, Droz, 1997, pp. 51-55.

VIARD (P. -É.), *André Alciat. 1492-1550*, Paris, S. A. du Recueil Sirey, 1926.

Cujas (1522-1590)

Jacques Cujas, jurisconsulte né à Toulouse en 1522, mort à Bourges en 1590, est le fils d'un modeste tondeur de drap. Étudiant en droit auprès du professeur toulousain Ferrier, il ouvre dans sa ville dès 1547 un cours *d'Institutes*, mais il n'est pas recruté à la chaire de droit romain de l'université de sa ville natale, barré par les intrigues d'un disciple de Bartole. Cet échec le contraint à mener une carrière itinérante à travers la France, de Cahors à Valence, de Bourges à Paris, et même de passer à Turin avant de se fixer à Bourges, ville d'études des humanistes. Premier des romanistes et plus brillant représentant de l'école historique, Cujas rompt avec la méthode d'étude des textes des glossateurs en remettant les extraits du *Digeste* dans leur cadre originel afin d'en retrouver la portée et de comprendre les grands courants doctrinaux de l'époque romaine. Son érudition est servie par un style concis et élégant.

BERRIAT SAINT-PRIX (J.), *Histoire de Cujas*, Paris, Nève, 1821 et *Nouvelles observations sur l'échec essuyé par Cujas lorsqu'il se présenta pour une chaire de droit civil à Toulouse*, Société des Antiquaires de Toulouse, 1842, 15 p.

BIBLIOGRAPHIE

Sur le droit savant et l'Université :

BARBEY (J.), « Organisation générale des études et méthodes d'enseignement du droit au Moyen Âge », *Annales d'histoire des facultés de droit et de la science juridique*, 2, 1985, pp. 13-20.

BEZEMER (C. H.), *Les répétitions de Jacques de Révigny. Recherches sur la répétition comme forme d'enseignement juridique et comme genre littéraire, suivies d'un inventaire des textes*, Leyde, E. J. Brill/Universitaire Pers Leiden, 1987, XIV, 372.

BEZEMER (K.), « L'enseignement du droit à Orléans avant 1306 », *in* PERTUÉ (M.), *L'université d'Orléans 1306-2006, regards croisés sur une histoire singulière*, Orléans, Presses universitaires d'Orléans, 2008, 166 p., pp. 19-24.

FEENSTRA (R.), « L'École de droit d'Orléans au XIIIe siècle et son rayonnement dans l'Europe médiévale », *Revue d'histoire des facultés de droit et de la science juridique*, 13, 1992, pp. 23-42.

GAUDEMET (J.), *Les sources du droit canonique, VIIIe-XXe siècles. Repères canoniques. Sources occidentales*, Paris, 1993.

MEIJERS (É.), « L'Université d'Orléans au XIIIe siècle », *in Études d'histoire du droit*, tome III, Leyde, Universitaire Pers Leiden, 1959, pp. 3-148.

MICHAUD-FRÉJAVILLE (F.), « Orléans, l'Université dans la ville », *in* PERTUÉ (M.), *L'université d'Orléans 1306-2006, regards croisés sur une histoire singulière*, Orléans, Presses universitaires d'Orléans, 2008, 166 p., pp. 55-66.

TESTU (F.-X.), « Les glossateurs. Regards d'un civiliste », *Revue Trimestrielle de Droit civil*, 1993, pp. 279-303.

WAELKENS (L.), *La théorie de la coutume chez Jacques de Révigny. Édition et analyse de sa répétition sur la loi De quibus (D. 1, 3, 32)* Leyde, E. J. Brill/Universitaire Pers Leiden, 1984, XVI-614.

Sur la place du droit coutumier, la renaissance du pouvoir normatif royal et les lois fondamentales :

AUTRAND (F.), « Géographie administrative et propagande politique. Le rôle des assignations du Parlement aux XIVe et XVe siècles », PARAVICINI (W.) et WERNER (K.-F.), (sous la direction de), *Histoire comparée de l'administration (IXe-XVIIIe siècles)*, Actes du IVe colloque historique franco-allemand de l'Institut Historique Allemand de Paris, Tours, 27 mars-1er avril 1977, München, 1980, p. 264-281.

BRUGUIÈRE (M.-B.), « La loi de succession à la couronne de France : naissance d'un droit public constitutionnel en Europe », *Mémoire*, VII, 1987, pp. 73-89.

CARBASSE (J.-M.), « Le roi législateur : théorie et pratique », *Droits*, n° 38, 2003, pp. 3-19.

CARBASSE (J.-M.), « Le royaume et l'empire : quelques jalons médiévaux », *Revue d'histoire des facultés de droit*, n° 19, 1998, pp. 11-33.

DESCIMON (R.), « L'union au domaine royal et le principe d'inaliénabilité. La construction d'une loi fondamentale aux XVIe-XVIIe siècles », *Droits*, 22, 1995, pp. 79-90.

GANDILHON (R.), « L'unification des coutumes sous Louis XI », *Revue historique*, n° 194, 1944, pp. 317-323.

GAZZANIGA (J.-L.), « Rédaction des coutumes et codification », *Droits*, 26, 1997, pp. 71-80.

GOURON (A.), *Droit et coutume en France aux XIIe et XIIIe siècles*, Londres, Variorum reprints, 1993.

GOURON (A.), « Les ordonnances royales dans la France médiévale », *in* PADOA-SCHIOPPA (A.), *Justice et législation*, Paris, PUF, 2000, pp. 81-100.

GOURON (A.) et RIGAUDIÈRE (A.), (sous la direction de), *Renaissance du pouvoir législatif et genèse de l'État*, Montpellier, 1988, 281 p.

Jacob (R.), « Les coutumiers du XIIIe siècle ont-ils connu la coutume ? », *in* Krynen (J.), *L'empire du roi. Idées et croyances politiques en France. XIIIe-XVe siècles*, Paris, Gallimard, 1993, 556 p.

Krynen (J.), « Entre science juridique et dirigisme : le glas médiéval de la coutume », *Cahiers de recherches médiévales (XIIIe-XVe siècles), Droits et pouvoirs*, 7, 2000, pp. 171-187.

Krynen (J.) et Rigaudière (A.), (sous la direction de), *Droits savants et pratiques françaises du pouvoir (XIe-XVe siècles)*, Bordeaux, Presses universitaires de Bordeaux, 1992, 316 p.

Leyte (G.), *Domaine et domanialité publique dans la France médiévale (XIIIe-XVe siècles)*, Strasbourg, 1996.

Moreau-David (J.), « La coutume et l'usage en France, de la rédaction officielle des coutumes au Code civil : les avatars de la norme coutumière », *Revue d'histoire des facultés de droit*, n° 18, 1997, pp. 125-157.

Mousnier (M.), Poumarède (J.), *La coutume au village dans l'Europe médiévale et moderne*, Toulouse, Presses universitaires du Mirail, 2001, pp. 103-119.

Rigaudière (A.), *Penser et construire l'État dans la France du Moyen Âge (XIIIe-XVe siècles)*, Paris, CHEFF, 2003, 785 p.

CHAPITRE 6

La formation d'un ordre juridique français

Avec la Renaissance et la vague d'expansion européenne lancée par les Grandes découvertes, « l'économie-monde » voit son centre d'impulsion basculer de Méditerranée vers l'Atlantique. L'afflux de métaux précieux des colonies espagnoles vient irriguer les circuits monétaires et commerciaux de la vieille Europe, produisant un formidable enrichissement des bourgeoisies portuaires. C'est dans ce climat économique et démographique dynamique que la France des temps Modernes se dote progressivement d'un État monarchique absolutiste. Ses premiers pas se font dans un univers mental où la contestation du dogme catholique s'alimente du goût retrouvé pour l'Antiquité grecque et romaine, avant d'emprunter les voies rapidement divergentes de l'Humanisme érasmien et de la Réforme luthérienne et calviniste. Menacée, l'Église catholique met en œuvre sa Contre-réforme à partir du ***Concile de Trente***.

En France, l'apogée de l'État royal, préparé par la consolidation du sentiment national durant la guerre de Cent Ans, est contemporain du « tragique XVIIe siècle », de ces temps de crise marqués le « petit âge glaciaire » climatique, à l'origine, dans une économie d'Ancien Régime, de mauvaises récoltes, de pénuries frumentaires, de catastrophes démographiques et de révoltes antifiscales. Mais ce drastique « tour de vis fiscal » imposé à partir de Richelieu par la double ambition guerrière, continentale et maritime, de la monarchie française suscite une modernisation de l'appareil d'État qui accompagne et renforce le bouleversement des structures sociales. Au cours du « beau XVIIIe siècle », la France des Lumières, indemne de toute guerre sur son sol jusqu'en 1792, bénéficie d'une somme d'améliorations agricoles, fondement d'un décollage démographique et d'une diffusion des Lumières dans une société aux élites à la fois rénovées et contestées. Pour conduire la modernisation de l'État durant ces trois siècles, la ***dynastie des Valois*** prépare avec François Ier les fondements de l'absolutisme monarchique, fragilisés par les guerres de religion sous les règnes brefs des fils d'Henri II. En revanche, le passage de la couronne à un Bourbon inaugure une politique d'apaisement religieux et de remise en ordre des finances sous Henri IV, avec la politique de Sully et l'édit de Nantes de 1598. L'État absolutiste va s'efforcer de faire primer les lois édictées par le roi sur toute autre source normative. Ainsi, les ordonnances de réformation sont prolongées par de grandes ordonnances de codification qui visent à unifier le droit français par grandes thématiques. Toutefois, en dehors du domaine de la police administrative, la doctrine et l'activité des cours souveraines fournissent une participation notable à l'extension du pouvoir normatif royal.

1 • LE PERFECTIONNEMENT DES LOIS FONDAMENTALES ET DE L'ADMINISTRATION TERRITORIALE

L'encadrement des droits savants et leur soumission à la loi du roi s'accompagnent de précisions apportées aux lois fondamentales du royaume (A). Parallèlement, la diversification de ses agents territoriaux renforce les moyens d'action du roi en province (B).

A - Des lois fondamentales complétées, mais constitutionnellement limitées

Les règles apparues à l'occasion des crises médiévales de succession pour déterminer le statut de la couronne et du domaine sont complétées à partir du XVIe siècle, mais elles se révèlent insuffisantes pour contraindre constitutionnellement le monarque.

1) Des lois fondamentales précisées

Affirmée au XIVe siècle, l'inaliénabilité du domaine royal, considérée dès lors comme loi fondamentale, reste mal respectée et demande une clarification. Le chancelier Michel de L'Hospital fait promulguer l'***édit de Moulins*** en février ***1566***. Celui-ci précise la composition du domaine et les modalités d'application de l'inaliénabilité. À rebours d'une forte pression en faveur de l'incorporation immédiate au domaine des biens acquis depuis son avènement par le roi régnant, l'édit de Moulins maintient la séparation entre le ***domaine ancien***, hérité par le roi et inaliénable, et le ***domaine casuel*** que le roi a la possibilité, mais pas l'obligation, de réunir au domaine fixe par décision expresse. Quant aux biens possédés en propre par le roi dans son patrimoine familial, l'édit ne les évoque pas et il faut attendre un édit de 1607 pour que la réunion de la Navarre d'Henri IV au domaine royal tranche en faveur de l'incorporation et de l'inaliénabilité, par assimilation à la dot apportée pour ce mariage mystique avec la Couronne. Enfin, l'édit de Moulins réglemente les deux exceptions à l'inaliénabilité, reprenant les précautions introduites par les légistes pour limiter le danger des apanages et encadrant la pratique des engagements afin de la réduire à un gage sur la seule jouissance d'un fonds, sans aliénation du bien et avec possibilité de rachat perpétuel.

Quant au principe de ***catholicité***, il allait de soi jusqu'à la Réforme protestante, l'avènement d'un prince hérétique étant impensable. Mais le succès de la diffusion des thèses calvinistes dans la haute société puis le déchaînement des guerres de religion rendent la question cruciale pour éviter une crise dynastique à partir de 1584. Les fils d'Henri II étant morts sans enfant, le plus proche parent masculin du roi Henri III est Henri de Navarre, chef du parti protestant, considéré comme ***hérétique*** par les catholiques et pire encore, ***relaps*** après le massacre de la Saint Barthélémy et excommunié : comment imaginer l'accession au trône d'un tel souverain à la fin d'un XVIe siècle où la liberté de conscience n'existe dans aucun État ? En effet, le principe selon lequel le prince détermine le culte religieux de son peuple s'impose à ce moment, particulièrement dans le Saint Empire romain germanique. Le parti ultra-catholique des Guise tente d'écarter Henri de Navarre de la succession royale en imposant à Henri III l'édit d'Union du 19 juillet 1588, ratifié comme loi fondamentale par les ***États généraux***

de Blois en octobre ***1588***. Toutefois, Henri III reconnaît Henri de Navarre comme successeur légitime avant d'être assassiné par le moine ligueur Jacques Clément le 2 août 1589. En dépit des tentatives des Ligueurs ultra-catholiques de faire reconnaître les droits à la succession d'une petite-fille d'Henri II, Henri IV attire à lui tous les modérés, attachés au principe de masculinité que réaffirme ***l'arrêt Lemaistre du Parlement de Paris*** le 28 juin 1593. Mais c'est au prix de l'***abjuration*** de la religion « prétendue réformée », préalable indispensable au sacre à Chartres du roi d'une France majoritairement catholique. Catholicité et masculinité seront même consacrées par la Constitution du 3 septembre 1791.

Pour aller aux sources du droit

Texte 20 : Arrêt Lemaistre du 28 juin 1593, in François-André Isambert, Decrusy, Alphonse-Honoré Taillandier, *Recueil général des anciennes lois françaises*, Paris, Belin-Leprieur, 1830. Tome XV, p. 71.

L'arrêt Lemaistre s'inscrit dans le contexte de guerre de religions que subit la France à la fin du XVIe siècle. À la suite de l'assassinat du roi Henri III en 1589, l'héritier mâle le plus proche est son cousin Henri de Navarre, calviniste. Président du parlement de Paris, Jean Lemaistre rend ici un arrêt célèbre qui réaffirme l'exclusion de la succession au trône des femmes et de leurs descendants, mais également des non-catholiques et des étrangers au royaume de France. Masculinité, catholicité et nationalité française sont affirmées comme qualités seules conformes aux lois fondamentales du royaume et à la loi salique, ouvrant ici la voie à la conversion au catholicisme du roi Henri IV.

Arrêt du parlement séant à Paris qui annule tous traités faits ou à faire qui appelleraient au trône de France un prince ou une princesse étrangère, comme contraire à la loi salique et autres fois fondamentales de l'état.

« La cour, sur la remontrance ci-devant faite à la Cour par le procureur général du roi et la matière mise en délibération, ladite cour, toutes les chambres assemblées, n'ayant, comme elle n'a jamais eu, autre intention que de maintenir la religion catholique, apostolique et romaine et l'état et couronne de France, sous la protection d'un bon roi très chrétien, catholique et français,

A ordonné et ordonne que remontrances seront faites cette après-dînée par maître Jean Lemaistre président, assisté d'un bon nombre de conseillers en ladite cour, à M. le duc de Mayenne, lieutenant général de l'état et couronne de France, en la présence des princes et officiers de la couronne, étant à présent en cette ville, à ce que aucun traité ne se fasse pour transférer la couronne en la main de prince ou princesse étrangers ;

Que les lois fondamentales de ce royaume soient gardées et les arrêts donnés par ladite cour pour la déclaration d'un roi Catholique et français exécutés ; et qu'il y ait à employer l'autorité qui lui a été commise pour empêcher que sous prétexte de la religion, ne soit transférée en main étrangère contre les lois du royaume ; et pourvoir le plus le plus promptement que faire se pourra au repos on soulagement du peuple, pour l'extrême nécessité en laquelle il est réduit ; et néanmoins dès à présent ladite cour déclare tous traités faits et à faire ci-après pour l'établissement de prince ou princesse étrangers nuls et de nul effet et valeur, comme faits au préjudice de la loi salique et autres lois fondamentales de l'état ».

Enfin, la tentative de définir les modalités d'exercice de la ***régence*** à la fin du Moyen Âge a laissé en suspens une question essentielle ; il reste à trancher entre les deux thèses dominantes concernant le titulaire de la régence : doit-elle revenir de préférence à l'héritier présomptif de la couronne en cas de disparition du jeune prince, ou bien appartient-il au roi régnant de choisir par testament le plus capable à ses yeux de remplir la fonction ? En pratique, à partir du XVIe siècle, la reine mère assumera le plus souvent la régence, une fois la méfiance à l'encontre des femmes un peu dissipée : Catherine de Médicis à la mort d'Henri II, Marie de Médicis à la suite de l'assassinat d'Henri IV, Anne d'Autriche durant la minorité de Louis XIV exercent la régence avant le duc Philippe d'Orléans, neveu de Louis XIV. Mais dans tous les cas, les tentatives de limitation testamentaire de la marge de manœuvre du régent sont annulées par le Parlement, le régent représentant un pouvoir royal indisponible. Alors qu'avant le XIIIe siècle l'âge de la majorité royale est le même que celui de la majorité féodale, 21 ans, l'abaissement à 13 ans révolus est institutionnalisé et solennisé au XVIe siècle par un lit de justice tenu au Parlement.

2) Des règles constitutionnelles précisées, mais peu contraignantes

Les troubles liés aux guerres de religion influencent la doctrine de l'État monarchique. Les « ***monarchomaques*** » entendent subordonner le roi au contrôle des magistrats. Les aléas politiques conduisent en premier lieu les calvinistes, derrière le professeur genevois ***François Hotman*** à préconiser cette mise sous tutelle, avant que les Ligueurs ne les dépassent dans la violence en prônant le tyrannicide du monarque devenu illégitime. En réaction à ces excès et à la menace de chaos, des grands publicistes favorables à la puissance de l'État royal, ***Jean Bodin***, ***Charles Loyseau***, ***Cardin Le Bret***, le placent au-dessus de la mêlée sanglante des factions religieuses, et défendent l'absolue souveraineté du roi, qu'ils distinguent du despotisme par le critère du respect des lois fondamentales, constitution coutumière dont les limites vont être soulignées par les penseurs du XVIIIe siècle. En effet, si les règles de dévolution de la Couronne reçoivent de nouvelles précisions circonstancielles, elles ne peuvent prétendre organiser une distribution des tâches au sein de l'État royal.

Le principe d'indisponibilité s'enrichit de deux précisions complémentaires : la ***nullité de l'abdication et de la renonciation à l'avance***. Captif après le désastre de Pavie, François Ier imagine de renoncer au trône et de faire couronner le dauphin pour rendre nul le traité de paix que le vainqueur lui impose. Le Parlement refuse l'abdication, avant de casser le Traité de Madrid au nom de l'inaliénabilité du domaine royal, la cession de la Bourgogne à l'Espagne lui étant contraire. De même, la renonciation par avance au trône de France du petit-fils de Louis XIV, le duc d'Anjou devenu le roi d'Espagne ***Philippe V***, est inconstitutionnelle. Enfin, l'habilitation par Louis XIV de la Maison de Lorraine en 1662, puis de ses ***bâtards légitimés***, fils qu'il a eus de sa maîtresse la Montespan, par l'édit de Marly en 1714 est annulée par le Parlement de Paris en juillet 1717, leur légitimation étant de droit privé et ne pouvant interférer sur l'indisponibilité de la Couronne.

Ces règles supérieures s'imposent au monarque et Louis XV va jusqu'à parler de Constitution du royaume. Toutefois, les lois fondamentales ne recouvrent qu'un domaine limité du droit public, restent dépourvues de sanctions juridiques en cas de manquement, par exemple lors des infractions fréquentes au principe d'inaliénabilité, et ne peuvent ainsi répondre à la demande de l'opinion éclairée d'un droit constitutionnel écrit contraignant le monarque, responsable uniquement devant Dieu dans le système absolutiste légitimé par l'élection divine.

B - Diversification et perfectionnement des agents territoriaux du roi

Avec les intendants de « police, justice et finances », la monarchie française passe du « gouvernement au nom du roi » que représentaient prévôts, baillis et gouverneurs au « gouvernement du roi ».

1) Les agents classiques

Les ***prévôts*** sont les premiers agents royaux généralistes, compétents à partir de l'édit de Crémieu de 1536 pour connaître des affaires civiles et pénales mineures. Au-dessus d'eux, dans un ressort moins étroit, correspondant à l'ancien *pagus* ou aux arrondissements contemporains, ***baillis et sénéchaux*** veillent à l'entretien des places fortes, au ravitaillement des villes et châteaux ; ils convoquent l'armée en campagne, au service de l'ost, les grands vassaux, lèvent le ban et l'arrière-ban et rassemblent les contingents. Cependant, leur rôle judiciaire demeure premier : le tribunal de bailliage qu'ils président de droit, avec l'assistance de prud'hommes, devient la juridiction de droit commun du royaume. En première instance, ce tribunal règle les procès où sont en cause les nobles du ressort et les litiges relatifs aux fiefs et plus largement à l'ensemble du droit féodal. Rôle encore plus important dans le cadre du renforcement de l'État de justice, le tribunal de bailliage reçoit l'appel des jugements en premier ressort des tribunaux de prévôtés et des justices seigneuriales, surplombant de ce fait progressivement l'ensemble de la basse justice au bénéfice de l'autorité royale.

Les ***gouverneurs*** ont disposé d'une puissance et d'un prestige considérables au moment où la monarchie a dû affronter les temps de guerres et de révoltes jusqu'au milieu du XVIIe siècle. Ces grands officiers militaires, choisis dans les familles nobles de « vieille roche », exercent alors des pouvoirs d'autant plus larges que les textes laissent leurs prérogatives indéfinies. Avant l'affirmation de l'absolutisme, les gouverneurs apparaissent comme des sortes de « vice-rois » en charge du gouvernement d'une province entière, au ressort considérable, mais avec peu de moyens humains pour la maîtriser réellement. Aussi la monarchie nomme-t-elle fréquemment un grand seigneur possessionné dans le pays, afin qu'il dispose aisément de relais parmi les nobles d'épée de son gouvernement. Mais cette pratique s'avère dangereuse pour le pouvoir central, la Fronde et les mazarinades lors de la minorité de Louis XIV en 1648 témoignant d'une forte propension chez les gouverneurs à choisir leur enracinement nobiliaire provincial au détriment de leur loyauté d'officiers monarchiques. Désormais, le pouvoir central, organisé au sein de grands conseils spécialisés, va cantonner les gouverneurs au domaine militaire afin de les délivrer de la tentation de s'appuyer sur leurs réseaux de fidélité vassalique pour accommoder, contourner voire contester les décisions du monarque absolutiste. Toutefois, en dépit de la création puis de l'institutionnalisation des intendants, le rôle des gouverneurs est resté essentiel au sein d'une administration royale tournée en permanence vers son ambition de suprématie européenne, à travers la guerre terrestre et navale, de Richelieu à Louis XVI.

2) La montée en puissance de l'intendant de police, justice et finances

À l'origine de la création de ce nouvel agent royal se trouvent des antécédents : de jeunes enquêteurs royaux, maîtres des requêtes du Conseil du Roi, sont envoyés en chevauchées en province, et plus spécifiquement, au lendemain des guerres de religion et des expéditions en Italie, des agents extraordinaires reçoivent pour mission temporaire d'administrer et de réformer en temps de crise les terres récemment conquises ou les territoires à pacifier. Recrutés au sein du vivier d'excellence que constituent les maîtres des requêtes, ces « commissaires départis » sont envoyés avec une lettre de mission du roi dans une circonscription financière appelée généralité, au ressort très étendu au regard des moyens de communication et de la rareté des relais locaux. Les intendants sont institutionnalisés sous Louis XIII du fait du choix stratégique des Bourbons en 1635 d'intervenir ouvertement dans la ***guerre de Trente Ans*** qui ravage les territoires allemands (de 1618 à 1648) puis d'affronter la puissance espagnole. Cet effort militaire considérable suppose une capacité financière exceptionnelle que l'administration territoriale classique ne peut fournir, se heurtant aux émeutes antifiscales de la paysannerie des Croquants et des Va-nu-pieds. Le « ***tour de vis fiscal*** » amorcé par le cardinal de Richelieu, poursuivi par Mazarin et amplifié par le gouvernement personnel de Louis XIV, conduit à faire surplomber les officiers, propriétaires de leurs charges vénales, par des agents nommés par le roi et révocables *ad nutum*, à tout moment, sans motivation ni préavis. Ces agents directs du pouvoir central ont vu leur nombre varier (35 en 1637, 32 en 1788), mais l'essentiel est qu'ils cessent d'être des représentants en mission temporaire pour devenir des autorités permanentes chargées de la surveillance des officiers de robe, de l'administration fiscale et dépositaires de la « ***justice retenue*** » du roi, source de toute justice.

Exerçant un pouvoir de police entendu dans une très large acception, l'intendant veille à la bonne marche des juridictions et de la maréchaussée, au maintien de l'ordre public, à l'entretien de la voirie, à l'amélioration des réseaux de communication, aux convois et au logement des troupes, à la police des marchés et à l'approvisionnement des populations urbaines. Vivant au chef-lieu de sa généralité, il assure la tutelle administrative des municipalités et confie à ses subdélégués le contrôle des communautés villageoises. Sa vigilance s'exerce particulièrement sur les engagements financiers des institutions locales : autorisation de dépenses et d'emprunts, d'aliénations, certification des comptes et règlement du contentieux fiscal. De même, l'intendant contrôle la bonne administration du domaine, les opérations de fondation et de gestion de toutes les institutions ecclésiastiques, des couvents aux collèges, universités et hôpitaux. En matière fiscale, il surveille la perception par les officiers de finances des impositions anciennes (la taille et les aides) et dispose d'une entière compétence pour les impôts récemment suscités par le coût des guerres de Louis XIV et Louis XV (la capitation, le dixième et le vingtième).

Pour aller aux sources du droit

Texte 21 : Lettre de commission de commissaire départi du roi Louis XIV à l'intendant de la généralité d'Orléans le dernier jour de février de l'an de grâce 1674[1], in *Les pouvoirs des intendants sous Louis XIV, particulièrement dans les pays d'élection de 1661 à 1715*, Charles Godart, thèse de la faculté des lettres de Paris, Larose, 1901, 518 p., p. 458. Archives nationales, O/1/18.

Commissaire "départi", envoyé dans une généralité au nom du roi pour y exercer les pouvoirs de police, justice et finances, l'intendant reçoit une lettre de commission qui définit l'étendue de ses missions.

« *Quoi que les soins et assiduités avec lesquels nous nous appliquons journellement à l'administration générale des affaires de notre royaume et l'économie de nos finances doivent servir d'exemple et de motifs assez puissants pour exciter ceux qui sont proposés dans nos provinces au gouvernement tant militaire que de justice et de finances à s'acquitter dignement des fonctions auxquelles ils sont destinés, néanmoins nous avons estimé nécessaire pour le bien et avantage de notre service d'envoyer dans les provinces de notre royaume quelques-unes de nos conseillers, maîtres des requêtes ordinaires de notre hôtel, lesquels ayant toute capacité et intégrité requises et étant d'autant mieux informés de nos sentiments qu'ils auront l'honneur d'approcher de notre personne et d'entrer dans nos conseils puissent utilement s'employer au bien de notre service en visitant nos provinces et s'appliquant à pénétrer les abus qui se glissent ordinairement dans tous les ordres d'icelles y apportant les remèdes nécessaires et tenant la main que la justice y soit rendue selon la pureté de nos intentions [...].*

Nous vous avons commis et député [...] pour vous transporter dans les lieux de notre généralité d'Orléans avec pouvoir de vous trouver et assister aux conseils qui seront tenus par nos gouverneurs et lieutenants généraux pour nos plus importantes affaires, leur donner vos conseils [...] informer de tous désordres, pratiques et menées secrètes [...] levées de gens de guerre sans notre ordre [...] tenir la main à ce que les gens de guerre suivent leur route et gardent toute discipline militaire [...] vérifier les dettes des communautés [...] vous faire présenter les départements et rôles des tailles et de l'impôt du sel [...] informer de tous les abus qui se commettent en l'administration de la justice ».

Nommé sans durée fixée *a priori*, l'intendant reste parfois dans le même poste pour de longues périodes d'administration : Cypierre, 25 ans à Orléans ; de Basville, 33 ans en Languedoc. Généralement étranger à la généralité, il y joue le rôle d'informateur privilégié du Contrôle général des finances, dont ses rapports circonstanciés et ses enquêtes alimentent l'amélioration de la connaissance statistique du royaume, de ses habitants et de ses richesses. Proposant en amont des avis qui préparent les décisions des secrétaires d'État, l'intendant est également chargé de les appliquer en aval par voie d'ordonnance.

Au cours du « beau XVIIIe siècle », l'intendant est amené à se préoccuper des activités économiques, des questions sociales, du « bonheur des peuples ». Outre la direction des services des Ponts et Chaussées, de la Poste et des Messageries, l'intendant stimule les progrès agronomiques, l'installation de manufactures, contrôle la mendicité et réprime le vagabondage, encadre les œuvres de charité et les prisons.

Afin d'assurer l'effectivité de ses décisions dans son ressort, l'intendant ne peut s'appuyer que sur un personnel fort restreint, une vingtaine seulement de

1. Il s'agit en l'espèce de Jean-Jacques Charron marquis de Ménars, né en 1644, conseiller au parlement de Paris en 1667, maître des Requêtes le 17 février 1674, puis intendant de Paris (1681-1690), président à mortier du parlement de Paris en 1691, mort en 1718.

collaborateurs dans une généralité comme celle de Dijon. Les hommes-clés sont le secrétaire général, cheville-ouvrière des services de l'intendance au chef-lieu, et des subdélégués, nommés et rémunérés par ses soins, sélectionnés au sein des notables de chacune des principales villes de sa généralité : chef-lieu d'élection et de bailliage ou évêché. Certaines tâches sont reconnues en propre à ces hommes de confiance dont les fonctions consistent avant tout à en référer à l'intendant : recevoir les requêtes adressées au commissaire départi, transmettre ses décisions aux municipalités et veiller à leur exécution, rendre compte de l'état des paroisses, enfin assister l'intendant dans la répartition de la taille, de la capitation et des prélèvements municipaux. Dans la pratique quotidienne, le subdélégué est le plus souvent livré à lui-même, en raison de la difficulté et de la lenteur des communications. Il doit donc assumer les missions déléguées par l'intendant, des travaux publics à la tranquillité. Il dispose de rares adjoints, secrétaires, commis et greffiers.

Au total, l'image transmise par les cahiers de doléances de la « ***tyrannie de l'intendant*** » apparaît outrée, traduisant la répercussion de la contestation de l'autorité royale, car ce fidèle exécutant se contente d'appliquer les arrêts du Conseil et ne se permet de prendre des ordonnances que sur des objets de détail. À partir de Louis XV, les reculades du pouvoir central face aux parlementaires contraignent l'intendant à s'adapter aux résistances provinciales, aux influences rivales des États provinciaux, des gouverneurs et des cours souveraines, de négocier avec ces grands notables pour rendre acceptables les décisions royales. Ce médiateur entre les bureaux ministériels et la haute société provinciale agit avec « une règle rigide, une pratique molle » comme l'a souligné Tocqueville. Levier de la modernisation de l'État, l'intendant collabore avec d'autres administrateurs efficaces, qui surmonteront la rupture révolutionnaire : les ingénieurs des Eaux et Forêts et des Ponts et Chaussées.

2 • L'ÉLABORATION D'UN DROIT ROYAL FRANÇAIS

Le pouvoir normatif du roi de France se libère progressivement des limites posées par le régime féodal. L'affirmation doctrinale de la souveraineté législative du monarque précède son déploiement en droit positif, à travers les ordonnances qui visent à codifier le droit commun français (A). Toutefois, en dehors du droit public, les cours souveraines continuent de fournir un apport normatif essentiel, mais contesté (B).

A - Les grandes ordonnances de codification

D'abord recherchée par les Valois, la codification globale du droit français est réactivée par l'absolutisme monarchique avec les grandes ordonnances de Colbert et du chancelier d'Aguesseau.

1) *Les lois de réformation des Valois et l'échec de la codification globale des ordonnances*

La conception classique envisage les édits de réformation comme la nécessaire et périodique suppression des mauvaises pratiques et des abus subrepticement introduits par des exactions seigneuriales ou par l'indélicatesse d'agents et d'officiers royaux. Face à des pratiques relativement constantes, toute une litanie d'ordonnances royales, de Saint-Louis à Louis XVI, reprend, souvent en des termes voisins, des dispositions répressives censées mettre un terme définitif aux dérives de l'administration monarchique, aux coûteuses lenteurs des arcanes de la procédure judiciaire, à l'arbitraire captateur des financiers. De telles réformes sont le plus fréquemment consenties par l'autorité royale à la suite de plaintes recueillies à l'occasion de la convocation des États généraux. Cela fournit au monarque la possibilité d'innover, comme en ***1454*** lorsque l'ordonnance prise par Charles VII à ***Montils-lès-Tours*** répond à la lancinante critique de l'incertitude d'une justice aux délais de jugement peu raisonnables. L'ordonnance s'inscrit en rupture par l'amorce de la rédaction des coutumes, moyen d'écourter et de certifier le procès. À partir du XVIe siècle, la législation royale s'introduit dans des domaines inédits, grâce au soutien de la doctrine qui affirme la souveraineté du monarque. ***Jean Bodin*** ne considère plus le roi de France comme un simple suzerain médiéval, limité par le respect de serments et par les dispositions des franchises traditionnelles. Pour lui, le roi est le souverain, celui qui a le pouvoir de modifier la coutume et au-delà, de légiférer en tout domaine. Toutefois, cette conception absolutiste du pouvoir royal demeure alors minoritaire, et la législation monarchique ne s'aventure à intervenir dans les questions privatistes que si elles intéressent directement la police du royaume.

L'exemple le plus marquant est fourni par l'ordonnance de ***Villers-Cotterêts*** prise en ***1539*** par François Ier. Elle engage la réforme de l'administration de la justice, obligeant les prêtres desservants à tenir l'état civil, à savoir les registres paroissiaux de baptêmes et de sépultures, auxquels l'édit de Blois ajoutera l'obligation de consigner les mariages. Du point de vue administratif, il s'agit d'apporter des preuves légales incontestables du caractère majeur d'un individu ou encore du décès d'une personne, éléments essentiels de l'exercice des droits et de l'usage des biens. Au surplus, cette ordonnance organise l'enregistrement des actes de donation, et surtout consacre le « langage maternel français » comme langue unique du droit, de la Justice et de l'administration, le second volet de ce monopole légal consistant en l'interdiction de l'usage du latin.

Le chancelier ***Michel de l'Hospital***, chef du parti des « politiques » qui placent l'intérêt de l'État au-dessus des considérations religieuses, convainc Charles IX de prendre plusieurs ordonnances caractéristiques d'une modernisation de l'administration et du droit. À partir de 1564, le calendrier se laïcise, l'année civile ne débutant plus à Pâques, mais dorénavant au 1er janvier ; quant à l'ordonnance de Moulins de 1566, elle renforce la sécurité juridique des contrats en demandant une preuve écrite et en créant l'hypothèque judiciaire.

Dans le même sens, l'ordonnance prise par Henri III à ***Blois*** en 1579 introduit en France les décrets établis par la Contre-réforme de l'Église catholique, mais en les naturalisant : du fait du principe de souveraineté du roi de France, le droit canonique ne peut s'appliquer à l'intérieur du royaume avant d'être « reçu », c'est-à-dire accepté par le monarque et enregistré par ses Parlements. À partir de François Ier, ce gallicanisme juridique s'affirme et retarde la réception des décrets adoptés par le Concile de Trente en 1563. En particulier, si l'État royal « reçoit » les règles matrimoniales catholiques, c'est en y apportant des accommodements à la conception totalement consensualiste du mariage chrétien : l'Église consent à faire du mariage un acte solennel accompli devant le prêtre, afin de tenir compte de la volonté royale de lutter contre la multiplication des unions clandestines, source de confusion entre les enfants légitimes et les enfants naturels, et par voie de conséquence perturbation du bon déroulement des successions. Le roi de France impose même le consentement obligatoire des parents comme condition de validité du mariage. Mais le reproche de faiblesse de l'État français vis-à-vis des prétentions du Pape alimente la fronde séculaire des Parlements, guérilla juridique qui prend pour cible les Jésuites et ne trouve de conclusion temporaire qu'avec le vote de la Constitution civile du Clergé le 12 juillet 1790.

La multiplication des ordonnances depuis le Moyen Âge renforce le besoin d'une clarification et d'une mise en cohérence, tant l'État royal a coutume de produire des normes sans abroger les dispositions anciennes devenues contradictoires ou obsolètes. Seuls des recueils dus à l'initiative privée viennent remédier partiellement à cette carence, sur le modèle de *La grande conférence des Ordonnances et édits royaux*. Comme en matière de droit coutumier, seule une compilation officielle des ordonnances peut répondre à ce besoin ; le roi François Ier fait appel à des juristes spécialisés, mais cette entreprise considérable s'arrête, inachevée, à la mort d'Henri II en 1559. La demande sociale est portée par les élus aux États généraux qui réitèrent l'exigence d'un ouvrage rassemblant les ordonnances les plus utiles. Un conseiller d'État, Brisson, reçoit pour mission de présenter à Henri III un recueil qui recouvre tous les domaines d'intervention des ordonnances royales. Toutefois, ce « code Henri III » reste dépourvu de toute sanction royale, et le travail des compilations des ordonnances se poursuivra bien après la codification napoléonienne, jusqu'à la fin de la monarchie de Juillet ! La tentative de codification globale ayant échoué, la monarchie absolutiste revoit ses ambitions à la baisse en faisant procéder à des ordonnances de codification partielle, limitées à un domaine du droit, mais exhaustives.

2) Les ordonnances mises en œuvre par Colbert sous le règne de Louis XIV

Dès le règne de Louis XIII, le chancelier Michel de Marillac prépare une grande ordonnance dont l'adoption est entravée par l'opposition des Parlements.

Louis XIV à son tour, au début de son gouvernement personnel, après la mort de son mentor politique le cardinal de Mazarin, lance le vaste projet de réformer et de codifier la justice, domaine qui échappe par excellence au droit coutumier. Libéré de la pression des États généraux qui pesait sur ses prédécesseurs, le « roi soleil » peut viser une réforme d'envergure qui dépasse le simple recueil des textes existants pour refondre la législation de manière ordonnée, unifiée sur tout le territoire du royaume et rationnelle, élaguant les dispositions caduques ou baroques. En cela, les ordonnances proposées par Colbert préfigurent très directement la codification napoléonienne.

Le texte de la future ordonnance est préparé par des commissions de spécialistes, puis amélioré par le Conseil de réformation de la justice au sein duquel les conseillers d'État voient leurs travaux présidés par le roi. Quant aux parlementaires de Paris, leur opposition est contournée par une association tardive à la fin du processus, au sein de conférences élargies. Si Colbert avait présenté l'opération comme une unification de la législation royale, une codification de l'ensemble de la législation privée mise au service de la plus grande gloire du souverain absolutiste, le contrôleur général des finances doit se contenter d'ordonnances partielles qui se bornent à codifier les procédures civile et criminelle, puis la législation sur le commerce et la marine.

L'ordonnance ***civile*** pour la réformation de la justice de 1667 appelée « ***Code Louis*** » se présente comme une unification nationale du Code de procédure civile. Elle s'inscrit dans le conflit entre l'autorité royale et les Parlements, réduisant la marge de manœuvre des juges en fixant des formes, des frais et des délais imposés. Cette modernisation de la procédure civile se traduit ainsi par une centralisation accrue, fruit de la volonté du conseiller d'État Pussort, oncle du ministre Colbert.

En parallèle, l'***ordonnance criminelle*** de 1670 forme un véritable Code de procédure pénale, reprenant le chemin ouvert par l'édit de Villers-Cotterêts et fournissant l'essentiel de la matière du Code d'instruction criminelle de 1808.

Les deux autres textes majeurs adoptés à l'initiative de Colbert sont préparés par le seul Conseil de réforme, sans consultation des magistrats. L'***ordonnance du commerce*** de 1673, appelée également ***Code Savary*** en raison du rôle éminent joué dans sa rédaction par ce marchand parisien auteur du *Parfait négociant*, évoque en détail les activités commerciales afin d'en régulariser l'exercice et réduire les divergences locales d'usages et de jurisprudence en unifiant les règles normatives. Comme l'***ordonnance de la marine*** de 1681, ce code comprend des règles de fonds dans les matières où la coutume restait silencieuse ; toutefois, la législation royale n'outrepasse pas la limite traditionnelle, se bornant à écarter les coutumes étrangères et à combler les lacunes, l'absence de coutume. Ces deux ouvrages législatifs de grande qualité participent à l'ambition mercantiliste de Colbert[2] : soucieux de contribuer à la puissance de l'État, celui-ci est déterminé à assurer le cadre légal optimal pour stimuler l'essor des excédents commerciaux et de la capacité maritime française, au détriment du grand rival colonial britannique. Le Code de la marine est rédigé à l'issue d'enquêtes de terrain qui lui assurent une excellente adéquation avec les pratiques contemporaines, ce qui conduira en 1807 les auteurs du Code de commerce napoléonien à conserver beaucoup de ses dispositions.

3) Les ordonnances du chancelier d'Aguesseau sous Louis XV

La première véritable incursion de la législation royale dans les rapports de droit privé, domaine par excellence du droit coutumier, est réalisée par les ordonnances du chancelier ***d'Aguesseau***. Sous le long règne de Louis XV, Henri d'Aguesseau entreprend le travail considérable d'établissement d'un code des lois civiles du royaume, dans le but de mettre à disposition de tous un droit commun national. Disposant de la durée (il est chancelier de 1717 à 1750), ce grand serviteur de l'État royal est cependant contraint de réduire ses ambitions à de grandes ordonnances thématiques qui réussissent à limiter les divergences coutumières sur les actes de donation et les pratiques testamentaires.

En 1731, l'Ordonnance sur les ***donations*** fait progresser le rapprochement des dispositions coutumières et de droit romain grâce à l'intégration des acquis jurisprudentiels. Ce travail d'unification est beaucoup plus délicat à mener sur les ***testaments*** en 1735 : le fossé traditionnel entre les usages de droit coutumier et la législation des

---

2. Le mercantilisme est moins un système idéologique qu'un ensemble de pratiques économiques destinées à développer la puissance et la gloire de l'État en accordant au monarque les moyens financiers de sa politique de grandeur militaire. Colbert l'applique avec persévérance, maniant dirigisme, règlementation et guerre douanière, mais avec de maigres résultats liés à la permanence des guerres, à la mauvaise conjoncture commerciale et au faible soutien des milieux d'affaires français. DEYON (P.), *Le Mercantilisme*, Paris, 1969.

pays de droit écrit interdit dans l'immédiat une telle ambition. Néanmoins, cette ordonnance marque un net progrès dans la simplification du paysage juridique. Prenant acte de l'opposition entre les formes testamentaires des coutumes de la France du Nord et celles reconnues par les Parlements du Midi, il réussit à réduire la diversité à deux usages : l'un devenant le droit commun coutumier et l'autre inspiré du droit romain, étape décisive vers l'unification napoléonienne de 1804.

B - L'apport normatif des cours souveraines

En parallèle aux grandes ordonnances royales, le droit français est le fruit d'une production normative issue originellement du Conseil du roi, mais qui va perturber le fonctionnement des institutions royales sous l'absolutisme. La reconnaissance officielle de la source jurisprudentielle renforce encore les prétentions des cours souveraines, qui participent au pouvoir réglementaire par leurs arrêts.

1) La reconnaissance de la jurisprudence

La relative timidité de la production législative du roi dans les domaines étrangers à la police administrative et à l'amélioration des services publics, au premier rang desquels la justice, est justifiée par la volonté de respecter les coutumes et les franchises municipales et provinciales. Au nom du roi, les Parlements trient entre les bonnes et les mauvaises coutumes par des arrêts de justice qui tranchent les procès. L'importance de ces arrêts, particulièrement de ceux du Parlement de Paris, vient de ce que leur autorité s'impose aux jugements des justices inférieures grâce à la procédure de l'appel hiérarchique. En outre, la jurisprudence des Parlements est aisément connue, conservée et réutilisée grâce à la création de registres qui mettent à la disposition des praticiens du droit les décisions rendues.

Les privilèges sont alors ressentis comme des libertés, jalousement défendues par les Parlements par le biais de l'enregistrement des lettres patentes du roi. Les ordonnances en particulier doivent être enregistrées avant d'être opposables aux sujets, et elles font l'objet de remontrances de la part des membres des cours souveraines. Cette caste d'officiers propriétaires de leur charge devenue vénale et héréditaire prétend transformer l'examen technique de la régularité des textes en un véritable contrôle d'opportunité politique des actes royaux, à savoir un pouvoir législatif partagé. La résistance des Parlements, nourrie par leur théorie d'une union originelle indépendante du monarque, contribue à freiner l'inflation législative de l'État absolutiste, préservant indirectement la pluralité des coutumes. Même sous Louis XIV, qui suspend le chantage exercé en déplaçant les remontrances en aval de l'enregistrement, les Parlements réussissent à résister à des édits qu'ils jugent incompatibles avec les libertés provinciales, comme ceux de 1697 et 1704 qui prétendaient soumettre à autorisation royale le bénéfice d'inventaire, automatique en droit romain.

Sous Louis XIV, ***l'édit de Saint-Germain*** consacre officiellement en ***1679*** la jurisprudence des juges royaux comme l'une des sources du droit français, au même titre que les ordonnances et les coutumes. En conséquence, la jurisprudence française devient une discipline universitaire à part entière, « afin de ne rien omettre de ce qui peut servir à la parfaite instruction de ceux qui entreront dans les charges de judicature »[3]. Cette reconnaissance pousse à l'approfondissement de la doctrine jusqu'aux travaux de Pothier qui seront l'une des bases de la rédaction du Code civil. Au XVIIIe siècle, le droit positif national est ainsi enseigné à Orléans par ***Prévôt de la Jannès*** puis par ***Pothier*** ou encore à Montpellier par ***Claude Serres***. En outre, les cinq heures de cours hebdomadaires consacrés au droit français en troisième année de licence prennent pour base commune la coutume de Paris, collaborant à l'unification du droit coutumier.

Pour aller aux sources du droit

Texte 22 : Robert-Joseph Pothier, *Œuvres complètes*, tome premier, *Traité des obligations*, Paris, Thomine et Fortic, nouvelle édition, 1821, p. 1-2.

Né à Orléans en 1699 d'une famille bourgeoise riche de magistrats et d'échevins, Pothier est élève des jésuites puis étudiant à la faculté de droit de sa ville natale. Encouragé par le chancelier d'Aguesseau, il se lance dans l'étude de toutes les branches du droit romain et devient professeur royal de droit français à l'université d'Orléans, y comparant les coutumes des provinces de langue d'oïl aux dispositions des pays de droit écrit. Dans son Traité des obligations, il développe une théorie du droit fondée sur la morale chrétienne.

« Le terme d'obligations a deux significations. Dans une signification étendue, il est synonyme au terme de devoir, et il comprend les obligations imparfaites aussi bien que les obligations parfaites.

On appelle obligations imparfaites les obligations dont nous ne sommes comptables qu'à Dieu, et qui ne donnent aucun droit à personne d'en exiger l'accomplissement : tels sont les devoirs de charité, de reconnaissance ; tel est, par exemple, l'obligation de faire l'aumône de son superflu. Cette obligation est une véritable obligation, et un riche pêche très grièvement lorsqu'il manque à l'accomplir. Mais c'est une obligation imparfaite, parce qu'il n'en est comptable qu'à Dieu seul : lorsqu'il s'acquitte de cette obligation, le pauvre à qui il fait l'aumône ne la reçoit pas comme une dette, mais comme un pur bienfait. Il en est de même des devoirs de la reconnaissance : celui qui a reçu quelque bienfait signalé est obligé de rendre à son bienfaiteur tous les services dont il est capable, lorsqu'il en trouve l'occasion ; il pêche et il se déshonore quand il y manque : mais son bienfaiteur n'a aucun droit d'exiger de lui ses services ; et lorsqu'il les lui rend, ce bienfaiteur reçoit de lui à son tour un véritable bienfait. Si mon bienfaiteur avait droit d'exiger de moi que je lui rendisse dans une même occasion les mêmes services que j'aurais reçu de lui, ce serait un vrai commerce, et les services que je lui rendrais ne seraient plus de ma part une reconnaissance, la reconnaissance étant essentiellement volontaire.

Le terme d'obligation, dans un sens plus propre et moins étendu, ne comprend que les obligations parfaites, qu'on appelle aussi engagements personnels, qui donnent à celui envers qui nous les avons contractés le droit d'en exiger de nous l'accomplissement ; et c'est de ces sortes d'obligations qu'il s'agit dans ce traité. Les jurisconsultes définissent ces obligations ou engagements personnels, un lien de droit, qui nous astreint envers un autre à lui donner quelque chose, ou à faire ou ne pas faire quelque chose ».

2) Les arrêts de règlement des Parlements

À côté de l'arrêt de justice, l'arrêt de règlement constitue, depuis le XIVe siècle, une mesure de caractère législatif, mais prise sous la forme d'une décision rendue par une

3. Article 14 de l'*Édit touchant l'étude du droit civil et canonique, et du droit français, et les matricules des avocats*, Saint-Germain-en-Laye, avril 1679, *in* Isambert, *Recueil général des anciennes lois françaises depuis l'an 420 jusqu'à la Révolution de 1789*, Paris, Belin-Leprieur, 1829, tome XIX, p. 199.

cour souveraine, une juridiction statuant en dernier ressort[4], pour apporter une solution à un problème non réglé par une ordonnance royale. Rendu au nom d'un pouvoir réglementaire, l'arrêt de règlement a une valeur supplétive ; il doit être justifié par la nécessité de combler un mutisme ou une carence de la loi ; son application se limite au ressort du Parlement ou de la cour qui la prend ; l'arrêt de règlement est provisoire, puisqu'il peut être cassé par le Conseil du roi ou abrogé par une ordonnance.

Cette prétention à exercer les prérogatives réglementaires provient de l'origine du Parlement de Paris, issu du démembrement du Conseil du roi. Se targuant de former le Sénat de « l'empereur en son royaume », les parlementaires, y compris de province, revendiquent de ne pas borner leur pouvoir à trancher un litige, mais d'intervenir en tout domaine au nom de leurs attributions de police générale et de l'urgence à maintenir l'ordre public, même en cas d'éloignement du monarque. À l'inverse, les juristes qui défendent la souveraineté royale insistent, tels Loyseau et Lebret, sur les limites de ce pouvoir de faire des règlements publics, provisoires et jamais contraires à la volonté du monarque.

Pour aller aux sources du droit

Texte 23 : Charles Loyseau, « Des seigneuries souveraines », *Traité des seigneuries*, Paris, L'Angelier, 1608, p. 24-25.

Né près de Chartres en 1566, Charles Loyseau est avocat au parlement de Paris puis bailli à Châteaudun. Il rédige de multiples traités sur les offices, les ordres, les dignités et ici les seigneuries, distinguant les formes de seigneuries publiques souveraines et suzeraines.

« Proprement donc la seigneurie ou terre seigneuriale est celle qui est douée de seigneurie publique, c'est-à-dire de puissance publique en propriété. Et comme il y a deux formes de seigneuries publiques in abstracto, à savoir la souveraineté et la suzeraineté, aussi y-a-t-il deux formes de seigneuries in concreto, ou terres seigneuriales, à savoir les souveraines et les suzeraines. Les suzeraines sont celles qui ont puissance supérieure mais non suprême, ains [donc] subalterne. Les souveraines, auquel ce chapitre est destiné, sont celles qui ont la puissance souveraine qui est appelée [...] par les Latins Suprema potestas summumque Imperium. Cette souveraineté est la propre seigneurie de l'État. Car combien que toute seigneurie publique dût demeurer à l'État, ce néanmoins les seigneurs particuliers ont usurpé la souveraineté. Mais la souveraineté est du tout inséparable de l'État. »

Louis XIV ressuscite le rescrit du droit romain pour obliger les parlementaires à faire un référé législatif, c'est-à-dire à interroger le législateur sur l'interprétation de la loi conforme à ses intentions. Ce procédé sera repris par la Révolution par la ***loi des 16-24 août 1790*** pour interdire expressément aux juges de faire des règlements.

4. À savoir le Grand Conseil, les chambres des comptes issues de la *curia regis* ou maintenues dans les provinces annexées, les cours des aides, les cours des monnaies depuis le XVIe siècle et les Parlements. BLUCHE (F.), *Les Magistrats de la cour des monnaies de Paris au XVIIIe siècle (1715-1790)*, Paris, 1966.

Pour aller plus loin

D'Aguesseau (1668-1751)

Né à Limoges en 1668, Henri-François d'Aguesseau est le fils d'un maître des requêtes, intendant du Languedoc. Issu d'une famille de grands juristes et de parlementaires partisans de l'autorité de la couronne et jansénistes, il est lui-même avocat général au Parlement de Paris en 1690 puis procureur général en 1700. Son mariage avec Anne Françoise Lefèvre d'Ormesson renforce son poids social au sein des grandes familles robines. Disciple de Descartes et élève de Domat, partisan des libertés gallicanes, il s'oppose avec conviction à la bulle *Unigenitus* de 1713 par laquelle le pape condamne le jansénisme. Appelé à la chancellerie en 1717 par Philippe d'Orléans, il est disgracié en raison de son opposition au système financier de Law. Rappelé dès 1720, il connaît un nouvel exil politique de 1722 à 1727 lorsque le cardinal Dubois est le principal ministre du régent. Rappelé par Fleury, il retrouve la garde des Sceaux en 1737 et va y poursuivre la codification amorcée par Colbert, améliorer les instructions judiciaires et lancer des réformes législatives jusqu'à sa mort à Paris en 1751. Ses principales ordonnances sont préparées par un bureau de législation et par des enquêtes auprès des cours supérieures, mais ce sont précisément les parlementaires qui vont freiner son entreprise d'uniformisation de l'application des lois. Son petit-fils Henri-Cardin, né en 1746, suit ses traces comme avocat général au Parlement de Paris, conseiller d'État, député aux États généraux, président du tribunal d'appel de Paris sous le Consulat, pair de France et académicien français.

MAUREPAS (A. de), BOULANT (A.), *Les ministres et les ministères du siècle des Lumières (1715-1789). Étude et dictionnaire*, Paris, Christian-Jas, 1996, 452 p.

STOREZ-BRANCOURT (I.), *Le chancelier François d'Aguesseau (1668-1751). Monarchiste et libéral,* Paris, Publisud, 1996, 635 p.

STOREZ-BRANCOURT (I.), « Daguesseau », *Revue Corpus*, n° 52, Paris, CNL et Université de Paris X-Nanterre, 2007, 245 p.

De l'Hôpital (1505-1573)

Né à Aigueperse en Auvergne vers 1505 d'une famille originaire de Naples, Michel de l'Hôpital débute sa formation d'humaniste et de juriste à l'université de Padoue, avant d'y commencer une carrière de professeur de droit civil. Délégué aux Grands jours de Justice de Moulins en 1540, de Riom en 1542, puis de Tours en 1546, il devient président de la Chambre des comptes de Paris. C'est Catherine de Médicis qui le fait entrer dans la carrière politique pour tenter une réconciliation entre catholiques et protestants Français. Mais il échoue à réunir un concile national, face à l'intransigeance du parti ultra-catholique des Guise. Après la mort du roi François II, il expose son ambitieux programme réformateur dans son discours devant les états généraux d'Orléans en 1560 ; il y préconise la réduction du nombre des officiers, qu'il met en place par l'ordonnance de 1561 ; en revanche, il ne peut convaincre le Parlement de sa politique libérale vis-à-vis des protestants. Au colloque de Poissy qu'il réunit la même année, il symbolise la politique de tolérance religieuse mais se heurte à l'intransigeance des deux camps. On lui attribue une grande influence dans l'adoption des principaux édits entre 1563 et 1567, tout particulièrement dans l'ordonnance de Moulins de 1566 qui établit l'inaliénabilité du domaine royal et dans l'ordonnance de 1563 qui réforme l'ordonnance de Charles V de 1374 sur l'âge de la majorité royale ; la déclaration solennelle de la majorité du souverain lors d'un lit de justice s'accompagne de l'affirmation de la continuité de l'État monarchique et du monopole du pouvoir législatif royal. Michel de l'Hôpital organise le voyage de présentation du nouveau roi Charles IX au peuple français par son tour de France. Protecteur de la Pléiade avec Marguerite de Navarre, une Ode de Ronsard lui est dédiée.

Discours pour la majorité de Charles IX et trois autres discours, édition établie par Robert Descimon, Paris, Imprimerie Nationale, collection « Acteurs de l'histoire », 1995.

CROUZET (D.), *La sagesse et le malheur : Michel de l'Hospital, Chancelier de France,* Paris, Champ Vallon, collection « Époques », 1998, 608 p.

WANEGFFELEN (Th.), (sous la direction de), *De Michel de l'Hospital à l'édit de Nantes : politique et religion face aux Églises*, Presses universitaires Blaise Pascal, 2003, 612 p.

Domat (1625-1696)

Jean Domat est né à Clermont le 20 novembre 1625 et meurt à Paris en 1696. Il mène ses études sous la direction de son grand-oncle, le jésuite Sirmond, confesseur de Louis XIII, avant d'entamer une carrière de trente années au barreau du présidial royal de sa ville natale, enclave de droit écrit au sein d'une province d'Auvergne coutumière. Bénéficiant d'une pension du roi en 1681, il se fixe à Paris où il devient le plus grand jurisconsulte de son temps avec la publication en 1689 de son ouvrage majeur : *Les lois civiles dans leur ordre naturel*. Dans cette véritable histoire des sociétés humaines, Domat pose les principes fondamentaux du droit français à la lumière de sa connaissance en profondeur du droit romain, poursuivant ainsi le travail de Charles Dumoulin. Deux de ses ouvrages sont publiés à titre posthume : *Le Droit public* en 1697 et une anthologie de textes romains en 1700 sous le titre *Legum delectus*.

Janséniste, il se lie avec les solitaires de Port-Royal et devient l'ami de son compatriote Blaise Pascal.

NODA (Y.), « Jean Domat et le Code civil français. Essai sur l'influence de Domat sur le Code civil français », *Comparative Law revue*, III, 2, 1956.

RENOUX-ZAGAMÉ (M.-F.), « Domat, le salut et le droit », *RHFDSJ*, 1989, n° 8, pp. 69-111.

RENOUX-ZAGAMÉ (M.-F.), « Domat : du jugement de Dieu à l'esprit des lois », *Le Débat*, n° 74, mars-avril 1993, pp. 54-68.

RIALS (S.), GOYARD-FABRE (S.) et RENOUX-ZAGAMÉ (M.-F.), « Jean Domat : un juriste au Grand Siècle », *RHFDSJ*, 1989, n° 9, pp. 69-75.

VOELTZEL (R.-F.), *Jean Domat, 1625-1696, essai de reconstitution de sa philosophie juridique, précédé de la biographie du jurisconsulte*, Paris Sirey, 1936.

Du Moulin (1500-1566)

Fils d'un avocat au Parlement de Paris, Charles Du Moulin suit des études de droit dans les universités d'Orléans et de Poitiers. Handicapé pour le barreau par sa difficulté d'élocution (il est bègue), il se passionne pour les travaux intellectuels, adhère à l'humanisme chrétien, est tenté par la Réforme mais combat aussi bien les positions de Luther et de Calvin que celles de la papauté. En réalité, cet esprit curieux de tout reste fidèle à Érasme et, dans ses méthodes de juriste, à Bartole. La qualité de ses notes sur les coutumes conduit le chancelier d'Aguesseau à leur accorder une valeur quasi-législative. Davantage que ses nombreux traités consacrés aux obligations dans le droit romain ou aux bénéfices ecclésiastiques, c'est sa qualité de grand jurisconsulte du droit coutumier français qui a le plus contribué à marquer sa trace pérenne. Gallican, Du Moulin défend l'égale dignité et la logique propre du droit national, dont l'unification des principes coutumiers devra se réaliser par la comparaison puis le rapprochement des dispositions disparates. Beaucoup de ses analyses concernant les obligations, les donations ou encore les prémices des dommages-intérêts et de la garantie d'éviction ont été reprises dans le Code civil grâce au relais de Pothier.

FILHOL (R.), « Du Moulin », *in* NAZ (R.) (sous la direction de), *Dictionnaire du droit canonique*, Paris, 1953, tome V, col. 41-67.

THIREAU (J.-L.), *Charles Du Moulin (1500-1566). Étude sur les sources, la méthode, les idées politiques et économiques d'un juriste de la Renaissance*, Genève, Droz, collection Travaux d'Humanisme et Renaissance, 1980.

WANEGFFELEN (Th.), *Ni Rome, ni Genève. Des fidèles entre deux chaires en France au XVIe siècle*, Paris, Honoré Champion, 1997, pp. 133-147.

Pothier (1699-1772)

Le jurisconsulte Robert Joseph Pothier a souvent été désigné comme le « père du Code civil », image que l'influence de ses écrits sur les rédacteurs du Code Napoléon justifie. Né le 9 janvier 1699 à Orléans, ville du domaine royal où il a passé toute sa vie, il y est élève au collège des jésuites avant d'obtenir sa licence en droit dès 1718. Renonçant à sa vocation religieuse, il reprend de son père la charge de conseiller au présidial d'Orléans, fonction qu'il exerce cinquante-deux ans durant. Il obtient, à la mort de Prévôt de la Jannès, la chaire de professeur de droit français dans l'encore prestigieuse université d'Orléans, refusant le poste de professeur de droit à Paris que le chancelier d'Aguesseau lui offre. Homme du siècle des Lumières, il est, à l'image de sa ville dont il est échevin de 1747 à sa mort, adepte de la rigueur janséniste, dévot et conservateur. Son œuvre publiée est considérable : encouragé par d'Aguesseau, il étudie systématiquement le droit romain et présente avec méthode les compilations, jusque-là éparses, dans ses *Pandectes de Justinien mises dans un nouvel ordre* de 1748 ; par ailleurs, il s'intéresse au droit civil français en comparant les droits écrits de langue d'oc aux coutumes de langue d'oïl dans son *Commentaire de la coutume d'Orléans* en 1740. Puis il développe ses théories sur le droit civil fondées sur la morale chrétienne en publiant une série d'une vingtaine de traités consacrés aux différentes matières du droit de son temps : son *Traité des obligations* de 1761 condamne l'usage de la question, notant que seule « la douleur répond », le *contrat de vente*, le *contrat de bail*, le *contrat de société*, les *fiefs*, la *communauté*, les *donations entre mari et femme*, les *successions*. Sa culture encyclopédique impressionnante témoigne de l'étendue de ses lectures, dont il reste parfois prisonnier, se plaçant dans les traces des grands juristes du passé et innovant peu. Compilateur remarquable, Pothier a le mérite de transmettre en la synthétisant la doctrine privatiste française à son siècle, comparant les coutumes pour en extraire les points communs et les principes généraux. Ce travail de rapprochement, étape préparatoire à la codification, alimente sa gloire posthume au XIXe siècle, dans la France des monarchies censitaires, mais aussi en Europe et outre-Atlantique où certains de ses ouvrages ont été traduits, ce qui vaut à Pothier, mort à Orléans le 2 mars 1772, d'être le seul Français statufié au Capitole.

ARNAUD (A.-J.), *Les origines doctrinales du Code civil français*, Paris, LGDJ, 1969, p. 111 et s., 163 et s., 206 et s.

BRAINNE (C.), DEBARBOUILLER (J.) et LAPIERRE (Ch.-F.), *Les hommes illustres de l'Orléanais*, Orléans, Librairie A. Gatineau, 1852.

GOJOSSO (É.), GILLES (D.), « Sur Pothier et le code civil », *in Études d'histoire du droit privé en souvenir de Maryse Carlin*, Paris, La Mémoire du droit, 2008, pp. 403-415.

MONÉGER (J.), SOURIOUX (J.-L.) et TERRASSON DE FOUGÈRES (A.), *Robert Joseph Pothier, d'hier à aujourd'hui*, Paris, Économica, 2001.

BIBLIOGRAPHIE

Sur le droit public français :

AZIMI (V.), « Une tentative d'unification du droit civil : le projet inédit de Laverdy et Langlois », *Mémoires de la société pour l'histoire du droit et des institutions des anciens pays bourguignons, comtois et romands*, XLII, 1985, pp. 123-156.

BARBEY (J.), *Être roi. Le roi et son gouvernement en France, de Clovis à Louis XVI*, Paris, Fayard, 1992.

BOULET-SAUTEL (M.), « Colbert et la législation », *Un nouveau Colbert,* Actes du colloque pour le tricentenaire de la mort de Colbert (Paris, 1983), Paris, 1985, pp. 119-132.

CAUVIÉRE (H.), *L'idée de codification en France avant la rédaction du Code civil*, Paris, 1910.

DAVID (J.), « La coutume et l'usage en France, de la rédaction officielle des coutumes au Code civil », *Revue Historique de Droit Français et Étranger*, 1997, pp. 125-157.

DESSERT (D.), *Le royaume de Monsieur Colbert (1661-1683)*, Paris, Perrin, 2007.

GOURON (A.) et RIGAUDIÈRE (A.), *Renaissance du pouvoir législatif et genèse de l'État*, Montpellier, 1988.

KRYNEN (J.), *L'Empire du roi. Idées et croyances politiques en France, XIIIe-XVe siècles*, Paris, Gallimard, 1993.

LEBIGRE (A.), *La Justice du roi. La vie judiciaire dans l'ancienne France*, Paris, A. Michel, 1988.

LEYTE (G.), *Domaine et domanialité publique dans la France médiévale (XIIe-XVe siècles)*, PU de Strasbourg, 1996.

LEFÈVRE-TEILLARD (A.), « Naissance du droit français : l'apport de la jurisprudence », *Naissance du droit français/1, Droits*, 38, 2003, pp. 54-67.

LEYTE (G.), « *Le droit commun de la France.* Observations sur l'apport des arrêtistes », *Naissance du droit français/1, Droits*, 38, 2003, pp. 69-82.

PAYEN (Ph.), *Les arrêts de règlement du Parlement de Paris au XVIIIe siècle, dimension et doctrine*, Paris, 1999.

REGNAULT (H.), *Les ordonnances civiles du chancelier Daguesseau*, I, *Les donations et l'ordonnance de 1731*, Paris, 1929, II (2 volumes), *les testaments et l'ordonnance de 1735*, 1938 et 1965.

SUEL (M.), « Le président Brisson et la codification », *La codification/1, Droits,* 24, 1996, pp. 31-44.

SUEUR (Ph.), *Histoire du droit public français (XVe-XVIIIe siècles)*, Paris, PUF, Thémis, 1993-1994.

PARTIE 4

Unification et codification du droit français (fin XVIIIe-fin XXe siècles)

Alors que l'Ancien régime monarchique a été caractérisé par la pluralité des sources de droit et par la diversité des formes prises par les normes, la période contemporaine ouverte par la Révolution française apporte un élément radicalement nouveau : l'unification du droit au nom de la raison.

Le siècle des Lumières voit les critiques se multiplier à l'égard de la diversité des coutumes et du foisonnement des statuts particuliers, auparavant ressentis comme une richesse et une protection, mais dorénavant perçus comme des obstacles à l'égalité devant la loi. Désormais, la coexistence d'un droit commun savant, de coutumes provinciales et de règlements de métiers doit s'effacer devant l'exigence de codification. Toutefois, ce discours de rupture ne doit pas masquer la continuité de concepts et de pratiques, y compris du désir de simplification et d'unification nationale, déjà présent dans les grandes ordonnances monarchiques. Si la Révolution réussit à imposer le culte de la loi et à mettre en place les cadres d'une société libérale, ce droit intermédiaire n'aboutit pas à une codification du droit français (Chapitre 7). À l'inverse, la codification napoléonienne réussit l'amalgame des traditions savantes et coutumières, et lance le mouvement de codification qui suscite adhésions et rejets en Europe au XIX*e siècle. Cette entreprise stabilise le droit français sans faire disparaître les autres sources de droit que la loi (Chapitre 8).*

CHAPITRE 7

Les avancées du droit révolutionnaire

La Révolution française est marquée par l'emprise de l'esprit des Lumières qui s'était diffusé au cours du XVIIIe siècle au sein des milieux cultivés, à travers l'éclosion des académies de province, des loges des sociétés de pensée et grâce au succès de librairie des ouvrages philosophiques et des pamphlets politiques. Alors que jusqu'à présent la tradition, la sagesse tirée des expériences passées, la recherche du Salut étaient louées, c'est désormais l'utilité économique et le bonheur terrestre qui deviennent les buts de la vie en société, objectifs à atteindre par une organisation rationnelle. Ce bouleversement des mentalités des élites touche également la conception du droit. Le pluralisme des sources normatives n'est plus ressenti comme une richesse protectrice, mais comme une anomalie bigarrée, un amoncellement historique d'abus et de privilèges aussi irrationnels qu'arbitraires (1). Cette dénonciation justifie le culte de la loi pratiqué par la Révolution, qui consacre l'affirmation du monopole législatif des normes juridiques par la rédaction d'une Constitution (2).

1 • AUX SOURCES DU DROIT INTERMÉDIAIRE : CONTESTATION ET CRISE DE L'ANCIEN RÉGIME ABSOLUTISTE

Le foisonnement intellectuel du XVIIIe siècle se produit au sein d'une société remise en mouvement par la croissance démographique et économique ; l'autorité des traditions et des élites de naissance cesse d'être admise sans discussion, et une prise de conscience se produit sur l'urgence de réformes à apporter au fonctionnement de l'appareil d'État (A). Mais ce bouillonnement idéologique divers, qui se diffuse au sein de la société y compris dans les villes de province par le canal des académies, des loges maçonniques et des lectures d'ouvrages et de gazettes, ne se traduit que par des projets de réforme qui se heurtent aux intérêts des privilégiés de la société d'ordres (B).

A - Dynamisme et diversité de l'idéologie des Lumières

Au plan de la doctrine, les réflexions philosophiques ont contribué à exalter la loi et à dévaluer les autres sources juridiques, singulièrement les coutumes, dont l'origine obscure et le ressort local semblaient prouver l'irrationalité. Tout au contraire, Montesquieu, Diderot et Rousseau placent la loi au centre de la cité, comme produit éclairé de la volonté générale, nécessairement bonne pour tous, utile à la société. Logiquement, cette nouvelle fondation de la société doit s'appuyer sur une base juridique repensée, un contrat social sans rapport avec les lois fondamentales coutumières du royaume dont le respect s'imposait certes au monarque, mais dans les seules questions spécialisées de la dévolution de la couronne et du statut inaliénable du domaine royal. L'affirmation des droits de la Nation et le succès rencontré par les philosophes du contrat vont converger en faveur de la rédaction d'une Constitution écrite, base du triomphe de la loi.

1) *La dénonciation de l'Ancien Régime : « despotisme éclairé » ou libéralisme ?*

Pour les penseurs de la Chrétienté médiévale, la loi positive était la traduction de la loi divine préexistante. À l'inverse, à partir du XVIIe siècle, les penseurs modernes estiment que la loi humaine est créatrice de l'ordre social. Les théoriciens du contrat social, Hobbes, Locke puis Rousseau, affirment que les règles de vie en commun découlent du pacte noué selon la volonté des membres de la société, dans le but prioritaire de préserver leurs droits fondamentaux. S'il existe bien des droits naturels, essentiels à l'homme, même en dehors de justifications religieuses, c'est grâce aux Lumières de la raison et à l'éclairage de la science que l'homme pourra se libérer de l'obscurantisme des dogmes des religions révélées, puis réformer dans le sens d'un progrès croissant les institutions politiques et administratives et le droit. Forts de cette nouvelle vision du monde, les tenants de la philosophie des Lumières décrient le sacre comme un relief des superstitions, dénoncent les privilèges et les statuts coutumiers particuliers comme socialement injustes et économiquement nocifs à l'utilitarisme économique, à la circulation optimale de la « richesse des Nations » (titre de l'ouvrage majeur de l'économiste libéral ***Adam Smith***) et à l'amélioration de la production agricole. Ainsi les Physiocrates, à la suite du *Tableau économique* publié par ***Quesnay*** en 1758, recherchent les lois naturelles de l'économie et affirment que seule la production agricole crée un « produit net », un supplément de richesse par rapport à l'investissement en capital et en travail. En conséquence, l'État doit tout mettre en œuvre pour favoriser la classe productrice agricole mais aussi les propriétaires terriens dont les capitaux doivent alimenter les progrès des techniques d'exploitation. Ces analyses condamnent l'absurdité économique du système d'Ancien Régime, non seulement les politiques mercantilistes qui ont favorisé la « classe stérile » commerciale, mais plus profondément les taxes seigneuriales et les privilèges fiscaux qui faussent la libre concurrence et pénalisent certains propriétaires. En outre, la liberté du commerce des grains prônée par les idées physiocratiques rentre en contradiction avec la réglementation, les péages et les douanes intérieures au royaume.

Toutefois, contestation n'est pas synonyme de libéralisme politique. Ainsi, bien des philosophes des Lumières s'en remettent à un monarque puissant, doté de la Raison réformatrice pour moderniser le droit et la société en Europe. Ce soutien au « ***despotisme éclairé*** », expression contradictoire, est incarné par ***Diderot***, et surtout par ***Voltaire*** dont l'exigence de liberté et de tolérance religieuse est loin de s'accompagner d'une confiance dans la sagacité de la décision populaire. Sur le modèle de Louis XIV, monarque absolutiste et réformateur gallican de l'État, Voltaire attend d'un pouvoir étatique fort et éclairé l'amélioration des conditions de vie et la diminution de l'emprise du fanatisme religieux.

Critiquant les limites d'un despotisme prétendument éclairé qui s'en remet à la sagesse du prince pour imposer à la société des réformes conformes au droit naturel, ***Montesquieu*** s'appuie sur l'***anglomanie*** caractéristique du règne de Louis XV pour prôner le respect de l'*Esprit des Lois* (son œuvre majeure de 1748), afin que « le pouvoir arrête le pouvoir », grâce à la distribution à des organes distincts des fonctions essentielles de l'État, confondues dans la seule main du monarque absolutiste. Partant, sur le modèle classique d'Aristote, d'une typologie qui croise le critère de la quantité de personnes participant à la décision politique et la vertu qu'ils mettent à exercer le pouvoir, Montesquieu dégage trois types de régimes dominants : la monarchie, où un seul gouverne, mais dans le respect des lois et en s'appuyant sur la médiation des corps intermédiaires ; la République, qui peut être aristocratique si une oligarchie se réserve le pouvoir, ou bien démocratique s'il est largement partagé ; le despotisme dans lequel le principe est la crainte ressentie par les gouvernés et l'absence de protection contre l'abus et l'arbitraire.

Si Montesquieu envisage la participation du peuple à la fonction législative, il préconise l'établissement de contre-pouvoirs : cet élément démocratique ne doit agir qu'indirectement, par la médiation de représentants désignés dans une chambre basse, et le risque de toute-puissance de cette assemblée doit être écarté par la formation d'une chambre haute réservée aux élites afin de tempérer les pulsions populaires, mais aussi par le veto royal. Ce bicamérisme d'essence aristocratique, calqué du modèle britannique, doit s'équilibrer de lui-même tout en assurant le contrôle de la puissance exécutive monarchique, le pouvoir de décision étant pour Montesquieu le fait d'un seul. Enfin, le pouvoir judiciaire gagne à être indépendant du pouvoir de rédiger les lois et de les faire exécuter, en le confiant aux meilleurs interprètes de la législation, les magistrats des cours souveraines. Cette pensée libérale et aristocratique exprime tout à fait l'idéal politique des officiers membres des Parlements, désireux de retrouver le contrôle des décisions du roi et d'assurer une sécurité juridique.

2) Souveraineté de la Nation, suprématie de la loi et subordination des juges

Sous le règne de Louis XV, le thème de la nécessaire rédaction d'une constitution française s'impose au sein de l'opinion éclairée. Le débat s'articule autour des notions de contrat social et des droits de la Nation.

Dès 1651, ***Hobbes*** met l'accent sur le besoin fondamental de sécurité de l'Homme. Marqué par les guerres civiles et les affrontements religieux qu'a connus l'Angleterre de Marie Stuart et de Cromwell, il fait primer l'intérêt vital de se mettre à l'abri du déchaînement des violences privées en déléguant sa volonté au souverain législateur. À la fin du XVIIe siècle, John ***Locke*** renverse la perspective du contrat social : le but déterminant des citoyens est de préserver leurs droits naturels et inaliénables à la liberté, à la sûreté, à la propriété. Mais les contractants ne s'engagent à l'obéissance envers le pouvoir monarchique que dans la mesure où la garantie de leurs droits est bien respectée. Une telle confiance limitée envers l'État trouve sa traduction positive lors de la Glorieuse Révolution de 1688-1689 : la nouvelle dynastie régnante Orange n'est légitime qu'à la condition expresse de se conformer au partage des prérogatives avec le Parlement établi par le *Bill of Rights*.

L'apport idéologique de Jean-Jacques ***Rousseau*** à la pensée politique révolutionnaire est encore plus considérable, bouleversant la conception de la souveraineté. Pour le citoyen de Genève, c'est la société qui a fait perdre à l'Homme sa liberté primitive, présente à l'état de nature, au profit des inégalités politiques et sociales induites par la propriété. Pour revenir à l'égalité naturelle, il faut que le *Contrat social*, tacite ou solennel, scelle librement l'accord de volonté entre les individus. Cette association les soumet à la volonté générale, unique et infaillible, qui ne peut nuire à leurs droits puisqu'elle agit pour le bien commun à travers la loi. Indivisible et inaliénable comme sous la monarchie absolutiste, la souveraineté appartient désormais aux individus qui sont à l'origine de la constitution de la Nation. Il leur revient de choisir quel régime politique et quelle répartition des pouvoirs leur convient le mieux, conception qui écarte toute légitimité de droit divin, mais peut s'accompagner du maintien d'un roi réduit à exécuter fidèlement la volonté du peuple.

Pour aller aux sources du droit

Texte 24 : Jean-Jacques Rousseau, « La liberté et l'égalité », *Du Contrat Social*, livre II, chapitre 11, Rey, 1762, réédition Garnier-Flammarion, 1994.

Jean-Jacques Rousseau expose en premier lieu dans *Du Contrat Social* comment les hommes sont contraints de passer de l'état primitif de nature à une agrégation sociale de leurs forces qui respecte leur liberté. Le pacte social permet de surmonter les contradictions en établissant un intérêt supérieur commun. Puis il définit la loi comme « réunissant l'universalité de la volonté », et déduit de l'exigence que seul l'intérêt public gouverne le monopole de la légitimité de la République, conduite par deux valeurs : la liberté et l'égalité.

« Si l'on recherche en quoi consiste précisément le plus grand bien de tous, qui doit être la fin de tout système de législation, on trouvera qu'il se réduit à deux objets principaux, la liberté et l'égalité : la liberté, parce que toute dépendance particulière est autant de force ôtée au corps de l'État ; l'égalité, parce que la liberté ne peut subsister sans elle.

J'ai déjà dit ce que c'est que la liberté civile : à l'égard de l'égalité, il ne faut pas entendre par ce mot que les degrés de puissance et de richesse soient absolument les mêmes ; mais que, quant à la puissance, elle soit au-dessous de toute violence, et ne s'exerce jamais qu'en vertu du rang et des lois ; et, quant à la richesse, que nul citoyen ne soit assez opulent pour en pouvoir acheter un autre, et nul assez pauvre pour être contraint de se vendre : ce qui suppose, du côté des grands, modération de biens et de crédit, et, du côté des petits, modération d'avarice et de convoitise.

Cette égalité, disent-ils, est une chimère de spéculation qui ne peut exister dans la pratique. Mais si l'abus est inévitable, s'ensuit-il qu'il ne faille pas au moins le régler ? C'est précisément parce que la force des choses tend toujours à détruire l'égalité que la force de la législation doit toujours tendre à la maintenir ».

Pour aller plus loin

Chronologie des Lumières

1682 : Newton découvre le principe de la gravitation universelle

1690 : John Locke, *Essai sur l'entendement humain* et *Traités sur le gouvernement*

1725 : Vico, *Principes de la philosophie de l'histoire*

1747 : création en France de l'École des ponts et chaussées

1748 : Montesquieu, *De l'esprit des lois*

1749 : Diderot publie sa *Lettre sur les aveugles* qui lui vaut d'être incarcéré à Vincennes ; Buffon, *L'Histoire naturelle*

1751 : D'Alembert, *Discours préliminaire de l'Encyclopédie*

1758 : D'Helvétius, *De l'esprit* ; Docteur Quesnay, *Tableau économique*

1759 : interdiction de *l'Encyclopédie* qui continue toutefois à être publiée

1762 : début de l'affaire Calas qui voit Voltaire combattre pour réhabiliter ce protestant accusé et condamné à tort d'avoir tué son fils ; Jean-Jacques Rousseau, *Du Contrat social*

1763 : Beccaria, *Des délits et des peines*

1767 : machine à vapeur inventée et réalisée par James Watt

1770 : Raynal, *Histoire des deux Indes*

1776 : disgrâce de Turgot, renvoyé par Louis XVI sur le conseil de courtisans pour avoir voulu appliquer des projets de réforme inspirés des physiocrates.
1784 : Kant, *Qu'est-ce que les Lumières ?*

Grands auteurs, œuvres et idées politiques des philosophes français des Lumières

Voltaire	Rousseau	Montesquieu	Diderot	Turgot	Malesherbes
Tolérance religieuse	Souveraineté de la Nation	Séparation des pouvoirs	Liberté de pensée jusqu'à l'athéisme	Liberté du commerce des marchandises, abolition de la corvée et des corporations, égalité fiscale des propriétaires	Contre la censure et les lettres de cachet Pour l'amélioration des procédures judiciaires et de l'état des prisons (légalité et proportionnalité des peines de Beccaria) Pour l'égalité civile des protestants et des juifs
Candide	*De l'égalité*	*L'esprit des lois*	*La Religieuse*	Articles de *L'Encyclopédie*	*Mémoire sur le mariage des protestants*

B - L'échec des tentatives ministérielles de réforme « par en haut » : la pré-Révolution

La contestation idéologique de l'Ancien Régime et de l'absolutisme se développe sur un arrière-fond de crise d'un système administratif qui peine à s'adapter. En dépit de la prise de conscience de l'urgence à y apporter des réformes, les ministres de la fin du règne de Louis XV et du règne de Louis XVI ne parviennent à rénover ni le système judiciaire, ni l'organisation économique et administrative.

1) Les réformes judiciaires bloquées par les Parlements

Le conflit entre les Parlements et le roi, lancinant depuis la Fronde, rebondit à la fin du règne de Louis XV. Déterminé à mettre un terme aux prétentions politiques et législatives exorbitantes des parlementaires parisiens, chefs de file de leurs collègues de province, le ***chancelier Maupeou***, lui-même ancien président du Parlement de Paris, convainc le roi de prendre un édit qui réduit leurs prérogatives. Confronté à leur démission en bloc, le roi les exile et leur confisque leurs charges, transférant temporairement le travail d'enregistrement au Grand Conseil. Dans un deuxième temps, en avril 1771, le Parlement de Paris est reconstitué à partir du personnel du Grand Conseil, mais son rôle est limité à la promulgation des lois et au jugement des cas royaux. Afin de réduire l'encombrement judiciaire de l'immense ressort du Parlement de Paris, qui s'étend de l'Île-de-France à l'Auvergne, les fonctions judiciaires sont confiées à cinq cours supérieures de justice, des conseils supérieurs étant créés sur le même modèle pour remplacer les Parlements de province. L'avancée la plus notable de la réforme de Maupeou consiste en la gratuité de la justice, liée à la suppression de la vénalité des offices, ce qui suppose de rembourser les anciens officiers. Mais la mort de Louis XV ruine cet espoir, son jeune successeur renvoyant Maupeou et rappelant les Parlements à l'occasion de son avènement en 1774. La recrudescence de la contestation parlementaire rend à nouveau nécessaire une réforme imposée en lit de justice par le garde des Sceaux Lamoignon en mai 1788. La formation de grands bailliages compétents en premier ressort porte l'espoir d'un allégement de la durée et du coût des procès ; mais c'est sans compter sur l'agitation de l'ensemble de la caste parlementaire qui, au nom des libertés traditionnelles et des lois du royaume, pousse les populations à la révolte lors de la « pré-Révolution » en Dauphiné, en Béarn et en Bretagne.

2) Les réformes économiques et administratives entravées par les privilégiés

Le même blocage du processus réformateur par un corps privilégié se retrouve dans le domaine économique et administratif, opposant sa force d'inertie et ses réseaux à Turgot et à ses successeurs.

Physiocrate, auteur d'articles de l'Encyclopédie, ancien intendant novateur dans la généralité de Limoges, ***Turgot*** porte les espoirs d'une réforme du système par lui-même. Conformément aux théories économiques de Quesnay, il tente de libérer le commerce des grains, condamnant la réglementation dirigiste qui fausse le libre jeu du marché. Mais son édit de 1774 se heurte à la mauvaise récolte qui provoque cherté du pain et révoltes populaires baptisées « guerre des farines ». Le même douloureux retour à la réalité se produit sur la question de la liberté du travail. Son édit de février 1776 en proclame le principe, ce qui entraîne la dissolution des communautés professionnelles de métier qui disposaient d'un monopole et se chargeaient de la fixation des prix, des salaires et des techniques de production. L'impopularité de ces mesures provoque des manœuvres à la Cour et le renvoi de Turgot, bientôt suivi du retour au *statu quo* : rétablissement de la police des grains et des corporations de métiers. Le message politique est désastreux, encourageant chaque groupe à s'arcbouter sur ses privilèges en attendant l'inévitable disgrâce du ministre réformateur.

Ce blocage de la société française est d'autant plus grave de conséquences que la question de l'impasse financière de l'État prend un tour dramatique. Le mal est ancien et la solution connue : l'envolée des dépenses militaires depuis Louis XIV, aggravée récemment par le soutien apporté aux Américains lors de leur guerre d'Indépendance, oblige à réduire le train de vie de la monarchie et à accroître les recettes grâce à la mise en œuvre d'une réforme fiscale égalitaire. Mais les obstacles placés sur cette voie sont multiples : hostilité des Parlements qui manipulent l'opinion, réticences des privilégiés de tous ordres et surtout manque d'interlocuteurs crédibles en l'absence de convocation des états généraux du royaume depuis 1614. La France à la veille de la Révolution demeure constituée d'un réseau de corps et de communautés dotées de privilèges. Le pouvoir absolutiste rechigne à recourir à la procédure formaliste d'élection de députés, très utilisée entre 1484 et 1614, quand la monarchie contestée et affaiblie par la guerre de Cent Ans puis les guerres de religion était contrainte de faire approuver ses décisions religieuses, politiques et fiscales. La voie la plus souple consiste à convoquer une

assemblée de notables, dont les délégués sont nommés à discrétion. Le contrôleur général des finances ***Calonne*** réunit cette assemblée à Versailles en février 1787.

Les débats dépassent vite la question fiscale pour évoquer la réforme de l'administration territoriale et son articulation avec la désignation d'assemblées aptes à répartir la charge fiscale. L'idée est de généraliser à tout le royaume les assemblées provinciales, privilège des pays d'états tardivement annexés, provinces périphériques où l'intendant du roi est tenu de se concerter avec les élites locales pour administrer le territoire, entreprendre de grands travaux et répartir l'impôt. Le projet s'inspire du physiocratique *Mémoire sur les municipalités,* rédigé par Dupont de Nemours à la demande de son ami Turgot. L'architecture logique instituerait une pyramide d'assemblées à chaque niveau d'administration, de la paroisse pour la gestion des biens communaux et l'entretien des chemins vicinaux à la province pour les infrastructures, en passant par l'assemblée intermédiaire d'élection ou de subdélégation pour la répartition de l'impôt. En plus de l'intérêt de réintroduire de la représentation, le progrès consisterait à doubler le nombre de députés du tiers état, mesure couplée avec le vote par tête et non plus par ordre, faisant sauter le principal verrou de la réforme fiscale[1].

La cohérence de cette réorganisation administrative avec la réforme fiscale est grande et prometteuse. L'objectif de justice est recherché à travers deux leviers : la diminution des vieilles taxes indirectes lourdes et inintelligibles du fait de leurs extrêmes variations entre provinces, et la création d'un impôt unique sur toutes les propriétés, nobles et roturières, la « subvention territoriale » prônée depuis près d'un siècle depuis le *Projet d'une dîme royale* de Vauban. Faire accepter cette table rase fiscale à une assemblée de notables d'Ancien Régime relève de la gageure. Calonne renversé au printemps 1788, l'ancien chef des opposants au projet, ***Loménie de Brienne***, prend conscience à son tour de l'ardente nécessité d'un impôt égalitaire, juste et efficace. Aussi Louis XVI doit-il se résoudre à convoquer pour mai 1789 les premiers États généraux depuis 175 ans, depuis la minorité de Louis XIII. La pré-Révolution signe déjà la fin de l'absolutisme, avec la montée du rôle de l'opinion politique dans la prise de décision politique.

Après une enquête dans les archives puis en consultant le Parlement et l'assemblée des notables, Louis XVI consent à ne pas retenir les modalités traditionnelles de réunion : le contrôleur général Necker parvient à le convaincre de doubler la représentation du tiers état, mesure encore éloignée de la proportionnalité démographique de chaque ordre. Mais la question de la procédure de vote durant la réunion des États généraux n'est pas tranchée, alors que le règlement de l'élection des délégués maintient des conditions différentes et séparées au sein de chaque ordre. Au sein du tiers état, les conditions de participation au scrutin sont très ouvertes, puisqu'il suffit d'avoir 25 ans et d'être inscrit au rôle des contributions. C'est le système indirect d'élection de délégués par les paroisses villageoises pour siéger avec les délégués urbains au chef-lieu du bailliage qui sélectionne socialement les représentants, écartant la paysannerie majoritaire au profit de porte-paroles issus des professions judiciaires, des propriétaires et des négociants. Au sein des ordres privilégiés, les curés, proches des conditions de vie et des revendications du tiers, et les nobles libéraux, favorables à des réformes politiques, se tiennent prêts à appuyer les principales doléances présentées dans les cahiers de synthèse de bailliage. De ceux-ci comme des brochures, pamphlets et journaux qui se créent à profusion lors

1. Mergey (A.), *L'État des physiocrates. Autorité et décentralisation*, thèse droit Orléans, 2007.

de la campagne électorale, il ressort avant tout une condamnation du régime seigneurial, une critique de l'absolutisme et de l'arbitraire judiciaire, mais aussi un loyalisme monarchique et une confiance dans le souverain pour réformer en accordant les libertés par la garantie d'une constitution institutionnalisant la réunion de représentants de la Nation.

2 • L'ŒUVRE JURIDIQUE INACHEVÉE DE LA RÉVOLUTION FRANÇAISE

La Révolution française conçoit la loi comme unique norme légitime, au détriment de la coutume, de la jurisprudence et de la doctrine (A). Ce règne de la loi nationale unifiée est l'instrument de l'établissement d'une société libérale (B).

A - Le légicentrisme révolutionnaire

Les Constituants, imprégnés de la conception rousseauiste de la souveraineté de la Nation, sont déterminés à établir la suprématie, voire le monopole normatif, de la loi. En conséquence, l'office du juge doit être réduit pour éviter tout risque de dérive semblable aux prétentions des parlements d'Ancien Régime.

1) La suprématie de la loi voulue par la Nation

À la veille de la Révolution, le rousseauisme est utilisé et modifié par l'apport d'autres courants idéologiques, en particulier l'exigence d'une constitution formelle. Sieyès systématise sa pensée sur la souveraineté nationale et transforme sa conception de la Nation en l'identifiant au Tiers-État et en introduisant l'idée de représentation, au motif du caractère irréaliste d'une démocratie directe dans un grand pays de près de 30 millions d'habitants. Les députés élus par les citoyens actifs, seuls les propriétaires étant libres de leurs opinions, peuvent prétendre représenter la Nation entière et ils ne doivent recevoir aucun mandat impératif d'une section particulière du peuple, portion de territoire ou corps de métier. Ce culte de la loi distingue deux niveaux : la loi fondamentale, constitution de l'État, et la loi ordinaire qui organise et encadre un domaine de la société.

La suprématie de la norme législative découle de sa nature, et tend même au monopole. En effet, le principe de séparation des pouvoirs est gauchi par les Constituants en une domination du pouvoir législatif, par méfiance envers un pouvoir exécutif incarné par un roi qui mène double jeu, mais aussi envers des juges dont les prétentions ont paralysé depuis Louis XIII bien des initiatives de l'administration royale.

De la séparation des pouvoirs à la domination du Législatif

	Conception de la séparation des pouvoirs	Pouvoir législatif	Pouvoir exécutif	Résultat institutionnel
Montesquieu	Collaboration et limitation mutuelle des pouvoirs	Division en plusieurs chambres	Droit de veto absolu de l'exécutif	Équilibre des pouvoirs

Assemblée constituante	Spécialisation rigide des pouvoirs Méfiance mutuelle	Assemblée unique	Veto suspensif : lois différées	Domination d'un Législatif souverain

2) *Le corollaire de la nomophilie : la subordination des juges*

Alors que les Parlements prétendaient défendre les droits de la Nation en exigeant du roi le retour à la constitution traditionnelle coutumière, l'esprit philosophique préfère une rupture radicale, sur le modèle de la Constitution américaine. Contrairement aux cahiers de doléances qui se contentent de critiquer les excès de l'absolutisme et des privilèges et la tyrannie de l'intendant, les Constituants vont bâtir un système juridique nouveau, fondé sur l'autorité absolue de la loi, unique source du droit, qui s'impose à tous, sans possibilité d'interprétation du juge, désormais assimilée à l'arbitraire. Ce légalisme strict réduit l'office du juge à une application mécanique de la lettre de la loi, par méfiance envers le « gouvernement des juges ». En cas de difficulté d'application, les tribunaux devront désormais adresser à l'assemblée un référé législatif, c'est-à-dire demander au législateur d'interpréter sa propre loi en retrouvant ses intentions. Cette prévention à l'égard du juge est héritée du long conflit entre l'administration monarchique et les Parlements ; elle a pour prolongement politique la prohibition formelle de toute immixtion dans les affaires politiques, au nom de la séparation des pouvoirs. La Constitution de 1791 interdit aux juges de connaître du contentieux administratif, et celui-ci est confié en 1 800 à un ordre de juridiction spécifique, des conseils de préfecture départementaux au Conseil d'État.

B - Un nouvel ordre juridique : l'individualisme libéral

La volonté des Constituants d'uniformiser le droit français échoue à aboutir à un Code civil, mais parvient à établir les bases et le cadre d'une société et d'une économie libérales.

1) *L'unification juridique sans la codification*

Si on présente parfois les philosophes des Lumières comme précurseurs de la codification, c'est oublier que Voltaire, s'il se montre très critique des coutumes de son temps, ne souhaite pas cette entreprise. En outre, les modèles du « despotisme éclairé », Frédéric II de Prusse ou Marie-Thérèse d'Autriche, ne peuvent mener à bien la promulgation de leurs codes nationaux, simplement ébauchés. En revanche, la simplification et l'unification du droit sur le territoire national résultent bien de l'aspiration à la Raison et à l'Égalité.

Dès la nuit du 4 août, l'abolition des privilèges provinciaux et des franchises urbaines unifie l'application du droit sur le territoire national. Puisque désormais le droit commun, expression de la volonté nationale, assure la liberté de tous, chaque communauté d'habitants peut renoncer sans risque au bénéfice de dispositions particulières protectrices face à l'État centralisateur. À la place de l'enchevêtrement baroque des pays et des ressorts particuliers à chaque domaine de l'administration, le territoire indivisible est redécoupé en départements, eux-mêmes uniformément subdivisés en districts et en cantons, simples circonscriptions dépourvues d'attachements identitaires.

La loi du 5 juillet 1790 affirme l'application uniforme du droit privé avec la fin de la division traditionnelle entre pays de droit écrit et pays coutumiers.

Le projet de codification de l'ensemble des lois comprend à la fois leur simplification et leur adaptation au nouveau régime constitutionnel. Cette volonté de réaliser un Code civil est solennellement confirmée par la Constitution de 1791. Toutefois, les quatre projets successifs lancés par ***Cambacérès***, de la Convention au Consulat, ne réussissent pas à mener à bien cette entreprise. Mais les textes de ces projets républicains vont alimenter, tout au long du XIXe siècle, les critiques de l'opposition libérale puis socialiste à l'égard des aspects les plus conservateurs au plan des mœurs et socialement les plus rétrogrades du Code Napoléon.

Seul le droit pénal bénéficie d'une réforme qui aboutit au vote d'un code dès octobre 1791. Inspirée des idées généreuses de ***Beccaria***, popularisées par les campagnes de presse de Voltaire, la Constituante humanise et rationalise la procédure pénale ; elle établit une échelle des délits et des crimes et une proportionnalité des peines, nécessairement légales, fixées avec une grande précision afin de bannir tout arbitraire en contraignant le juge à une stricte application territorialement uniforme.

Pour aller aux sources du droit

Texte 25 : Beccaria, *Des délits et des peines*, Livourne, 1764, réédition Droz, 1965.

Ami de Diderot et de Voltaire, le marquis Cesare Beccaria, exerce une profonde influence sur la législation criminelle dès Louis XVI, réorientant la politique pénale vers la légalité, la prévention, l'intimidation. Porte-parole des aspirations progressistes de son temps, il combat la torture et la peine de mort, en pleine phase avec l'actualité française des affaires Calas et du chevalier de la Barre. Dans son *Traité des délits et des peines*, Beccaria justifie le principe de légalité des délits et des peines, l'interdiction faite aux juges d'interpréter les lois, et la nécessité de proportionner la sanction à la gravité du délit.

« § III Conséquences de ces principes

La première conséquence de ces principes est que les lois seules peuvent fixer les peines de chaque délit, et que le droit de faire des lois pénales ne peut résider que dans la personne du législateur, qui représente toute la société unie par un contrat social.

Or, le magistrat, qui fait lui-même partie de la société, ne peut avec justice infliger à un autre membre de cette société une peine qui ne soit pas statuée par la loi ; et du moment où le juge est plus sévère que la loi, il est injuste, puisqu'il ajoute un châtiment nouveau à celui qui est déjà déterminé. Il s'ensuit qu'aucun magistrat ne peut, même sous le prétexte du bien public, accroître la peine prononcée contre le crime d'un citoyen.

La deuxième conséquence est que le souverain, qui représente la société même, ne peut que faire les lois générales, auxquelles tous doivent être soumis ; mais qu'il ne lui appartient pas de juger si quelqu'un a violé ces lois. [...]

En troisième lieu, quand même l'atrocité des peines ne serait pas réprouvée par la philosophie, mère des vertus bienfaisantes, et par cette raison éclairée, qui aime mieux gouverner des hommes heureux et libres que dominer lâchement sur un troupeau de timides esclaves ; quand les châtiments cruels ne seraient pas directement opposés au bien public et au but que l'on se propose, celui d'empêcher les crimes, il suffira de prouver que cette cruauté est inutile, pour que l'on doive la considérer comme odieuse, révoltante, contraire à toute justice et à la nature même du contrat social. [...]

§ XLII Conclusion

De tout ce qui vient d'être exposé on peut déduire un théorème général très utile mais peu conforme à l'usage, ce législateur ordinaire des nations : c'est que pour qu'une peine ne soit pas un acte de violence contre un citoyen, elle doit être essentiellement publique, prompte, nécessaire, la moindre des peines applicables dans les circonstances données, proportionnée au délit et déterminée par la loi ».

2) Un nouvel ordre législatif individualiste et libéral

Conformément aux critiques émises par les philosophes des Lumières et par les économistes physiocrates, la proclamation des droits individuels de l'homme s'accompagne de la mise en place d'un cadre législatif libéral. Dans l'esprit de ***Sieyès***, la libre expression de la Nation suppose de supprimer tous les corps intermédiaires placés entre l'individu et les représentants de la Nation. Sur le modèle de la réorganisation administrative, la rationalisation emprunte la voie de l'unification juridique et du libéralisme. À l'instar des provinces, les corporations des métiers jurés, rendues coupables de monopoles anticoncurrentiels, disparaissent en 1791, et les coalitions et associations professionnelles sont interdites. Ces mesures, jointes à la vente des biens du Clergé et de la noblesse émigrée, à l'abolition du système seigneurial, à l'égalité devant la loi, y compris fiscale, et à la liberté d'accès de tous à tous les emplois, satisfont la bourgeoisie des talents, qui n'aspire plus qu'au retour à l'ordre social.

Le législateur révolutionnaire bouleverse également les dispositions de droit privé, singulièrement dans le droit de la famille. Aspect le plus saillant : la conception chrétienne du mariage est battue en brèche par la ***laïcisation de l'état civil***. À compter de la loi du 20 septembre 1792, le mariage devient un contrat civil, signé à la mairie et qui peut être rompu par le consentement mutuel des époux, libres de divorcer. Le mariage religieux est réduit, comme la foi, à une affaire de choix individuel, strictement privée, en application de la liberté de conscience et de culte.

Une telle mutation des dispositions et des comportements matrimoniaux ne peut que se répercuter sur le droit patrimonial. Là où l'ancien droit favorisait le maintien des biens familiaux au sein d'un même lignage par le biais de la liberté testamentaire, du retrait lignager, de la donation par contrat de mariage et des « substitutions », l'individualisme révolutionnaire prend le chemin contraire : ***suppression des privilèges d'aînesse et de masculinité*** afin de faire prévaloir l'***égalité successorale***. Celle-ci devient même temporairement absolue sous la Convention républicaine en 1794, y compris entre enfants légitimes et enfants naturels. Les conséquences foncières et démographiques de cette conception radicalement nouvelle de la famille sont considérables, avec un morcellement de la propriété du sol que les familles tentent d'éviter par la restriction des naissances et que les conservateurs et moralistes dénoncent, tel Balzac dans *Les Paysans*.

Pour aller aux sources du droit

Texte 26 : Honoré de Balzac, *Eugénie Grandet,* 1833, réédition *Œuvres complètes,* bibliothèque de la pléiade, Gallimard, NRF.

Balzac se donne pour mission en publiant les romans de la *Comédie humaine* d'étudier « la marche de son époque », de montrer les bouleversements sociaux et moraux opérés par la Révolution et l'Empire, mais aussi « d'éclairer le législateur de demain ». Dans *Les Paysans,* il scrute « cet infatigable sapeur, ce rongeur qui morcèle et divise le sol, le partage, et coupe un arpent de terre en cent morceaux, convié toujours à ce festin par une petite bourgeoisie qui fait de lui tout à la fois son auxiliaire et sa proie ». Dans *Eugénie Grandet*, il décrit l'ascension sociale d'un petit-bourgeois de province à la faveur de la vente des biens ecclésiastiques et de l'exercice d'influentes fonctions municipales.

« Monsieur Grandet jouissait à Saumur d'une réputation dont les causes et les effets ne seront pas entièrement compris par les personnes qui n'ont point, peu ou prou, vécu en province. Monsieur Grandet, encore nommé par certaines gens le père Grandet, mais le nombre de ces vieillards diminuait sensiblement, était en 1789 un maître-tonnelier fort à son aise, sachant lire, écrire et compter. Dès que la République française mis en vente, dans l'arrondissement de Saumur, les biens du clergé, le tonnelier, alors âgé de quarante ans, venait d'épouser la fille d'un riche marchand de planches. Grandet alla, muni de sa fortune liquide et de la dot, muni de deux mille louis d'or, au district, où, moyennant deux cents doubles louis offerts par son beau-père au farouche républicain qui surveillait la vente des domaines nationaux, il eut pour un morceau de pain, légalement, sinon légitimement, les plus beaux vignobles de l'arrondissement, une vieille abbaye et quelques métairies. Les habitants de Saumur étant peu révolutionnaires, le père Grandet passa pour un homme hardi, un républicain, un patriote, pour un esprit qui donnait dans les nouvelles idées, tandis que le tonnelier donnait tout bonnement dans les vignes. Il fut nommé membre de l'administration du district de Saumur, et son influence pacifique s'y fit sentir politiquement et commercialement. Politiquement, il protégea les ci-devant et empêcha de tout son pouvoir la vente des biens des émigrés ; commercialement, il fournit aux armées républicaines un ou deux milliers de pièces de vin blanc, et se fit payer en superbes prairies dépendant d'une communauté de femmes que l'on avait réservé pour un dernier lot. Sous le Consulat, le bonhomme Grandet devint maire, administra sagement, vendangea mieux encore ; sous l'Empire, il fut monsieur Grandet. Napoléon n'aimait pas les républicains : il remplaça monsieur Grandet qui passait pour avoir porté le bonnet rouge, par un grand propriétaire, un homme à particule, un futur baron de l'Empire. Monsieur Grandet quitta les honneurs municipaux sans aucun regret. Il avait fait faire dans l'intérêt de la ville d'excellents chemins qui menaient à ses propriétés. Sa maison et ses biens, très avantageusement cadastrés, payaient des impôts modérés. Depuis le classement de ses différents clos, ses vignes, grâce à des soins constants, étaient devenues la tête du pays, mot technique en usage pour indiquer les vignobles qui produisent la première qualité du vin. Il aurait pu demander la croix de la Légion d'Honneur ».

Pour aller aux sources du droit

Texte 27 : Thouret et la création des départements, Assemblée nationale, séance du mardi 3 novembre 1789, *Archives parlementaires de 1787 à 1860*, Ire série, IX, p. 654-658.

Jacques-Guillaume Thouret, avocat au parlement de Normandie, est l'un des meilleurs orateurs de l'Assemblée constituante avant de la présider. Il participe à la réorganisation judiciaire et ecclésiastique de la France. Il joue le premier rôle dans l'établissement de la nouvelle division administrative en départements, liée au principe électif et à la volonté d'unifier la nation.

« On fait lecture du plan relatif à la division générale du royaume. M. Thouret, membre du comité de constitution, lit un discours où il développe les motifs qui ont déterminé le comité dans ses propositions.

M. Thouret. – Messieurs, votre comité, en se livrant au travail dont vous l'avez chargé, en a reconnu toute l'importance ; et il est impossible que vous n'en soyez pas pénétrés vous-mêmes, au moment où vous allez consommer ce grand ouvrage par vos décrets. Les objets traités dans les deux parties du rapport du comité sont essentiellement la Constitution. C'est beaucoup, sans doute, d'avoir établi la permanence du Corps législatif et d'avoir décidé comment les lois seront faites à l'avenir : mais cela ne fait pas à beaucoup près la Constitution. Les membres du Corps législatif seront des représentants de la Nation ; pour avoir des représentants, il faut les élire. Les Administrations provinciales et municipales seront de même composées de députés élus. Il faut donc parvenir à distribuer la représentation avec égalité, d'abord entre les différentes parties du royaume, ensuite entre les différentes parties de chaque province et fixer l'ordre des élections : il faut d'ailleurs déterminer avec précision le rang que les diverses classes d'Administrations tiendront dans l'ordre des pouvoirs publics, la nature et l'étendue de leur autorité ; ou rien ne sera véritablement fait pour la Constitution. [...]

Depuis longtemps, les publicistes et les bons administrateurs désirent une meilleure division territoriale du royaume ; parce que toutes celles qui existent sont excessivement inégales et qu'il n'y en a aucune qui soit régulière, raisonnable et commode, soit à l'administrateur, soit à toutes les parties du territoire administré. [...] Tout le monde sent combien dans un vaste empire il importe pour l'uniformité de l'administration, pour la bonne surveillance des administrateurs, pour la facilité des gouvernés, d'avoir des divisions de territoire à peu près égales et d'une étendue calculée sur celle qui convient au meilleur exercice des différents pouvoirs. L'époque la plus convenable pour poser ce fondement d'une foule d'améliorations futures est celle où la puissance nationale, déployant toute son énergie, reconstitue l'État, et où la désorganisation de l'ancien Gouvernement fait sentir le pressant besoin, en même temps qu'elle a produit l'attente d'un nouvel ordre de choses et a disposé les esprits à les recevoir. [...]

Ne désespérons pas que le jour viendra où, l'esprit national étant mieux formé, tous les Français réunis en une seule famille, n'ayant qu'une seule loi et un seul mode de gouvernement, abjureront tous les préjugés de l'esprit de corporation particulière et locale. La Constitution doit prévoir, provoquer et faciliter ce bon mouvement qui rendra la Nation française la première et la plus heureuse du monde ».

BIBLIOGRAPHIE

BADINTER (R.), *Une autre justice, 1789-1799,* Paris, Fayard, 1989.

BOUCHER (Ph.), *La Révolution de la justice. Des lois du roi au droit moderne*, J.-P. de Monza, 1989.

CHARTIER (R.), *Lecteurs et lectures dans la France d'Ancien Régime*, Paris, Le Seuil, 1982.

DARNTON (R.), *L'aventure de l'Encyclopédie, 1775-1800,* Paris, Perrin, 1982.

DELON (M.), *Dictionnaire européen des Lumières*, Paris, PUF, 1997.

GARAUD (M.) et SZRAMKIEWICZ (R.), *La Révolution française et le droit de la famille*, Paris, PUF, 1978.

GOJOSSO (É.), *Le concept de République en France (XVIe-XVIIe siècles),* Aix-en-Provence, PUAM, 1998.

GOJOSSO (É.), « L'encadrement juridique du pouvoir selon Montesquieu. Contribution à l'étude des origines du contrôle de constitutionnalité », *Revue Française de Droit Constitutionnel*, n° 71, 2007, pp. 499-512.

GOULEMOT (J.-M.), *Adieu les philosophes. Que reste-t-il des Lumières ?*, Paris, Le Seuil, 2001.

HALÉVI (R.), « L'idée et l'événement. Sur les origines intellectuelles de la Révolution française », *Le Débat*, janvier-mars 1986, 38, p. 145 et s.

HALÉVY (R.), « La monarchie et les élections : position des problèmes », *The French Revolution and the creation of modern political culture*, I, *The political culture of the Old Regime,* BAKER (K. M.), Oxford, 1947, p. 387 et s.

HALPÉRIN (J.-L.), « Haro sur les hommes de loi », *Droits*, 17, 1993, pp. 55-65.

HALPÉRIN (J.-L.), « Le juge et le jugement à l'époque révolutionnaire », *in* JACOB (R.), (sous la direction de), *Le juge et le jugement dans les traditions juridiques européennes*, Paris, LGDJ, 1996, pp. 233-256.

LÉVY (M.-F.), *L'Enfant, la Famille et la Révolution française*, Paris, Olivier Orban, 1990.

LILTI (A.), *Le Monde des salons. Sociabilité et mondanité à Paris au XVIIIe siècle*, Paris, Fayard, 2005.

La Révolution et l'ordre juridique privé. Rationalité ou scandale ? Actes du colloque d'Orléans, 11 au 11 septembre 1986, 2 volumes, Paris, PUF, 1988.

RIALS (S.), *La Déclaration des droits de l'homme et du citoyen*, Paris, Hachette, collection Pluriel, 1988.

ROCHE (D.), *La France des Lumières*, Paris, Fayard, 1993.

ROCHE (D.), *Les Républicains des Lettres. Gens de culture et Lumières au XVIIIe* siècle, Paris, Fayard, 1988.

SAGNAC (P.), « La composition des États généraux et de l'Assemblée nationale de 1789 », *Revue historique*, 1951, p. 8 et s.

SLIMANI (A.), *La modernité du concept de Nation au XVIIIe siècle (1715-1789) : apport des thèses parlementaires et des idées politiques du temps*, Aix-en-Provence, PUAM, 2004.

TACKETT (T.), *Par la volonté du peuple. Comment les députés de 1789 sont devenus révolutionnaires*, Paris, 1997.

TAYLOR (G. V.), « Les cahiers de 1789 sont-ils révolutionnaires ? », *A. E. S. C*, 28, 1973, 6, p. 1495 et s.

THÉRY (I.), *La Famille, la Loi et l'État de la Révolution au Code civil*, Paris, Imprimerie nationale, 1989.

VERGNE (A.), *La notion de constitution d'après les cours et assemblées à la fin de l'Ancien Régime (1750-1789)*, Paris, De Boccard, 2006.

STAROBINSKI (J.), *Jean-Jacques Rousseau, la transparence et l'obstacle*, Paris, Gallimard, 1971.

CHAPITRE 8

Codification et mutations du droit contemporain

Le culte de la loi pratiqué par le XVIIIe siècle trouve son épanouissement et son point d'aboutissement dans les projets modernes de codification. Ils ont pour ambition de regrouper toutes les normes juridiques applicables dans une branche du droit, mais au-delà, de créer un nouveau droit éclairé par la Raison. De ce fait, ils vont plus loin que les compilations du *Corpus* romain et que les grandes ordonnances de la monarchie absolutiste française qui se contentaient de rassembler une partie des lois préexistantes. Lancée par la Révolution française, cette vague moderne de codification se réalise sous le Consulat et l'Empire napoléonien, avant de s'exporter, d'abord en Europe, au XIXe siècle où des ébauches de codification avaient été tracées par les despotes éclairés en Europe centrale et orientale. Cependant, la codification à la française ne suscite pas uniquement de l'enthousiasme, mais aussi du rejet et des réflexions critiques sur la nature du droit et la façon optimale de concilier la pluralité de sources juridiques vivantes, de préserver leur capacité d'adaptation aux changements sociaux et des mœurs, tout en assurant la sécurité juridique indispensable (1). En France même, le culte du Code Napoléon cède progressivement la place à une vision critique nourrie par la doctrine civiliste, avant que l'évolution des mentalités n'oblige à changer en profondeur certaines dispositions. En outre, le Code ne fait pas disparaître les autres sources du droit, d'autant qu'un droit sans code se développe autour de la jurisprudence du Conseil d'État et des progrès de la doctrine : le droit administratif. Cet équilibre du droit français est remis en cause depuis une trentaine d'années par l'interpénétration des normes nationales, des conventions internationales et du droit communautaire européen (2).

1 • LA CODIFICATION DU DROIT FRANÇAIS ET SA DIFFUSION

Le coup d'État du 18 brumaire an VIII met fin à la Révolution en la fixant « aux principes qui l'ont commencée ». La stabilisation politique réalisée au détriment des organes parlementaires et des libertés donne tous les moyens au pouvoir exécutif consulaire de réussir la codification civile qu'a échoué à mettre en œuvre la décennie révolutionnaire. Le Code civil des Français, promulgué par la loi du 30 ventôse an XII (21 mars 1804), reçoit en 1807 le nom de Code Napoléon (A). Alors que Napoléon avait rêvé d'un Code civil français étendant son emprise sur toute l'Europe continentale, son prestige et l'exportation de son modèle n'excluent pas les réactions de rejet dans une Europe où en dépit du Congrès de Vienne de 1815, les sentiments nationalistes qui nourrissent les aspirations des peuples à la liberté imprègnent jusqu'aux réflexions juridiques et aux écoles doctrinales. De ce fait, le Code Napoléon doit renoncer à l'utopie de devenir le nouveau droit commun pour se replier sur la France, avant de se redéployer sur ses possessions coloniales (B).

A - La codification napoléonienne

Effectivement rédigé sous l'impulsion du Premier Consul, le Code civil suscite des réactions passionnées, majoritairement élogieuses qui contrastent avec la médiocrité des quatre autres codes rédigés sous l'Empire.

1) L'élaboration et la rédaction du Code civil français

Bonaparte réussit, là où Cambacérès n'avait pu aboutir, en s'appuyant sur l'abaissement et le morcellement du travail des assemblées parlementaires. Toutefois, l'affaire est mal engagée : le Tribunat qui a compétence pour discuter les projets de lois préparés en Conseil d'État, critique les premiers titres qui lui sont proposés, et le Corps législatif les rejette en raison de leur traditionalisme excessif. Ce n'est qu'après une sévère épuration des tribuns opposants, des « bavards » jacobins et des « muets » du Corps législatif, que le Premier Consul présente cette fois avec succès le projet de loi de « Code civil des Français ».

Quelques mois seulement après avoir mis en place l'administration préfectorale et juste avant de signer le Concordat avec le Pape, Bonaparte confie, en août 1800, à une commission de quatre grands juristes le soin d'élaborer ce code. Chacun des membres est chargé d'apporter sa connaissance d'une grande coutume provinciale, leur complémentarité étant censée assurer la qualité des travaux. La présidence revient naturellement à un spécialiste de la coutume de Paris, membre du Parlement le plus prestigieux : ***Tronchet***, ancien député monarchien, avocat de Louis XVI, modéré. Mais c'est ***Portalis*** qui jouit de la plus grande influence sur ses collègues : cet ancien avocat au Parlement d'Aix porte la tradition prestigieuse du droit écrit d'obédience romaniste. À leurs côtés, ***Bigot de Préameneu*** incarne les coutumes de l'Ouest, et ***Maleville*** celles du Sud-ouest. Les juristes trop compromis dans les excès révolutionnaires sont écartés, comme le régicide Merlin de Douai, mais le travail est facilité par l'existence des projets de Cambacérès et de Jacqueminot. Leur réflexion se nourrit des écrits des grands juristes classiques, Du Moulin, Domat, Pothier, et aboutit en à peine six mois, dès janvier 1801, à la remise d'un texte considérable de plus de deux mille articles au Tribunal de Cassation et aux tribunaux d'appel, avant tout ceux de Paris et de Lyon. Leurs observations techniques permettent d'améliorer certaines dispositions, comme sur les hypothèques, mais également de corriger l'excès de conservatisme du projet initial, en réintroduisant les avancées révolutionnaires sur les causes du divorce et l'adoption auxquels les anciens parlementaires Target et Merlin, membres du Tribunal de cassation, prouvent leur attachement. La place trop étendue laissée à la jurisprudence et la généralisation du régime de la communauté font l'objet de critiques de la part de certains tribunaux d'appel attachés au culte de la loi, au régime dotal et à la liberté testamentaire.

En juillet 1801, c'est la section de législation du Conseil d'État qui prolonge l'étude du projet, avant son long examen en assemblée plénière : durant près de trois ans, le Premier Consul dirige en personne la moitié de la centaine des séances. Ce long travail d'élaboration permet de réintroduire le divorce par consentement mutuel et l'adoption. Napoléon sait utiliser le succès de la codification au service de sa gloire, persuadé que la pérennité du Code civil comptera davantage à long terme dans son image que les plus grandes victoires militaires.

2) *L'esprit du Code Napoléon : concilier la tradition et les acquis révolutionnaires*

Le succès et l'aboutissement de l'entreprise napoléonienne sont liés au changement radical du climat politique. Dans l'esprit de Bonaparte, il n'est plus question de rechercher la rupture avec la législation de l'ancienne France monarchique, mais bien de trouver les voies d'une pacification sociale. Disposant de la durée pour gouverner, le Premier Consul tente une conciliation entre les principes novateurs apportés par les Lumières et par la Révolution constituante et l'héritage étatique de l'Ancien Régime, aussi bien sur le plan de l'organisation administrative et judiciaire qu'à travers le Concordat religieux et le Code civil des Français. Bonaparte réussit à répondre aux aspirations majoritaires au retour à l'ordre public et social, en donnant satisfaction à la paysannerie propriétaire et à la bourgeoisie bénéficiaires de l'égalité civile et de la vente des biens nationaux. Il s'inscrit en rupture avec la prétention révolutionnaire d'une construction radicalement nouvelle de l'Homme, de la société et de ses fondements juridiques. En cela, le Code civil est une composante de la tentative napoléonienne de réconciliation nationale au profit des notables. En ce sens, Portalis livre bien la clé de la réussite du Code en liant sa réalisation non à un volontarisme politique, mais à son adaptation au temps et au peuple. La rapidité de réalisation des rédacteurs du Code civil ne peut s'expliquer que par leurs larges emprunts à l'héritage juridique français : pour l'essentiel, plutôt que de chercher à innover, ils ont opéré, selon la formule de Portalis, une « transaction entre le droit écrit et les coutumes », un compromis entre le meilleur de la tradition romaniste et des dispositions coutumières du nord.

Les rédacteurs du Code civil

Membres désignés par le Consul Cambacérès	François Denis Tronchet	Jean Étienne Portalis	Félix Bigot De Préameneu	Jacques de Maleville
Fonctions avant 1789	Avocat, bâtonnier au Parlement de Paris	Avocat au Parlement de Provence	Avocat au Parlement de Bretagne puis de Paris	Avocat au Parlement de Bordeaux
Domaine de spécialité juridique	Coutume de Paris	Droit romain appliqué dans le Midi	Coutumes de Bretagne	Coutume du Périgord
Apports au Code	Droit commun coutumier	Tradition romaniste et du droit naturel	Tradition juridique de l'Ouest	Application coutumière du droit écrit dans le Sud-Ouest
Fonctions exercées sous la Révolution	Élu à la Constituante puis au Conseil des Anciens	Élu au Conseil des Anciens	Élu à la Constituante puis au Conseil des Anciens	
Fonctions exercées sous Napoléon Bonaparte	Président du Tribunal de cassation et du Sénat	Conseiller d'État, ministre des Cultes	Ministre des Cultes	Sénateur en 1806

Le même pragmatisme les convainc de retenir les innovations du droit intermédiaire révolutionnaire compatibles avec le droit traditionnel français. En réalité, ce compromis a déjà été en partie réalisé avant 1789 par l'émergence d'un droit commun coutumier proche de la coutume de Paris étudiée par Pothier, en y agrégeant les sources doctrinales et jurisprudentielles et le droit romain des obligations.

Le plan du Code civil est lui-même repris des analyses cartésiennes de Domat, et les règles principales du mariage, des donations et des testaments sont héritées des ordonnances de d'Aguesseau. Afin de ménager les usages méridionaux, le droit de la famille tempère l'instauration du ***régime de la communauté de biens*** appliquée aux époux mariés sans contrat par la possibilité de perpétuer par contrat la séparation de biens et la dot en usage dans le Midi. De même, si les principes de la Révolution de 1789 sont préservés, le Code Napoléon se présente comme beaucoup plus conservateur que les projets de Cambacérès. Ainsi, le caractère inviolable et sacré du droit de propriété, l'égalité successorale entre les enfants légitimes, la conception civile du mariage, la confirmation de la tenue de l'état civil par le maire ou encore le maintien du divorce.

L'un des grands mérites du Code civil est de s'en tenir aux grands principes sans entrer dans des dispositions de détail qui seraient vite apparues obsolètes. La prise de distance avec le légicentrisme révolutionnaire autorise ses rédacteurs à reconnaître les mérites des autres sources du droit, souples et évolutives, aptes à prendre en considération les nouveaux besoins et les cas concrets : les usages conformes aux bonnes mœurs, le travail doctrinal, l'évolution jurisprudentielle. Toutefois, il ne s'agit aucunement de retomber dans l'excès de la marge d'interprétation de la loi par le juge ni de restaurer son pouvoir réglementaire. Si Portalis réussit à relativiser la suprématie de la loi en laissant le juge apprécier la complexité des situations pratiques et adapter sa jurisprudence, il échoue à faire consacrer le jugement en équité et la valeur quasi législative des coutumes, deux mesures réactionnaires qui rappellent trop l'Ancien Régime et les arrêts de règlement des Parlements.

Le succès immédiat et durable du Code Napoléon doit beaucoup à la simplicité de son plan, à la qualité et à la clarté de son style vanté par Stendhal. Ses 2 281 articles se regroupent en trois parties : les personnes, les biens, les manières par lesquelles on acquiert la propriété. Son adoption demande le vote de 36 lois successives qui, lorsqu'elles deviennent exécutoires, ***abrogent tout le droit antérieur*** : droit romain, ordonnances royales, coutumes générales ou provinciales, toute norme dans les matières dont traite le code.

En revanche, sur le fond, l'héritage du droit commun coutumier est largement repris, tempéré par les idées des Lumières et de la Constituante. Ainsi le droit des obligations s'inspire des définitions élaborées par Domat puis par Pothier. L'article 1134 affirme le ***consensualisme du contrat***, ses effets obligatoires à l'égard des contractants et l'exclusion des tiers : « *Les conventions légalement formées tiennent lieu de loi à ceux qui les ont faites* ». Dans le domaine du droit de la famille, la nature autoritaire du régime napoléonien rejaillit sur la conception patriarcale de cette cellule de base de la société. Là où la Révolution avait mis l'accent sur les droits individuels de chacun de ses membres, le Code civil en revient à un ordre très hiérarchisé, dominé par l'autorité absolue du père sur son épouse et sur ses enfants légitimes. En outre, l'esprit résolument égalitaire de la Convention est condamné, à travers la limitation des droits des enfants naturels, l'exclusion des enfants adultérins, et la possibilité de favoriser l'un de ses héritiers en usant de la quotité disponible. Toutefois, les principaux acquis de 1789, l'égalité et l'individualisme successoraux, sont conservés pour l'essentiel. L'article 815 établit le droit au partage, et l'article 913 limite la liberté successorale à la ***quotité disponible***, après partage égal entre les héritiers réservataires, au premier rang desquels les enfants légitimes. Les parents retrouvent par ce biais une marge de manœuvre utile pour conjurer le risque de morcellement du patrimoine, avant tout foncier. Au plan des comportements démographiques, la pratique de l'enfant unique constitue une réponse bourgeoise aux effets de l'égalité successorale. Cependant, le rétablissement sous l'Empire d'une noblesse du service de l'État conduit Napoléon Ier à créer les majorats, sortes de fiefs constitués au profit de l'aîné des familles récompensées de leur fidélité à la nouvelle dynastie.

Enfin, le droit de propriété est solennellement proclamé à l'article 544 qui le définit comme « le droit de jouir et de disposer des choses de la manière la plus absolue ». Cette affirmation vise à rompre avec les entraves préexistantes, en particulier la propriété éminente seigneuriale, et à écarter à l'avenir toute nouvelle intrusion, par exemple de la puissance publique. La conception libérale évoque à l'appui les notions d'*usus*, *abusus* et *fructus* du droit romain en les réunissant au profit de l'unique titulaire du droit de propriété, avec pour seule borne à son pouvoir la loi. Cet absolutisme du propriétaire s'étend au profit des bénéficiaires du vaste transfert des propriétés nationales, meilleurs soutiens du régime napoléonien par peur du retour au désordre ou à la domination des privilégiés.

3) Des codes impériaux peu innovants en droit privé et en droit pénal

Sous l'Empire, l'entreprise de codification se poursuit selon la même procédure que pour le Code civil, de la rédaction par une commission au vote par le Corps législatif en passant par le travail de mise en forme du Conseil d'État et les débats au Tribunat. Quatre nouveaux codes sont promulgués : deux concernent le droit privé, les deux autres le droit pénal, mais aucun ne possède la qualité et le prestige du Code civil.

Le code le plus naturellement lié au Code civil est celui de procédure civile de 1806. Il apparaît avant tout comme l'héritier de l'ordonnance civile prise sous Louis XIV en 1667. Cette filiation est due à la personnalité des membres de la commission de rédaction de l'avant-projet, très imprégnés de l'ancien droit. La continuité avec la monarchie d'Ancien Régime se place dans le moment politique du rapprochement de Napoléon avec l'Autriche, mais son conservatisme accélère le vieillissement de ce code vite dépassé. En dépit de leur formation traditionnelle, les rédacteurs ont su toutefois intégrer des éléments de modernité : désormais, les juges ont l'obligation de motiver leurs décisions, protection contre l'arbitraire.

Le Code de commerce de 1807 apparaît également avant tout comme la reprise et la simple modernisation des ordonnances royales rédigées à l'initiative de Colbert en 1673 et 1681. Lancée dès 1801 par la nomination d'une commission de praticiens chevronnés, la rédaction traîne au Conseil d'État jusqu'en 1806. Ce code regroupe les lois d'exception au droit commun, aux dispositions du Code civil. Les ordonnances louis-quatorziennes sont complétées par le droit de la faillite, des banqueroutes et des juridictions commerciales, en liaison avec le contexte de crise et de blocus continental des années 1805-1807. Mais on reprochera à ce Code de commerce d'être devenu rapidement désuet à cause de son manque d'anticipation des bouleversements des pratiques économiques engendrés par le décollage de la Révolution industrielle du XIXe siècle. De fait, la nécessité de réformes législatives adaptant ses dispositions à l'économie capitaliste aboutit sous le Second Empire à l'adoption de la grande loi sur les sociétés anonymes en 1867, qui va servir de cadre à l'expansion industrielle et financière jusqu'à la Ve République[1].

La codification pénale, longue et tardive, transige de façon plus équilibrée entre les dispositions de l'ancienne monarchie et le droit révolutionnaire issu des principes des Lumières. Dans le domaine répressif, dès son coup d'État du 18 brumaire, Bonaparte avait souhaité faire préparer un nouveau code qui aurait regroupé la procédure criminelle et les dispositions pénales. On retrouve parmi les cinq juristes chargés de sa rédaction le conseiller d'État Treilhard, coauteur du Code de procédure civile, mais aussi deux membres éminents du Tribunal de cassation. Après une décennie d'affrontements politiques et de troubles sociaux, il s'agit de rassurer la population et de réprimer aussi bien les délinquants de droit commun que les opposants politiques, au besoin par l'amalgame. Lancés dès 1801, les travaux de la commission s'interrompent en 1804, le temps de décider la rédaction de deux codes séparés : d'instruction criminelle d'un côté, des délits, des crimes et des peines de l'autre, les deux devenant exécutoires en 1811, soit une décennie après le lancement de la procédure.

Le Code d'instruction criminelle de 1808 réalise la synthèse des pratiques d'Ancien Régime et des avancées du droit intermédiaire. Dans un souci prioritaire d'ordre public, les dispositions de l'ordonnance royale de 1670 sont reprises pour ce qui concerne l'***instruction préparatoire : secrète***, elle est confiée à un juge d'instruction, avant l'intervention de la chambre de mise en accusation. Mais le ***jury***, institution enviée à l'Angleterre par les libéraux, est réservé aux cours d'assises ; le procès y donne lieu à des débats oraux, publics, contradictoires, l'accusé disposant de la garantie des droits de la défense et du ***ministère d'un avocat***. Il faudra attendre la IIIe République en 1897 pour voir cette protection étendue à la phase de l'instruction ; mais l'unicité du juge d'instruction, la violation du secret de l'instruction et, par voie de conséquence, de la présomption d'innocence, la délicate articulation avec la police judiciaire et le dogme de l'infaillibilité du jury populaire ont alimenté des controverses séculaires.

Un Code pénal a été adopté par la Révolution, mais l'Empire termine son entreprise de codification en votant un nouveau Code pénal plus répressif en 1810. Son premier article consacre et précise la distinction des catégories d'infractions en fonction de la gravité de la peine encourue par l'accusé : crimes, délits ou contraventions. Le Code pénal débute par l'évocation significative des peines dans le but de dissuader le délinquant et de rassurer le « bon père de famille ». L'espoir de rédemption de l'individu coupable semble abandonné au profit de la seule protection de la société par la répression et l'enfermement des criminels dangereux. En plus de la peine de mort dont le champ d'application est élargi, la prison à perpétuité est instaurée en lieu et place de la condamnation à 24 ans maximum prévue en 1791. Si les principes révolutionnaires de non-rétroactivité de la loi pénale et de légalité des incriminations et des peines sont préservés, le juge retrouve une partie de sa marge de manœuvre dans la détermination

1. Anne Lefebvre-Teilhard, *La société anonyme au XIXe siècle*, Paris, PUF, 1985.

de la peine en fonction des circonstances de l'espèce, à l'intérieur du barème maximal et minimal fixé par le Code.

Chronologie de la codification française

1453 : Charles VII promet la rédaction des coutumes

1484 : les représentants du Tiers-État réclament la rédaction des coutumes lors des états généraux, demande répétée en 1560, 1576 et 1614

1665 : Louis XIV nomme une commission de codification dont il préside quelques séances

1667-1681 : grandes ordonnances de Colbert

1731-1735 : grandes ordonnances du chancelier d'Aguesseau

1790 : projet de la Constituante

1793 et 1794 : projets de la Convention

1796 : projet du Directoire

1800 : désignation d'une commission de rédaction par Bonaparte

1804 : promulgation du Code civil des Français

1806 : Code de procédure civile

1807 : Code de commerce

1808 : Code d'instruction criminelle

1810 : Code pénal

B - Les réactions internationales au Code Napoléon

Au cours du XIXe siècle, le processus de codification s'est généralisé non seulement en Europe, mais dans le monde, à l'exception notable des pays de *common law* qui ont tout de même adopté des recueils thématiques et des codes locaux. Or, ce mouvement a été initialement lancé par le Code Napoléon, avant que d'autres modèles, particulièrement en Allemagne, ne viennent concurrencer son influence.

1) La diffusion de la codification sous influence française

L'extension territoriale de l'application des normes juridiques françaises a d'abord été la conséquence des succès militaires de la Révolution française, avec la formation des Républiques sœurs, puis des conquêtes de la Grande Armée. En effet, contrairement aux provinces annexées qui conservaient une part de leurs institutions sous l'Ancien Régime, la conception unitaire et jacobine de l'État conduit à étendre le ressort d'application du Code civil aux pays intégrés à l'Empire, devenus des départements français : la Belgique, le Luxembourg et les Pays-Bas, la Suisse francophone, l'essentiel de l'Italie, l'Allemagne rhénane et même le grand-duché de Varsovie ont bénéficié de cet apport au même titre que de l'administration préfectorale.

Pour aller aux sources du droit

Texte 28 : Loi du 28 pluviôse an VIII (17 février 1800). Loi concernant la division du territoire français et l'administration, *Bulletin des lois*, 17, n° 115, p. 78-99.

Après une décennie d'expérimentations révolutionnaires et d'instabilité institutionnelle, la réorganisation consulaire établit durablement le socle de l'administration territoriale française. Conservant le cadre du département créé en 1789 et redonnant à chaque commune sa municipalité, la loi du 28 pluviôse an VIII innove en instaurant le principe de l'agent unique d'exécution à chaque niveau, avec une stricte hiérarchie du ministre de l'Intérieur au maire en passant par le préfet et le sous-préfet.

« Titre I. Division du territoire.

Art. 1.

Le territoire européen de la République sera divisé en départements et en arrondissements communaux, conformément au tableau annexé à la présente loi.

Titre II. Administration.

§ 1. Administration de département

Art. 2. Il y aura dans chaque département un préfet, un conseil de préfecture, et un conseil général de département lesquels rempliront les fonctions exercées maintenant par les administrations et commissaires de département. [...]

Art. 3. Le préfet sera chargé seul de l'administration.

Art. 4. Le conseil de préfecture prononcera :

Sur les demandes de particuliers, tendant à obtenir la décharge ou la réduction de leur cote de contributions directes ;

Sur les difficultés qui pourraient s'élever entre les entrepreneurs de travaux publics et l'administration, concernant le sens ou l'exécution des clauses de leur marché ;

Sur les réclamations des particuliers qui se plaindront de torts et dommages procédant du fait personnel des entrepreneurs et non du fait de l'administration ;

Sur les demandes et contestations concernant les indemnités dues aux particuliers, à raison des terrains pris ou fouillés pour la confection des chemins, canaux et autres ouvrages publics ;

Sur les difficultés qui pourront s'élever en matière de grande voirie ;

Sur les demandes qui seront présentées par les communautés des villes, bourgs ou villages, pour être autorisées à plaider ;

Enfin sur le contentieux des domaines nationaux.

Art. 5. Lorsque le préfet assistera au conseil de préfecture, il présidera ; en cas de partage, il aura voix prépondérante.

Art. 6. Le conseil général de département s'assemblera chaque année : l'époque de sa réunion sera déterminée par le Gouvernement ; la durée de sa session ne pourra excéder quinze jours. Il nommera un de ses membres pour président, un autre pour secrétaire.

Il fera la répartition des contributions directes entre les arrondissements communaux du département.

Il statuera sur les demandes en réductions faites par les conseils d'arrondissement, les villes, bourgs et villages.

Il déterminera, dans les limites fixées par la loi, le nombre de centimes additionnels dont l'imposition sera demandée pour les dépenses de département.

Il entendra le compte annuel que le préfet rendra de l'emploi des centimes additionnels qui auront été destinés à ces dépenses.

Il exprimera son opinion sur l'état et les besoins du département, et l'adressera au ministre de l'Intérieur.

Art. 7. Un secrétaire général de préfecture aura la garde des papiers, et signera les expéditions. [...]

§ IV. Des nominations

Art. 18. Le premier Consul nommera les préfets, les conseillers de préfecture, les membres des conseils généraux de département, le secrétaire général de préfecture, les sous-préfets, les membres des conseils d'arrondissement, les maires et adjoints des villes de plus de cinq mille habitants, les commissaires généraux de police et préfets de police dans les villes où il en sera établi. [...]

§ V. Des traitements

Art. 21. Dans les villes dont la population n'excède pas quinze mille habitants, le traitement du préfet sera de huit mille francs ;

Dans celles de quinze à trente mille habitants, il sera de douze mille francs ;

Dans celles de trente à quarante-cinq mille habitants, il sera de seize mille francs ;

Dans celles de cent mille habitants et au-dessus, de vingt-quatre mille francs.

À Paris, il sera de trente mille francs.

Art. 22. Le traitement des conseillers de préfecture sera, dans chaque département, le dixième de celui du préfet ; il sera de douze cents francs dans les départements où le traitement du préfet ne sera que de huit mille francs.

Art. 23. Le traitement des sous-préfets, dans les villes dont la population excédera vingt mille habitants, sera de quatre mille francs, et de trois mille francs dans les autres.

Art. 24. Le Gouvernement fixera, pour chaque département, la somme des frais de bureau qui sera employée pour l'administration. »

Même au-delà de l'Empire des 130 départements, le Code est introduit par le biais de l'installation de membres de la famille Bonaparte à la tête de royaumes vassaux. Cependant, les réactions à cette importation d'un nouveau système juridique n'ont pas été unanimement favorables. De ce fait, le démantèlement de l'Empire en 1814 s'accompagne d'un retrait quasi généralisé du Code civil en Allemagne et en Italie, par réaction de sursaut nationaliste à l'hégémonie française.

Toutefois, dans un second temps, le prestige intellectuel de la codification napoléonienne est tel qu'il exerce une influence déterminante et stimule l'adoption par les États de codes inspirés par l'exemple pionnier français. Leur plan, leurs titres, les règles codifiées épousent ce modèle, considéré comme un nouveau droit commun savant issu de la raison, tout en y intégrant des adaptations aux usages locaux. Ainsi, la plupart des États italiens adoptent-ils des codes largement inspirés du Code Napoléon, avant que l'unification du royaume d'Italie par le Piémont ne permette la rédaction d'un Code civil unique en 1865. De même les Pays-Bas, qui avaient conservé à titre provisoire le Code français, adoptent-ils en 1838 un Code national très apparenté. Ils sont suivis par beaucoup d'États européens, nouvellement indépendants comme la Serbie et la Roumanie, ou désireux d'entrer dans la modernité, tels le Portugal et l'Espagne. Toutefois dans l'Espagne de 1889, la vigueur des valeurs traditionnelles et l'attachement aux franchises provinciales des Basques et des Catalans préservent le pluralisme juridique ; seules les règles matrimoniales sont uniformisées, laissant les usages particuliers s'appliquer dans les autres domaines.

La propagation de la codification française est loin de se cantonner au continent européen. En premier lieu, les possessions françaises de l'Océan Indien reçoivent les codes français ; mais c'est aussi le cas des anciennes colonies françaises d'Amérique (Louisiane, Haïti, Saint-Domingue), alors que les jeunes États d'Amérique latine émancipés de la domination espagnole (Argentine, Bolivie, Chili, Pérou, Uruguay) adoptent des codes très proches. Enfin, les États extra-européens qui veulent manifester leur détermination à entrer dans la civilisation industrielle et dans le progrès s'inspirent également de la codification française. Ainsi dans le monde musulman, l'Égypte réforme son arsenal juridique, ouvrant la voie à l'Empire ottoman qui applique, en Turquie et dans ses immenses colonies, des codes imités des modèles napoléoniens.

2) Les autres modalités de codification

De manière significative, la contestation du modèle français va venir des pays les plus rétifs à la domination napoléonienne, mais aussi des États qui ont échappé à cette occupation militaire. Ainsi dans les pays germanophones, la concurrence du modèle juridique autrichien s'exerce : promulgué en 1811, le Code autrichien était en préparation depuis la période de despotisme éclairé du XVIIIe siècle, sous l'influence de l'École du droit naturel. En Allemagne, au-delà du rejet de l'occupant français, les réticences à la codification nourrissent de riches débats doctrinaux. À la chute de Napoléon, la question est posée du choix de solutions alternatives à l'application du Code français. Est-il préférable d'en revenir aux anciens droits particuliers, ou bien d'élaborer un code par État, ou encore de profiter des circonstances pour concevoir un code « panallemand » applicable à l'ensemble des entités politiques de culture germanique ? Une controverse juridique de grande qualité va contribuer non seulement à éclairer le rôle respectif des différentes sources du droit mais au-delà à conforter le sentiment national en Allemagne à travers l'identité juridique.

Deux juristes descendants des nombreux protestants français réfugiés outre-Rhin sous Louis XIV, Thibaut et Savigny, jouent le premier rôle dans ce débat. Alors que Thibaut défend les mérites rationnels et modernisateurs du modèle de codification à la française, ***Savigny*** réfute ses arguments en affirmant l'incompatibilité de la nature du droit, vivant et évolutif, avec son enfermement dans un ouvrage définitif. Le fondateur de l'École historique allemande défend la source coutumière, la plus proche de la conscience collective du peuple allemand, de la vie et des besoins concrets de la société. Toutefois, Savigny admet que la complexité croissante des civilisations industrielles empêche désormais le droit d'émaner directement du peuple ; aussi revient-il à la corporation des juristes de la Nation d'interpréter les sentiments populaires en les traduisant en droit savant, sans les trahir par une codification appauvrissante.

Pour aller aux sources du droit

Texte 29 : Friedrich Carl von Savigny, *Traité de droit romain*, traduit de l'allemand par Ch. Guenoux, Paris, Firmin Didot, 1855-1860, 8 tomes, tome 1, p. 3-5.

Issu d'une famille française venue de Lorraine en Allemagne, Savigny est le fondateur de l'école historique allemande de droit. Professeur de droit pénal et de droit commun à Marbourg, il est nommé ministre de la Justice de Prusse en 1843 et en réforme le droit. Spécialiste des conflits de législations, il souligne dans cet extrait les similitudes entre les questions juridiques posées dans l'empire romain par la coexistence du droit commun et des coutumes provinciales avec la situation contemporaine de l'Allemagne au XIXe siècle.

« Objet de cet ouvrage.

§ 2. Droit commun de l'Allemagne.

Le droit romain actuel défini a une grande analogie avec le droit commun allemand.

Ce droit tient à la constitution politique de l'Allemagne dont les diverses parties étaient réunies sous la domination impériale. Ainsi chaque État obéissait à un double pouvoir, sous l'influence duquel se développa un double droit positif, le droit territorial et le droit commun. Plusieurs auteurs ont prétendu qu'après la dissolution de l'Empire, le droit commun avait disparu avec l'autorité qui lui servait de base. Mais cette opinion, qui tient à des idées erronées sur la nature du droit positif, n'a pas eu la moindre influence pratique. Or, ce droit commun n'est autre que le droit romain actuel, considéré dans son application particulière à l'Allemagne, c'est-à-dire avec les modifications qu'il y a subies. Mais ces modifications, presque toutes contenues dans les lois de l'Empire, sont de peu d'importances, car les grandes déviations faites à l'ancien droit romain, par exemple l'autorité reconnue à tous les contrats indépendamment de la stipulatio, les effets attribués à la bona fides, etc., n'ont rien de particulier à l'Empire d'Allemagne. Elles ont généralement été adoptées à mesure que le droit romain s'est propagé en Europe. Ainsi donc cet ouvrage, qui traite du droit romain actuel, pourrait, au moyen de quelques additions, présenter le droit commun de l'Allemagne. »

L'influence de Savigny est considérable au XIXe siècle, non seulement en Allemagne, mais en France où son système est introduit par Laboulaye puis son *Traité du droit des obligations* traduit par Camille Gérardin et Paul Jozon. Deux écoles doctrinales vont se réclamer de sa pensée, tout en s'opposant : les Pandectistes, juristes de droit romain à partir de l'étude des *Pandectes* de Justinien, entendent systématiser un droit romain intemporel, encore applicable en Allemagne au XIXe siècle, en fournissant aux praticiens une construction dogmatique cohérente, rationnelle et unitaire, selon un plan logique dégageant les notions générales du droit du mariage, de la famille, de la tutelle, des obligations, pour en déduire de nouvelles solutions juridiques qui combleront les silences de la loi. Les *Pandekten* de Bernhard Windscheid constituent le point d'aboutissement de cette ambition en 1862. À l'inverse, les Germanistes désirent retrouver les racines profondes du droit allemand, populaire et coutumier, distinct du droit savant. Cela n'empêche pas certains États allemands de préparer la rédaction d'un Code civil, comme la Saxe en 1865, et c'est le Pandectiste Windscheid qui, au sein de la commission pour la préparation du Code civil allemand, va jouer le plus grand rôle à partir de 1880 ; toutefois, il faut attendre 1896 pour voir le *Bürgerliches Gesetzbuch* promulgué au sein de l'Empire unifié depuis 25 ans, et il n'entre en application que le 1er janvier 1900. Plus jeune d'un siècle que son rival français, ce code très imprégné de droit romain va désormais inspirer la plupart des codes postérieurs, tels que les Codes civils japonais de 1898, suisse de 1907, turcs de 1926 et 1929 et même brésilien de 1916.

Pour aller plus loin

Friedrich Karl von Savigny

Professeur de droit romain à l'Université de Marburg, Savigny se fait connaître grâce à la publication en 1803 de son *Droit de la possession.* Nommé à Landshut puis à Berlin en 1810, il y occupe la chaire de droit romain jusqu'à 1842. Il fonde en 1815 la *Revue pour la science historique du droit (Zeitschrift für geschichtliche Rechtswissenschaft).* À côté de ses activités d'enseignement, il exerce de hautes responsabilités politiques en tant que Grand chancelier de Prusse de 1842 à 1848, réformant la législation de cet État. Cependant, il associe surtout son nom à l'École historique allemande et au renouveau des études de droit romain en langue allemande. Lié par son mariage à la famille Brentano, bastion de l'école romantique, Savigny consacre l'essentiel de ses recherches à l'histoire, particulièrement au droit romain (*Histoire du droit romain au Moyen Âge* en 1815 puis en 1840 *Le système du droit romain aujourd'hui*). Il expose sa théorie du droit en 1814 dans *La Vocation de notre temps pour la législation et la jurisprudence* ; il y réfute les théories des juristes français des Lumières pour lesquels le droit viendrait de la raison humaine et du droit naturel. Pour lui à l'inverse, le droit est vivant et évolutif, chaque système juridique trouve ses origines dans l'histoire nationale et exprime l'âme de ce peuple (*Volksgeist*), ce qui doit dissuader de procéder à une codification qui le figerait artificiellement, car l'homme universel n'existe pas dans la réalité Le nationalisme juridique de Savigny a profondément influencé les juristes allemands.

2 • LES MUTATIONS CONTEMPORAINES DU DROIT

Le formidable succès du Code Napoléon installe l'idée d'un idéal juridique désormais atteint, voire même d'un possible droit commun à étendre comme nouveau modèle universel ; mais l'émergence des sentiments nationaux réduit cette ambition à une stabilisation du droit dans le cadre français (A). En revanche, la codification échoue à maîtriser le développement jurisprudentiel et doctrinal du droit public, et elle ne semble plus répondre à la complexité d'un droit français à nouveau pluraliste, pénétré par des sources européennes et internationales (B).

A - Stabilisation, contestation et modernisation du droit civil français

Le sentiment d'équilibre optimal éprouvé au lendemain de la codification napoléonienne ne fait que retarder le développement des travaux d'écoles doctrinales critiques, fondées sur l'enrichissement de la réflexion juridique et de l'enseignement du droit par d'autres disciplines des sciences sociales.

1) L'indépassable horizon du Code civil français au xixe siècle

La remarquable adaptation du Code civil à l'état de la société française du XIXe siècle se traduit par une grande stabilité de ses dispositions, au moins jusqu'à la Première Guerre mondiale. Seules les règles du divorce, pour des raisons idéologiques, sont supprimées en 1816 par la loi adoptée à la Restauration sur proposition du théoricien de la Contre-révolution, de ***Bonald***. Pour le reste, le souci pragmatique de Louis XVIII de réconcilier les deux France, ou du moins de rendre leur coexistence possible, se traduit dans la Charte octroyée aux Français par la garantie des libertés individuelles et publiques, en particulier du droit de propriété, y compris des biens nationaux. Le réalisme de ce compromis est démontré par l'absurde quand Charles X tente de dédommager les victimes de la Révolution par la loi dite du « milliard des émigrés » ou quand il rétablit le droit d'aînesse ; l'échec de ce revanchisme ultra ne fait que renforcer le Code, conforté par la Charte révisée par le « roi bourgeois » Louis-Philippe en 1830.

Ainsi, dans le premier tiers du XIXe siècle, le Code Napoléon est considéré comme le chef-d'œuvre immuable et indépassable de l'esprit français. Les facultés de droit doivent se contenter de le commenter, comme les glossateurs lisaient et éclairaient de leurs commentaires les écrits justiniens. En outre, cet enseignement répond mal aux besoins de l'économie, du fait de l'insuffisance des cours consacrés au Code de commerce, et même à la formation des praticiens du droit, faute d'un enseignement conséquent des procédures civile et criminelle. De même, les réticences politiques retardent sous la Restauration, puis suspendent sous le Second Empire les cours de droit constitutionnel, au détriment de la formation intellectuelle des hauts fonctionnaires, véritablement prise en compte au début de la IIIe République avec la fondation par Boutmy de l'École libre des sciences politiques, dans un climat de prise de conscience du retard universitaire français face au vainqueur allemand de 1870.

Toutefois, à partir de 1830, l'atmosphère de libéralisation politique de la Monarchie de Juillet offre un climat favorable au développement de la jurisprudence civile et de la doctrine, qui s'émancipent d'un strict commentaire linéaire des articles du Code. Une école de l'Exégèse critique se développe en recherchant, à la suite de ***Demolombe***, professeur à la faculté de Caen, l'esprit de la loi, l'intention du législateur par l'étude des travaux préparatoires et par la confrontation de plusieurs articles du Code.

C'est le cas en particulier de l'école civiliste de la faculté de Strasbourg, marquée par la proximité culturelle avec la civilisation de langue allemande et par l'influence de ***Savigny***. Les professeurs ***Aubry*** et ***Rau***, bilingues et traducteurs des grands traités de la science juridique allemande, y préconisent un commentaire composé et thématique du Code qui se substitue à la soporifique lecture suivie, moquée par Flaubert dans *L'éducation sentimentale*. Toutefois, la vigueur des tensions nationalistes pèse sur les échanges doctrinaux, la dénonciation du militarisme prussien répondant au rejet de la codification napoléonienne et aboutissant à caricaturer l'affrontement des deux systèmes juridiques : le « droit de la force » du Reich allemand s'opposant à la « force du droit » de l'idéal juridique démocratique de la République française[2].

2. THIBIERGE (C.), *La force normative. Naissance d'un concept*, Paris, LGDJ, 2009.

Pour aller aux sources du droit

Texte 30 : Charles Aubry et Charles-Frédéric Rau, *Cours de droit civil français d'après la méthode de Zachariae*, Paris, Marchal et Billard, 4e édition, 1897, p. 20-21.

Le jurisconsulte catholique Charles Aubry et son collègue protestant Rau, tous les deux professeurs à la faculté de droit de Strasbourg, apparaissent complémentaires dans leur volonté d'appréhender le droit à la fois par le raisonnement et par l'étude pratique, conciliant les approches latine et germanique. Ils évoquent ici le bouleversement opéré dans le droit français par la tourmente révolutionnaire et les retards dans la mise en place d'un nouvel édifice juridique cohérent.

« Introduction. Historique du Code civil. §. 9. Travaux préparatoires durant la Révolution.

L'ancien Droit français se trouvait en opposition avec les principes consacrés par la Révolution, et principalement avec l'unité de l'État, la séparation des pouvoirs temporels et spirituels, l'égalité devant la loi et l'abolition de la féodalité. Aussi les lois rendues pendant cette période furent-elles rédigées dans un esprit directement contraire aux principes jusqu'alors adoptés en fait de mariage, de puissance paternelle, de successions et de propriété. On aurait voulu tout réformer, et faire disparaître jusqu'au dernier vestige de l'ancien ordre des choses. Mais en législation il ne suffit pas de détruire, il faut immédiatement reconstruire ; et comment l'aurait-on fait au milieu du tumulte de cette époque ? On dut se contenter de remplacer par de nouvelles dispositions celles qui étaient tout à fait inconciliables avec l'ordre des choses qui venait de s'établir. Ce procédé avait ses inconvénients : bientôt le Droit civil ne se composa plus que de fragments incohérents qui contrastaient souvent d'une manière tranchante les uns avec les autres. Ainsi par exemple les privilèges des diverses provinces avaient été abolis, le territoire avait reçu une nouvelle division, et cependant on se vit obligé de conserver provisoirement la distinction entre pays de Droit écrit et pays de coutume. Un nouveau Code civil pouvait seul porter dans ce chaos l'ordre et la lumière.

L'Assemblée constituante le sentait parfaitement, lorsqu'elle insérait dans la Constitution des 3-14 septembre 1791 un article qui ordonnait la confection d'un code de lois civiles communes à tout le royaume.

Malheureusement l'Assemblée législative qui succéda à l'Assemblée constituante, ne travailla pas à mettre la législation en harmonie avec une constitution que, bien loin de vouloir fortifier, elle cherchait à détruire.

La Convention enfin s'occupa de la rédaction d'un Code civil. C'était pour elle le seul moyen de rajeunir la France républicaine. Sa commission de législation reçut donc la mission de jeter les fondements de ce travail ; et, le 9 août 1793, le représentant Cambacérès présenta un projet de Code civil qui était presque entièrement son ouvrage. Ce projet n'obtint pas l'assentiment de l'Assemblée ; elle pensa que, trop empreint encore des anciennes idées, il ne faisait point une part assez large aux principes qu'elle considérait comme devant exclusivement convenir à la nouvelle France. »

Ce nationalisme juridique trouve un nouveau terrain d'expression dans la projection du droit français dans l'Empire colonial. Derrière le discours de la politique française d'***assimilation***, les colonies sont placées sous un système de ***spécialité législative***, d'édiction de mesures spécifiquement mentionnées, souvent par décrets, et conditionnées à leur publication par le gouverneur. En outre, en dépit de l'abolition de l'esclavage et de la proclamation du suffrage universel par la Seconde République en 1848, l'introduction du Code civil dans les colonies met en place un système de ***personnalité des lois*** qui n'accorde la plénitude des droits qu'aux citoyens français, les indigènes conservant leur statut personnel dans le domaine du droit de la famille. L'articulation des deux types de droit se fait sur la base de la suprématie du droit français, les dispositions locales coutumières étant rédigées et codifiées, voire abolies lorsqu'elles sont jugées inhumaines (anthropophagie, infanticide, crime rituel).

2) *Le développement d'écoles doctrinales*

Certains critiques vont plus loi, se risquant à relativiser l'apport du Code Napoléon, à le soumettre à la « conférence » du droit comparé, de l'histoire du droit et de la philosophie du droit. Ainsi Athanase ***Jourdan*** et les juristes de la revue *La Thémis* estiment indispensable d'éclairer l'étude du droit positif par la prise en compte des conditions de son apparition, grâce au détour par le droit romain et, chemin plus novateur, par la réévaluation de l'ancien droit médiéval. Henri ***Klimrath*** se consacre à l'étude du droit coutumier français, y voyant une source apte à combler les lacunes législatives et affirmant l'utilité scientifique de l'histoire du droit. Cette École scientifique milite pour introduire l'enseignement de l'histoire en faculté de droit, avancée que réalisera la IIIe République. L'École scientifique dépasse la seule recherche de l'intention des rédacteurs du Code Napoléon pour analyser la volonté du législateur contemporain, en mettant à profit les avancées de la sociologie, de l'histoire du droit et de la législation comparée avec Saleilles, Planiol ou encore Gény. Avec eux, la doctrine civiliste s'épanouit, intégrant l'apport de la jurisprudence grâce aux notes d'arrêt vulgarisées par les grandes revues. En outre, ce travail doctrinal contribue à isoler du droit civil de nouvelles branches spécialisées comme le droit commercial, le droit pénal ou le droit du travail, envisagés comme exceptions au droit commun.

B - La persistance d'autres sources normatives et la modernisation du droit

Les développements de la doctrine profitent particulièrement au droit administratif qui conjugue les deux atouts décisifs de l'existence d'un enseignement de la discipline universitaire et d'un ordre de juridiction particulier. Ce droit sans code montre la vitalité des autres sources du droit, au moment où les mutations sociales et internationales remettent en cause l'existence même d'un droit national autonome et souverain.

1) *Le développement d'un droit sans code : le droit public*

Dès l'Ancien Régime monarchique, un droit public, propre aux activités de l'État, commence à acquérir son autonomie par rapport au droit commun et se développe bien au-delà des lois fondamentales du royaume qui ne régissent que la succession et le domaine. Par exemple, les Travaux publics menés par les municipalités des « Bonnes villes » et contrôlés par les intendants sont soumis à des règles d'un droit spécifique à l'administration. Cependant, c'est bien la stricte séparation des compétences entre les deux ordres de juridiction civile et administrative qui met un terme aux intrusions des magistrats des Parlements dans les affaires de l'administration active. Désormais, les administrés en conflit avec l'un des services de l'État peuvent s'adresser à l'administration elle-même par un recours gracieux ou hiérarchique, soit saisir du contentieux le conseil de préfecture de leur département, créé par la loi du 28 pluviôse an VIII, et le Conseil d'État, juge suprême de l'excès de pouvoir.

Pour aller aux sources du droit

Texte 31 : Alexandre Bluzet, "Notes sur la réforme des conseils de préfecture", ***Revue politique et parlementaire*, tome XX, avril 1899, n° 58, p. 71-73.**

Alexandre Bluzet apporte un éclairage original à une institution méconnue le conseil de préfecture. Journaliste et imprimeur d'opposition sous Napoléon III, préfet du Cantal puis maire de Dôle sous la Troisième République, il met sa connaissance intime du fonctionnement des rouages administratifs au service d'une analyse qui se propose de débarrasser cette institution hybride de ses défauts plutôt que de la supprimer.

« Dans leur développement historique, les institutions judiciaires tendent, d'une manière constante, à s'adapter à leurs idées, aux mœurs des pays qu'elles régissent. Mais les idées se modifient sans cesse, d'où la nécessité fréquente, non pas de mettre en question le principe de la justice, qui reste immuable, mais de rechercher, pour son application, l'organisation, la formule, qui répond le mieux aux nécessités du moment. Et s'il arrive qu'après un progrès, un changement dans les mœurs, l'ancienne formule s'applique encore, il y a malaise dans le corps social. Des plaintes s'élèvent contre l'organisation surannée. Il faut la modifier. [...] Nous voudrions examiner s'il y aurait lieu de supprimer – comme on l'a proposé – les conseils de préfecture, ou s'il conviendrait de leur enlever leurs attributions judiciaires ; s'il ne conviendrait pas mieux, enfin, de conserver ces tribunaux, en apportant à leur organisation certaines modifications dont une longue expérience a démontré la nécessité.

En France, on a toujours connu la nécessité de donner aux affaires publiques d'autres juges que ceux institués pour le règlement des intérêts privés. Sous l'ancienne monarchie, du XIVe au XVIe siècle, les affaires concernant le domaine, l'impôt et la comptabilité étaient soumises à des juridictions particulières. À partir de Louis XIII, et malgré l'opposition des Parlements, le contentieux administratif s'étendit à des matières très diverses qui touchaient à l'administration publique. Au XVIIIe siècle, la juridiction administrative, fortement constituée, s'exerçait principalement par les intendants dont les décisions pouvaient être attaquées devant le Conseil du Roi.

La Révolution fit disparaître les anciennes juridictions administratives et fonda, sur le principe de la séparation des pouvoirs, une organisation nouvelle. [...] La Constituante était si bien pénétrée de la nécessité de soustraire l'administration à l'ingérence des tribunaux, qu'après avoir posé dans la loi d'organisation judiciaire le principe de la séparation des pouvoirs, elle voulut qu'il fût inscrit encore dans la loi constitutionnelle du 3 septembre 1791. Ce principe est l'un des fondements de notre droit public.

Préoccupée avant tout de consolider l'État et d'assurer l'unité du pays, les législateurs de la Constituante créèrent une administration fortement centralisée et ne voulurent pour elle aucun contrôle que celui du gouvernement. Cette législation, excessive dans son principe et trop rigoureuse dans son application, avait soulevé les justes réclamations de ceux qui se trouvaient en conflit d'intérêts avec les pouvoirs publics, lorsque les lois de l'an VIII, en instituant nos juridictions administratives, donnèrent enfin aux intérêts privés des garanties sérieuses en même temps qu'elles consacraient le principe de la séparation des pouvoirs et qu'elles en réglaient l'application. Le Conseil d'État, "chargé de résoudre les difficultés qui s'élèvent en matière administrative", juge en dernier ressort, souverainement. Les Conseils de préfecture sont institués juges du contentieux administratif de premier degré. »

Alors que la Révolution avait prescrit une codification administrative sous la Convention puis à nouveau sous le Directoire, la Restauration et la monarchie de Juillet, l'échec de ces entreprises traduit l'impossibilité de figer le cadre juridique des interventions croissantes de l'État, en dehors de la floraison de codes officieux spécifiques à l'un des domaines de l'action publique.

À partir de la loi du 24 mai 1872, l'abandon du système de l'administration-juge permet à la Haute juridiction du Conseil d'État d'utiliser ses pouvoirs de « justice déléguée » pour parvenir à unifier la jurisprudence administrative. En outre, le droit constitutionnel se développe également, à partir des lois constitutionnelles votées en 1875, mais aussi de la coutumière « constitution Grévy », avec la tombée en désuétude du droit de dissolution présidentiel à compter de la crise décisive de cohabitation du 16 mai 1877.

Parallèlement, la doctrine joue un grand rôle créateur dans l'élaboration de ce droit prétorien, progressivement peaufiné à la faveur des controverses qui mettent aux prises les principaux professeurs de droit public qui sont bien souvent également magistrats administratifs : **Henrion de Pansey**, ***Gérando*** et Cormenin, les pionniers, dès les monarchies censitaires, Vivien sous la IIe République, Laferrière puis ***Duguit***, Hauriou, Berthélémy, Jèze (et Esmein pour le droit constitutionnel) sous la IIIe République apportent leur contribution à la précision des contours de notions souvent empruntées au droit civil, comme celle de ***tutelle***, mais aussi spécifiques comme les ***pouvoirs exorbitants de la puissance publique***, le service public, la libre administration des collectivités locales, tout en élargissant les possibilités de recours des citoyens en cas d'atteinte à leurs libertés fondamentales.

Pour aller aux sources du droit

Texte 32 : Henrion de Pansey, *Du pouvoir municipal et de police intérieure des communes*, 4e édition, 1840, Paris, 471 p., p. I-II.

Issu d'une famille de magistrats, avocat au parlement de Paris loué par Voltaire, franc-maçon, Henrion de Pansey est nommé par le Consulat juge au Tribunal de Cassation, puis président de sa Chambre des Requêtes et intègre également le Conseil d'État. Il montre ici le lien entre le pouvoir municipal qui s'exerce au plus près des citoyens, dans chaque commune, et les autres pouvoirs au sein de l'État, particulièrement dans le domaine de la protection de la sûreté des individus, de la police rurale et municipale.

« Motifs qui ont déterminé l'auteur à publier cet ouvrage.

Quoique les municipalités occupent le dernier degré de la hiérarchie des pouvoirs, cependant telle est la nature des fonctions qui leur sont propres, qu'il est peu de sujet plus digne de l'attention du législateur et des méditations de l'homme d'État.

Le pouvoir municipal est en contact immédiat avec tous les citoyens ; présent partout, il agit continuellement, et sur tous. Toujours le mieux et souvent le seul connu des classes inférieures de la société, comme elles ne voient que lui, c'est par lui qu'elles jugent les autres pouvoirs. Elles aiment, elles bénissent le gouvernement si l'administration municipale, constamment tutélaire, ne se montre que sous des formes douces et paternelles.

Les individus les plus obscurs ont, comme les autres citoyens, des intérêts et des devoirs. En les leur conférant, la loi devait leur en assurer la jouissance, et mettre à leur portée les moyens de les conserver et de les défendre. C'est ce qu'elle a fait en établissant dans chaque commune un corps municipal. Dans l'intention de la loi, les officiers municipaux sont donc les conseils et les protecteurs obligés de tous ceux qui, à raison de leur isolement et de leur indigence, sont dans l'impuissance de s'en procurer ; et cette honorable mission range les municipalités dans la classe des garanties sociales.

C'est de même sous l'égide du pouvoir municipal que la loi place les intérêts généraux des communes, tels que la sûreté, la tranquillité des habitants, l'administration et la conservation du patrimoine commun.

C'est encore à la vigilance et à l'autorité des corps municipaux que la loi confie tout ce qui concerne la salubrité de l'air, la paix de la cité, la décence dans les temples, l'ordre dans les réunions, la police dans les lieux publics, la direction des établissements de bienfaisance, le régime des prisons, la surveillance des spectacles, l'approvisionnement des marchés, la fidélité dans les poids et mesures, la bonne ou mauvaise qualité des médicaments et des comestibles exposés en vente.

Enfin les officiers municipaux sont chargés de prévenir et de faire cesser les incendies, les inondations, les épizooties, généralement tous les fléaux calamiteux, et particulièrement la circulation et la publicité de tout ce qui peut égarer les esprits et corrompre les mœurs. »

Pour aller aux sources du droit

Texte 33 : Baron de Gérando, *Institutes du droit administratif français ou éléments du code administratif*, Paris, Nêve, 1829, tome premier, p. 1-4.

Titulaire de la première chaire de droit administratif, le baron de Gérando est également un praticien de l'administration. Conseiller d'État, il repousse ici l'accusation de confusion d'un droit administratif qui, pour ne pas disposer de code, n'en est pas moins coordonné et susceptible de donner lieu à un recueil méthodique.

« *Avertissement.*

Les dispositions qui régissent le droit administratif de la France sont éparses dans les volumineux recueils qui contiennent toutes les lois rendues et les règlements portés à diverses époques et sur diverses matières ; elles s'y trouvent mêlées et confondues avec ces lois et ces règlements. Souvent elles se répètent, se modifient ou se détruisent les unes les autres. De là résultent, pour l'étude de notre droit administratif, des difficultés d'autant plus vivement senties que, dans l'étude dans l'étude des autres branches de notre jurisprudence, on est accoutumé à jouir de codes précis et méthodiques. De là aussi, pour le grand nombre d'esprits superficiels qui veulent tout savoir sans fatigue, et qui prononcent sans examen, le motif ou le prétexte d'accuser notre droit administratif d'être un chaos informe, confus, sans liaison et sans harmonie.

Toutefois, l'état des choses que nous signalons ici n'est point particulier à la France ; il n'est aucun état en Europe où il ne se présente également ; il n'en est peut-être aucun où la dissémination des dispositions qui régissent le droit administratif ne soit encore bien plus remarquable, où il ne faille remonter à des époques plus reculées, où la variété des règles ne se complique encore par la diversité des institutions spéciales aux différentes provinces. En France même, le système de notre législation administrative était autrefois bien plus étendu et bien plus incertain qu'il ne l'est aujourd'hui : maintenant toutes les portions du territoire obéissent aux mêmes lois, et sont administrées dans les mêmes formes ; notre législation est dégagée du régime des exceptions et des privilèges. [...]

Nous ne nous engagerons pas ici dans la discussion des raisonnements que des jurisconsultes éclairés ont opposés aux systèmes de codification. Quelle que soit l'opinion qu'on adopte sur l'utilité de refondre la législation entière par la création d'un code nouveau et systématique, on ne saurait mettre en question la nécessité de composer du moins, pour la science, un recueil coordonné et méthodique des lois en vigueur. C'est par ce genre de services que Pothier et Domat ont acquis tant de droits à notre reconnaissance. [...]

Au moment où le Gouvernement du Roi, par une mesure dont on ne peut assez lui rendre grâces, vient de fonder parmi nous l'enseignement du droit administratif, où il s'agit de constituer une science qui n'a point encore le caractère qu'elle est fondée à obtenir, et dont l'existence même est contestée par quelques critiques ; au moment où il faut en ouvrir les accès à une jeunesse avide d'instruction, on ne peut assez faire pour faciliter l'étude des éléments qui la composent. »

De grands commissaires du gouvernement, de Romieu à André Tardieu et Léon Blum, préparent les renversements de jurisprudence, les arrêts de principe qui tentent longtemps de canaliser l'inflation du droit administratif à mesure de la diversification des interventions de l'État gendarme, tempérant le strict principe révolutionnaire de la liberté du commerce et de l'industrie.

Pour aller aux sources du droit

Texte 34 : Léon Duguit, *Le droit social, le droit individuel et la transformation de l'État*, Deuxième conférence faite à l'École des Hautes Études sociales, Paris, F. Alcan, 1908, 154 p., p. 63-64.

Né à Libourne en 1859, professeur à la faculté de droit de Bordeaux, Léon Duguit y fonde une véritable « école de droit public » fondée sur la notion de service public, en opposition à la théorie de la puissance publique défendue par Hauriou à Toulouse. Il relativise le droit de propriété en mettant en avant le devoir social et met en cause la notion de « personne morale ».

« En écartant la double notion de personnalité et de souveraineté de l'État, nous pouvons fonder le principe d'une limitation effective et étroite, négative et positive, de l'action des gouvernants. Je sais bien que la doctrine de la souveraineté personnelle prétend qu'elle aussi peut limiter l'action de l'État. C'est possible, quoique, on l'a vu, les faits semblent prouver le contraire. En tout cas, elle ne peut la limiter que négativement ; elle ne peut pas imposer à l'État des obligations positives. Les Déclarations des Droits et les constitutions de 1789, de 1791 et de l'an III, qui contiennent l'expression la plus parfaite et la plus complète de la doctrine, ne parlent que d'une limitation négative. « Le pouvoir législatif, est-il dit, ne pourra faire aucune loi qui portent atteinte à l'exercice des droits naturels de l'homme », et rien de plus. D'où il suit que, quoi qu'on en ait dit, avec la souveraineté de l'État et la doctrine individualiste, on ne peut fonder l'obligation pour les gouvernants d'assurer gratuitement à tous un minimum d'enseignement, de procurer du travail à quiconque en demande et de fournir les moyens de subsistance à tous ceux qui sont dans l'impossibilité de se les procurer par leur travail. Notre législation positive, dominée jusqu'à ces dernières années par la fausse doctrine individualiste, n'a établi la gratuité de l'enseignement primaire qu'en 1881 ; elle n'a point encore reconnu ce qu'on appelle improprement le droit au travail ; et elle n'impose l'obligation d'assistance que depuis 1893 pour les malades et depuis 1905 pour les vieillards, les infirmes et les incurables. On peut dire ainsi que la reconnaissance des obligations positives des gouvernants a marché de pair avec la décroissance constante de la doctrine individualiste et de la conception régalienne de l'État qui en était connexe.

Que dans un régime politique fondé sur la conception du droit objectif, le devoir d'assistance, d'enseignement, d'assurance contre le chômage s'impose aux gouvernants, on le comprend aisément. Ceux-ci sont des individus comme les autres et non point les organes d'une prétendue personne collective. Comme les autres, ils sont soumis à la règle de droit, qui leur impose les obligations correspondantes à la situation qu'ils occupent dans la société et qui par conséquent les oblige à mettre la plus grande force qu'ils détiennent au service de l'interdépendance sociale. Ils ne sont pas seulement tenus de s'abstenir ; ils sont tenus d'agir, et cette obligation se traduit dans le devoir juridique d'enseignement, de garantie de travail ».

La Belle Époque est également le moment où le cadre départemental de l'action publique est contesté par le mouvement régionaliste.

Pour aller aux sources du droit

Texte 35 : Henry Chardon, « Les circonscriptions administratives », *L'organisation de la République pour la paix*, Publications de la dotation Carnegie pour la paix internationale, Section d'Économie et d'Histoire, 1927, p. 49-52.

Docteur en droit, conseiller d'État, administrateur du réseau des chemins de fer de l'État, Henry Chardon combat la bureaucratie et propose de réformer l'administration napoléonienne afin d'adapter ses méthodes de gestion à la modernité. Il critique ici la passion française pour les redécoupages administratifs en préconisant une mesure simple et pratique : la suppression de l'arrondissement et le regroupement des services publics communaux au niveau du canton, en une préfiguration des actuelles intercommunalités.

« Quelques-unes imaginent que nous devons, avant tout, remanier les cartes administratives de la France, que nos affaires iraient mieux instantanément, si nous nous décidions à sortir du département pour aller à la région ; avec des traits rouges, noirs, bleus, et des teintes plates variées, en un tour de main, ces hommes bien intentionnés refont la carte intérieure de la France, imaginent des parlements et des ministères régionaux et du même coup pensent avoir établi le règne de la démocratie. C'est plutôt aux provinces de l'Ancien Régime qu'ils nous ramèneraient et à un morcellement de la France dont nous ne voulons à aucun prix, car il détruirait promptement l'unité nationale. Nous restons attachés au département, non seulement par piété pour la Révolution française, mais parce que nos habitudes s'y sont adaptées et qu'il demeure un cadre commode pour un grand nombre de services publics ; mais l'arrondissement ne répond plus à rien.

Nous comprenons au contraire très bien que le canton peut être l'instrument de la décentralisation d'autorité que nous demandons. Au canton, peuvent être regroupés une demi-douzaine de fonctionnaires de l'administration centrale, le juge de paix, le receveur des contributions, l'instituteur chef, le conducteur des Ponts et Chaussées, l'agent central des postes, le chef du service de police. [...] Ils peuvent, sous le contrôle de leurs chefs départementaux ou régionaux, résoudre immédiatement la plupart des difficultés, contribuer puissamment au développement de la vie sociale et à l'amélioration des conditions individuelles. C'est une sorte de petit ministère qui serait installé au canton. [...] Ainsi on pourrait remédier au morcellement excessif des communes françaises, développer tant de services essentiels qui, pour notre honte, restent rudimentaires et, par la communauté et les fusions, améliorer singulièrement les autres ».

La profusion contemporaine des textes produits par les bureaux des directions ministérielles rend aujourd'hui illusoire toute tentative de figer ces normes mouvantes dans une codification administrative d'autant plus vouée à devenir rapidement obsolète que la matière intègre désormais un flux de normes transposées du droit communautaire européen.

2) Adaptation, mutation ou dissolution du droit français ?

La IIIe République opportuniste est également le moment où, quatre-vingts ans après son adoption, l'édifice napoléonien bénéficie de premiers aménagements. Ainsi la ***loi Naquet*** rétablit-elle le divorce en 1884, mais le Sénat refuse d'aller jusqu'à admettre le divorce par consentement mutuel, s'en tenant au divorce pour faute ou injure grave ; en 1904, la commission de révision du Code civil, suscitée par la comparaison peu flatteuse avec la modernité du BGB (Bürgerliches Gesetzbuch) récemment promulgué, échoue à élaborer un projet. À la veille de la Seconde Guerre mondiale, c'est la conception même de la famille patriarcale qui est altérée, au profit de la reconnaissance des droits de la femme mariée et des enfants naturels.

Après une tentative manquée sous la IVe République, la République gaullienne lance en 1964 la révision du Livre premier du Code civil, tâche considérable qui est confiée au ***doyen Carbonnier***, et qui est achevée en 1972.

Dorénavant, une révision globale du Code civil mettrait en exergue l'imbrication étroite du droit français, du droit communautaire européen et du droit conventionnel de la CEDH et de l'ONU. C'est surtout la construction d'une Union européenne d'abord sous la forme d'une communauté économique, puis d'un grand marché économique unique pour la libre circulation des hommes, des marchandises et des capitaux, enfin d'une union politique et monétaire qui a bouleversé la conception d'un droit exclusivement national. Ressentie par certains comme une atteinte inadmissible à la souveraineté de la Nation, l'intégration européenne s'inscrit dans un processus accéléré de mondialisation des normes juridiques, avec les puissants vecteurs que constituent l'attraction des Droits de l'homme, la mondialisation intense des échanges commerciaux et l'exportation du modèle constitutionnel occidental depuis 1989. Ce retour à un pluralisme des sources des normes de droit peut présenter une opportunité d'accroître la protection juridique des ressortissants français, tout en renforçant l'influence d'un droit européen issu de l'Humanisme, forgé dans un passé commun, et porteur de l'idée d'un État de droit respectueux de la diversité culturelle d'un monde multipolaire ainsi que des droits individuels, sociaux et environnementaux des générations futures. La compréhension de cette articulation complexe a beaucoup à gagner du recours au droit comparé, dans l'espace comme dans le temps de l'histoire.

Pour aller aux sources du droit

Texte 36 : Alexis de Tocqueville, *De la démocratie en Amérique*, Paris, 1835, réédition Garnier-Flammarion, 1981.

Fils de préfet, Tocqueville connaît admirablement le fonctionnement de l'administration française et expose lumineusement les éléments de continuité et de rupture entre les missions de l'intendant d'Ancien Régime et celles du préfet napoléonien. Son voyage d'études pénitentiaires en Amérique lui offre l'opportunité de comparer le système français à celui de la jeune démocratie d'outre-Atlantique. Il insiste ici sur le socle que forme la commune en Nouvelle-Angleterre, rôle tenu plus à l'Ouest par la circonscription intermédiaire du comté. Mais par-delà ces différences, l'esprit de profonde décentralisation règne partout, avec pour corollaire l'absence de hiérarchie et l'arbitrage par les tribunaux.

« Nous avons vu qu'au Massachussetts, le principe de l'administration publique se trouve dans la commune. La commune est le foyer dans lequel viennent se réunir les intérêts et les affections des hommes. Mais il cessa d'en être ainsi à mesure que l'on descend vers des États où les lumières ne sont pas aussi universellement répandues, et où, par conséquent, la commune offre moins de garantie de sagesse et moins d'éléments d'administration. À mesure donc que l'on s'éloigne de la Nouvelle-Angleterre, la vie communale passe en quelque sorte au comté. Le comté devient le grand centre administratif et forme le pouvoir intermédiaire entre le gouvernement et les simples citoyens. [...]

Ce sont là les principales différences que présente la constitution de la commune et du comté dans les divers États confédéré. J'en ai dit assez, je pense, pour faire comprendre sur quels principes généraux repose l'administration aux États-Unis. Ces principes sont diversement appliqués [...] mais au fond, ils sont partout les mêmes. Les lois varient ; leur physionomie change ; un même esprit les anime.

La commune et le comté ne sont pas constitués partout de la même manière ; mais on peut dire que l'organisation de la commune et du comté aux États-Unis repose partout sur cette même idée : que chacun est le meilleur juge de ce qui n'a rapport qu'à lui-même, et le plus en état de pourvoir à ses besoins particuliers. La commune et le comté sont donc chargés de veiller à leurs intérêts spéciaux. L'État gouverne et n'administre pas. [...] La première conséquence de cette doctrine a été de faire choisir par les habitants eux-mêmes, tous les administrateurs de la commune et du comté, ou du moins de choisir ces magistrats exclusivement parmi eux.

Les administrateurs étant partout élus, ou du moins irrévocables, il en est résulté que nulle part on n'a pu introduire les règles de la hiérarchie. [...] Il s'en est suivi l'obligation d'introduire plus ou moins les tribunaux dans l'administration. [...]

En général, on peut dire que le caractère saillant de l'administration publique aux États-Unis est d'être prodigieusement décentralisée. »

Pour aller aux sources du droit

Texte 37 : Circulaire du ministre de l'Intérieur, comte de Persigny, aux préfets à la veille des élections, 11 février 1852.

Déjà utilisée par les monarchies censitaires de la première moitié du XIXe siècle, la pratique du soutien par l'ensemble des fonctionnaires d'un candidat officiel choisi par l'administration préfectorale est systématisée sous le Second Empire. Le comte de Persigny, ministre de l'Intérieur, ordonne ici aux préfets d'éclairer et de guider le choix des électeurs lors du scrutin pour le Corps législatif selon le seul critère du soutien à l'action du gouvernement du prince Louis-Napoléon, avant qu'il ne devienne avec le coup d'État du 2 décembre 1852, l'empereur Napoléon III.

« Dans les élections qui se préparent, le peuple français a un rôle important à remplir. Mais ici quel ne serait pas son embarras sans l'intervention du gouvernement ! Comment 8 millions d'électeurs pourraient-ils s'entendre pour distinguer, entre tant de candidats recommandables à tant de titres divers et sur tant de points à la fois, deux cent soixante et un députés animés du même état d'esprit, dévoués aux mêmes intérêts, et disposés également à compléter la victoire populaire du 20 décembre ? Il importe donc que le gouvernement éclaire à ce sujet les électeurs. Comme c'est évidemment la volonté du peuple d'achever ce qu'il a commencé, il faut que le peuple soit mis en mesure de discerner quels sont les amis et quels sont les ennemis du gouvernement qu'il vient de fonder.

En conséquence, Monsieur le Préfet, prenez des mesures pour faire connaître aux électeurs de chaque circonscription de votre département, par l'intermédiaire des divers agents de votre administration, par toutes les voies que vous jugerez convenables, selon l'esprit des localités et, au besoin, par des proclamations affichées dans les communes, celui des candidats que le gouvernement de Louis-Napoléon juge le plus propre à l'aider dans son œuvre réparatrice.

Je vous recommande surtout, Monsieur le Préfet, de mettre l'intérêt de l'État au-dessus des questions de personnes.

Le gouvernement ne se préoccupe pas des antécédents politiques des candidats qui acceptent avec franchise et sincérité le nouvel ordre des choses ; mais il vous demande en même temps de ne pas hésiter à prémunir les populations contre ceux dont les tendances connues, quels que soient d'ailleurs leurs titres, ne seraient pas dans l'esprit des institutions nouvelles. Ceux-là seuls sont dignes du choix du peuple qui sont résolus et qui s'engagent à défendre son ouvrage. »

Pour aller aux sources du droit

Texte 38 : Ferdinand Hérold et Paul Jozon, docteurs en droit, avocats au Conseil d'État et à la Cour de cassation, *Manuel de la liberté individuelle*, Paris, E. Thorin, 1868, p. 3.

Les pressions administratives et les menaces de poursuites judiciaires qui pèsent sur les opposants légitimistes, orléanistes et surtout républicains à Napoléon III incitent certains ténors du barreau à organiser des comités électoraux tout en mettant à disposition des citoyens des guides juridiques leur exposant leurs droits et des moyens de défense vis-à-vis de l'administration préfectorale et des procureurs impériaux. Avocats « aux conseils », accusés et condamnés lors du célèbre « Procès des Treize », futurs préfet de la Seine et député de la Seine-et-Marne au début de la Troisième République, Ferdinand Hérold et Paul Jozon s'inspirent de l'histoire des exemples libéraux anglais et américains pour étudier le principe et les modalités de respect de la liberté individuelle en France.

« Introduction.

L'une des premières conséquences de la Révolution de 1789 a été de faire reconnaître et proclamer le principe de la liberté individuelle, qui jusque-là avait été livrée sans défense au bon plaisir du gouvernement et des personnages puissants.

L'Assemblée Constituante avait déjà dans plusieurs occasions, fait respecter le principe au moyen de décrets spéciaux, lorsqu'elle le consacra par la Constitution du 3 septembre 1791. Depuis, le principe de la liberté individuelle a été confirmé par un grand nombre de textes législatifs. [...] Mais il ne suffit pas de proclamer un principe dans les Constitutions, il faut encore pour le mettre efficacement en vigueur, en régler l'application par des lois précises et positives. C'est ce qu'ont fait pour la liberté individuelle, mais avec une insuffisance universellement reconnue, les lois pénales générales. [...] A côté de ces textes généraux, des lois spéciales sont venues apporter à l'application du principe de la liberté individuelle, leur contingent de complications, et le plus souvent, de regrettables restrictions. Parmi celles qui ont ce caractère, et qui, intervenues pour la plupart aux époques les plus troublées de notre histoire contemporaine, ne s'appuyaient que sur des nécessités politiques au moins contestables, nous citerons les décrets des 3 avril et 17 septembre 1793, sur l'arrestation des suspects, la Loi de sûreté générale du 29 octobre 1815, les lois analogues des 12 février 1817 et 26 mars 1820, le décret du 8 décembre 1851 et la Loi de sûreté générale du 27 février 1858. [...] Il est résulté de cette situation précaire de la liberté individuelle en France, des incertitudes et des obscurités qu'on a signalées fréquemment et avec insistance. Mais on peut dire que les questions relatives à la liberté individuelle, à la légalité ou à l'illégalité d'arrestations opérées dans certaines conditions, aux cas où il est permis ou au contraire défendu de résister à ces arrestations, et aux moyens à employer pour obtenir réparation quand elle est due, n'ont jamais eu, grâce à une succession de faits récents, plus d'actualité qu'aujourd'hui. L'opinion publique s'inquiète de la facilité avec laquelle la législation actuelle et l'interprétation qui lui est donnée permettent aux agents de la force publique d'arrêter les citoyens parfois les plus paisibles sous les prétextes les plus légers. On se demande si, à défaut de ces protections précieuses, comme l'habeas corpus de la libre Angleterre, que plusieurs nations voisines ont le bonheur de posséder, pour sauvegarder la liberté individuelle, la législation française n'offre pas tout au moins quelques entraves à opposer au zèle des agents subalternes de l'autorité ; on se refuse à regarder comme perdue cette grande conquête de la Révolution de 1789, la liberté de la personne, qui constitue le premier de nos droits naturels, droit sans lequel il n'y a pour une nation ni dignité, ni sécurité, ni par conséquent prospérité véritable. C'est pour répondre à cette préoccupation que nous nous sommes proposé d'étudier et d'exposer aussi brièvement que possible quelles sont les garanties, quelque défectueuses qu'elles puissent être dans certains cas, qu'assure notre législation actuelle à la liberté individuelle, et comment la jurisprudence interprète et applique ces garanties ».

BIBLIOGRAPHIE

Sur la codification et les réactions en Europe :

Arnaud (A.-J.), *Les origines doctrinales du Code civil français*, Paris, LGDJ, 1969.

Beignier (B.), (la direction de), *La Codification*, Paris, Dalloz, 1996.

Droits, n° 24, « La codification ».

Carbonnier (J.), « Le Code civil », *in* NORA (P.) (sous la direction de), *Les lieux de mémoire*, Paris, Gallimard, 1984, tome II, *La Nation, 2, Le territoire, l'État, le patrimoine*, pp. 294-315.

Dunand (J.-Ph.), Winiger (B.), *Le Code civil français dans le droit européen*, Bruxelles, Bruylant, 2005.

Halpérin (J.-L.), *L'impossible Code civil*, Paris, PUF, 1992.

Halpérin (J.-L.), *Histoire des droits en Europe de 1750 à nos jours*, Paris, Flammarion, 2004.

HAKIM (N.), *L'autorité de la doctrine civiliste française au XIXe siècle*, Paris, LGDJ, 2002.

LACOUSMES (P.), PONCELA (P.), LENOËL (P.), *Au nom de l'ordre. Une histoire politique du code pénal*, Paris, Hachette, 1989.

Le Code civil, *Revue Pouvoirs*, n° 107, 2003.

THIREAU (J.-L.), « Fondements romains et fondements coutumiers du Code civil », *Droits,* n° 45, 2005, *Esprit du Code civil,* 2, pp. 3-18.

VANDERLINDEN (J.), *Le Concept de code en Europe occidentale du XIIIe au XIXe* siècle. Essai de définition, Bruxelles, Université libre, Éditions de l'Institut de sociologie, 1967.

Sur le développement spécifique du droit administratif et du droit constitutionnel :

BIGOT (G.), *L'autorité judiciaire et le contentieux de l'administration. Vicissitudes d'une ambition. 1800-1872,* Paris, LGDJ, 1999.

BURDEAU (F.), *Histoire du droit administratif*, Paris, PUF, Thémis, 1995.

BURDEAU (F.), « Naissance d'un droit », *in Mélanges en hommage à Jean Gaudemet*, Paris, PUF, 1999, pp. 521-540.

PLESSIX (B.), *L'utilisation du droit civil dans l'élaboration du droit administratif*, Paris, Éditions Panthéon-Assas, 2003.

TROPER (M.), *La séparation des pouvoirs dans l'histoire constitutionnelle française*, Paris, LGDJ, 1973.

VERPEAUX (M.), « Le pouvoir réglementaire sous la Révolution », *Droits,* 17, 1993, pp. 113-124.

Sur le pluralisme du droit contemporain :

CARBONNIER (J.), « L'avenir d'un passé », *in L'avenir du droit. Mélanges en hommage à François Terré*, Paris, Dalloz, PUF, 1999, pp. 5-10.

GRIDEL (J.-P.), « Déclin des spécificités françaises et éventuel retour d'un droit commun européen », *D.*, 1999, Chronique, pp. 139-146.

KNÜTEL (R.), « L'unité du droit en Europe et le droit romain », *Revue d'histoire des facultés de droit et de la science juridique*, 19, 1998, pp. 125-165.

MALAURIE (Ph.), « La révolution des sources », *Les Petites Affiches*, 147, 25 juillet 2006, pp. 10-14.

RÉMY (Ph.), « Le processus de « dé-codification » », *in* DUNAND (J.-Ph.), WINIGER (B.), (sous la direction de), *Le Code civil français dans le droit européen,* Bruxelles, Bruylant, 2005, pp. 197-216.

SCHULZE (R.), « La renaissance de l'idée de *jus commune* », *in* DELMAS-MARTY (M.), MUIR WATT (H.),

VAN HOECKE (M.), « Le Code civil et la base commune du droit privé en Europe », *in* WIJFFELS (A.), (sous la direction de), *Le Code civil entre* jus commune *et droit privé européen*, Bruxelles, Bruylant, 2005, pp. 29-46.

*L*exique

Aides : impôts indirects levés sur la consommation des denrées (boissons, jeux, métaux).

Apanage : donation, le plus souvent territoriale, aux cadets royaux pour leur entretien. La couronne conserve la propriété suprême des pays concédés qui reviennent au domaine royal en cas d'extinction d'une branche.

Arrêt de règlement : acte à valeur législative pris sous forme de décision de justice et dont l'autorité s'impose aux tribunaux inférieurs dans le ressort de la cour qui le prend.

Assemblée synodale/concile : le mot « synode » désigne une réunion, une assemblée délibérative. Il est employé jusqu'à une période récente comme synonyme du mot de concile pour désigner les assemblées d'évêques, qu'elles soient locales ou œcuméniques. Ainsi toutes les assemblées d'évêques de l'Église antique ou médiévale sont appelées « concile ». La place de ces assemblées est importante notamment dans l'Église antique et médiévale lorsque l'autorité supérieure du pape n'est pas pleinement établie pour établir les canons et régler les crises propres au fonctionnement de l'Église. Le concile de Trente, de 1545 à 1563, réforme l'Église catholique avec pour objectif de reconquérir les fidèles sur les Réformes protestantes.

Bailli : sur le modèle de la monarchie anglo-normande, les Capétiens généralisent au XIIIe siècle cet agent public territorial, situé au-dessus des prévôts qu'il surveille. Nommé en conseil du roi, cet enquêteur devient un contrôleur de l'ensemble des agents inférieurs royaux de sa circonscription, le bailliage. Ses compétences sont très étendues et généralistes : judiciaires, fiscales, militaires. Il est à la fois administrateur et juge royal.

Ban (pouvoir de) : du terme germanique *bannum*, ce mot désigne le pouvoir de commandement des chefs Francs qui comporte le droit de contraindre et punir et est exemplaire du pouvoir royal. C'est par extension sous les Carolingiens que ce pouvoir essentiellement militaire s'étend au pouvoir d'élaborer des actes à caractère général de nature législative. Exercé au sommet par le roi, ce pouvoir est délégué à ses subalternes, comtes et ducs, dans leurs circonscriptions respectives. À l'heure de la désagrégation politique et territoriale du pouvoir au Xe siècle, ce pouvoir de ban est approprié par les seigneurs locaux et s'élargit au droit de justice.

Bénéfice : au sens initial de bienfait, il s'agit à l'origine d'un bien, généralement foncier, accordé par le roi (Mérovingien ou Carolingien) ou un grand dignitaire, en remerciement de services rendus ou à venir. Confié d'abord en pleine propriété, le bien est progressivement utilisé par le roi pour récompenser ceux qui le servent à titre viager et s'attacher ainsi ceux qui vont devenir ses vassaux. La technique s'apparente à un moyen de gouvernement pour enrôler des fidèles. Le bien devient héréditaire au Xe siècle dans le contexte d'affaiblissement de l'autorité centrale et le terme de bénéfice est réservé à l'Église à partir du XIe siècle, remplacé par la notion de fief pour les laïques.

Canon : afin de compléter le *Décret* de Gratien, grande compilation du droit canonique réalisée vers 1140, le pape Grégoire IX lance vers 1230 l'entreprise de réunion des décrétales qui résultent de l'inflation législative pontificale. L'ensemble de ces compilations constitue au XIIIe siècle le *Corpus juris canonici*. Le droit canonique exerce une grande influence bien au-delà des membres du Clergé catholique, particulièrement sur la vie conjugale. En outre, les canonistes contribuent au développement de la doctrine et pèsent en faveur du consensualisme dans le droit des contrats et de l'humanisation du droit et de la procédure pénale.

Citoyen romain : à Rome dans l'Antiquité, la citoyenneté offre des droits étendus et fondamentaux aux individus titulaires de ce statut. L'ensemble de ces droits forme le droit de cité romain (*jus civitas* ou *civitas*). À l'origine, le droit de cité, c'est-à-dire la reconnaissance de la citoyenneté, est réservé aux hommes libres inscrits dans les tribus de la ville de Rome et de son territoire limitrophe. En 89 av. J. C., il est étendu à tous les hommes libres d'Italie ; trois siècles après, en 212, il est accordé à tous les hommes libres de l'Empire romain. L'extension de la citoyenneté fut un puissant vecteur d'attraction et d'assimilation des populations de la Rome antique.

Chancelier : chef de la justice déléguée par le roi. Premier des grands officiers du royaume, chargé de la garde des Sceaux, le chancelier de France contrôle les offices et dirige le conseil du roi.

Clergé : premier ordre du royaume, le clergé comprend l'ensemble des ecclésiastiques, aussi bien les réguliers qui respectent une règle de vie communautaire que les séculiers qui vivent « dans le siècle » avec les paroissiens.

Code : ensemble de textes législatifs réunis en un seul corps et destinés à régir les matières d'une branche du droit.

Commissaire : agent du roi muni d'une lettre de commission qui détaille ses missions. Le commissaire est révocable et n'est pas propriétaire de sa charge, à l'inverse de l'officier royal.

Common law : le terme Common law est difficilement traduisible en français, bien que l'origine de ce mot provienne d'une expression franco-normande « commune ley » signifiant « loi commune ». Le terme « droit commun » ne convient pas car il laisserait supposer qu'il existe des cours d'exception, alors que les décisions de justice de la chancellerie en Angleterre (*Equity*) viennent seulement compléter la Common law. « Droit coutumier » sous-entendrait qu'il s'agit seulement d'un droit verbal, issu de la tradition. Enfin, « droit jurisprudentiel » serait insuffisant puisque la Common law s'appuie aussi sur les lois votées par le Parlement. Bref, conservé comme tel, le terme de Common Law désigne un système de droit bâti essentiellement sur les précédents judiciaires des juridictions anglaises depuis le Haut Moyen Âge, par opposition au droit civiliste ou codifié des pays de tradition romano-germanique comme la France. Ce système donne la prééminence aux décisions des tribunaux, fondées originairement sur les sources coutumières anglo-saxonnes et normandes du Moyen Âge anglais et enrichies au fil des siècles. Il est en vigueur avec des nuances locales au Royaume-Uni (sauf en Écosse), en

Irlande, au Canada (sauf au Québec), aux États-Unis (sauf en Louisiane, Californie) et d'une façon générale dans les pays du Commonwealth.

Compensation pécuniaire : voir Vengeance privée

Comte : à partir des Mérovingiens, le comte représente l'autorité royale sur le territoire et exerce sur la circonscription du comté la puissance publique au nom du roi. À ce titre, assisté de centeniers ou viguiers, puis de vicomtes ou vicaires, il exerce l'administration générale de son comté, rend la justice entre les populations d'origines diverses, lève l'impôt, commande militairement les troupes. Son rôle se prolonge sur ces bases à l'époque carolingienne et il est contrôlé par les agents missionnés par le roi, les *missi dominici*. Construisant progressivement des lignages familiaux puissants, richement dotés par les bénéfices et *honores*, les comtes s'émancipent par rapport au pouvoir central à la fin du IXe siècle pour exercer le pouvoir de ban à leur compte, en tant que seigneurs, même au nom du roi. Ce modèle d'exercice du pouvoir se répercute à l'échelon inférieur au comté et les subordonnés du comte et chefs locaux gagnent à leur tour en indépendance à l'échelle de leur seigneurie. La titulature comtale se multiplie passé le XIe siècle, alors qu'une graduation des titres du comte au duc se développe.

Concordat : accord portant sur les matières religieuses entre un État et l'Église, tel le concordat de Bologne de 1516 entre le pape et le roi de France François Ier.

Conseil du roi : le Conseil du roi a des attributions suprêmes de justice et d'administration. Il émet des édits et ordonnances ainsi que des arrêts de règlement pour préciser la législation.

Constitution : ensemble des règles fondamentales qui régissent l'organisation et les rapports des pouvoirs publics et qui fixent les grands principes du droit public. Par opposition à la constitution coutumière dont les règles sont incorporées progressivement, la constitution écrite est fixée par de grands textes dont la modification peut être rigide, par des formes solennelles, ou souple par la simple procédure législative.

Consul : deux consuls élus chaque année sous la République romaine puis désignés sous l'Empire romain constituent les magistratures suprêmes détenant le pouvoir souverain à l'instar d'un roi, l'*imperium*. En revanche, du Moyen Âge jusqu'à la Révolution, les consuls sont les magistrats principaux des villes du sud de la France qui ont pu se libérer du pouvoir féodal. À la fin de la Révolution de 1789 de l'an VIII à 1804, sur le modèle équivalent à une dictature à la romaine, Napoléon Bonaparte sous le titre de Premier Consul (avec Cambacérès et Lebrun pour 2e et 3e Consuls) est à la tête d'un régime autoritaire qui tire parti des expériences révolutionnaires jusqu'à sa transformation en Empire sous forme de dictature militaire.

Cours souveraines : les parlements, la cour des aides et la chambre des comptes statuent en dernier ressort par des arrêts non susceptibles d'appel.

Coutume : règle de droit d'application limitée à une assise territoriale, la coutume désigne dans un premier temps des prérogatives de puissance publique légitimées par un usage traditionnel, répété dans le temps. Le ressort d'application d'une coutume est très variable, d'une simple seigneurie à l'ensemble d'une province. Cette multiplicité, conjuguée à la difficulté d'apporter des preuves de son existence, soulève des problèmes d'interprétation qui encouragent à réduire l'incertitude juridique : la rédaction de coutumiers municipaux ou privés précède l'entreprise officielle de rédaction des coutumes, contrôlée par la puissance royale dès l'ordonnance de Montils-lès-Tours en 1454. La procédure de rédaction officielle associe les représentants des populations et incite à la réformation des coutumes obsolètes.

Dharma : concept indien spécifique, le Dharma prend en charge la totalité des devoirs qui pèsent sur un individu selon son statut et l'étape de sa vie. Ce n'est qu'un aspect des règles qui pèsent sur un individu et la société. Le Dharma n'est ni l'équivalent de droit, ni l'équivalent de religion : il ne conçoit pas une césure entre ce qui est régi par la nature et ce qui est régi par le droit, et ce qui est matériel et séculier est de la même nature que ce qui est spirituel ou sacré. Le concept est associé à des concepts complémentaires : *dharma* enseigne la mesure, *artha* dicte l'intérêt, *kama* conduit au plaisir ; l'homme doit suivre ces trois éléments de façon combinée et adaptée.

Dîme : impôt ecclésiastique proportionnel aux fruits de la terre ou de l'élevage payé par la paysannerie pour l'entretien du clergé, bien que seule la portion congrue revienne au curé de la paroisse.

Duc : prolongeant les titres des chefs militaires romains, le titre de duc est conféré à partir du VIIe siècle pour certains fidèles du roi chargés de contrôler les comtes sur le territoire, dans des circonscriptions qui englobent les comtés. Renouvelée après le VIIIe siècle, cette initiative échoue à renforcer l'autorité royale. Au contraire, les ducs s'émancipent à la fin du IXe siècle et constituent des principautés dans lesquelles ils exercent le pouvoir dans leur propre intérêt, indépendamment du roi. Le titre assure un prestige supérieur à celui du comte sur le territoire, et ce n'est que patiemment, entre le XIIIe et le XVIe siècle, que le roi rattache un à un les duchés à la couronne, dévaluant le titre en un simple élément honorifique.

Duel judiciaire : voir ordalie

Échevin : homme de loi de l'époque carolingienne, il succède aux rachimbourgs de l'époque mérovingienne et intervient comme assesseur au tribunal du mallus présidé par le comte. Son introduction dans le système judiciaire vise à tempérer la volonté comtale et à redorer la justice d'État même si la réalité les maintient dans le cercle d'influence du comte. Au nombre de 12 par mallus, les échevins sont nommés à vie et assistent à toutes les sessions du tribunal. Avec l'élargissement de leurs compétences à partir du XIe siècle, ils désignent au XIIe siècle les notables des villes dotées de chartes de libertés qu'ils sont appelés à administrer.

Édit : acte législatif royal portant sur une matière précise.

Égalité : principe d'après lequel tous les individus ont, sans distinction de naissance, d'origine sociale ou de religion, la même vocation à la protection juridique que les lois établissent. L'égalité civile implique l'égalité devant la loi, devant les charges publiques, devant la justice et l'égale admissibilité aux fonctions et emplois publics. L'égalité politique y ajoute l'égale participation au choix du gouvernement de l'État et aux mandats électifs.

État-gendarme : dans la doctrine des économistes libéraux classiques, le rôle de l'État doit se borner à assurer l'ordre social et juridique en se gardant d'intervenir dans les rapports de droit privé entre l'employeur et son salarié.

États généraux : organe consultatif de la monarchie convoqué pour la première fois en 1302, cette assemblée tripartite correspond aux trois ordres statutaires de la société jusqu'à la Révolution française.

États provinciaux : ces assemblées particulières sont le témoignage des franchises et libertés locales conservées par une province au moment de son rattachement à la couronne. Comme les États généraux, les États provinciaux reflètent l'organisation tripartite de la société d'Ancien Régime ; ils subissent également une éclipse sous l'État absolutiste qui les supprime, omet de les convoquer ou bien leur substitue de plus souples assemblées de communautés. Le cœur de leurs prérogatives se situe dans le consentement à l'impôt royal, la discussion avec l'intendant de la fixation de sa levée et de son assiette.

Excès de pouvoir : dépassement de sa compétence juridique par un agent administratif ou par un juge.

Fief : voir Vassal

Glose : commentaires et interpolations en marge d'un texte de droit canonique.

Gouverneur : administrateur de la circonscription militaire et politique du gouvernement provincial, chargé de diriger la défense d'une place forte.

Imperium : terme latin signifiant « pouvoir de donner des ordres », il est employé pour désigner la parcelle de puissance publique reconnue initialement à Rome au roi puis attribué à certains magistrats comme les consuls romains et leur permettant de prendre des commandements au motif initial que le pouvoir de consulter les dieux, par le droit d'auspices, leur est reconnu. De cette faculté sacrée résultait un pouvoir sans restriction sur le plan militaire, par le pouvoir de lever des armées et de défendre la cité ; sur le plan civil, par le pouvoir de dire et faire appliquer le droit, organiser la vie politique et maintenir l'ordre public. Par extension, cet *imperium* vient désigner en droit l'ensemble des pouvoirs tirés de la puissance publique qui permettent au juge étatique de trancher avec autorité un litige, à l'autorité de l'État de disposer de la force publique, d'ordonner une astreinte, etc. À Rome, l'*auctoritas principis* (autorité morale supérieure reconnue avant tout au Prince puis au Sénat) et la *potestas* (pouvoir administratif et judiciaire reconnu à la plupart des magistrats) complètent l'*imperium* qui représente un pouvoir d'essence militaire.

Intendant : commissaire royal placé à la tête d'une généralité avec des compétences générales très étendues.

Jurisconsulte : personne spécialiste du droit qui fait profession de donner des avis sur des questions juridiques.

Justice retenue : justice qui dépend du roi, exercée personnellement au moyen des lettres de cachet, fermées et scellées.

Laïcisation : politique visant à réaliser la laïcité, la séparation de la société civile et du religieux, du pouvoir étatique et des Églises.

Légiste : juriste gradué (diplômé) en droit romain.

Légitimation : bénéfice de la loi par l'effet duquel la qualité d'enfant légitime est conférée à un enfant naturel ou adultérin.

Libéralisme : doctrine qui prône l'extension des libertés politiques, individuelles et publiques, d'opinion, de presse, d'opinion religieuse, de réunion, d'association, du commerce et de l'industrie, du travail. Sur le plan économique, le libéralisme postule l'initiative individuelle, la libre concurrence, le développement des échanges par la suppression des entraves protectionnistes et l'absence d'intervention de l'État dans la rencontre de l'offre et de la demande sur le marché.

Lit de justice : séance solennelle du Parlement de Paris par laquelle la présence du roi impose l'enregistrement d'un acte législatif en dépit des remontrances des magistrats. La déclaration royale est lue par le chancelier.

Loi du Talion : voir Vengeance privée

Lois fondamentales : les « lois du royaume » forment une constitution non écrite qui impose, y compris au roi, les règles d'inaliénabilité et l'imprescriptibilité du domaine royal et de dévolution de la couronne (primogéniture, masculinité, catholicité).

Mallus : latinisé à partir d'un mot Franc (mall, temps pour discuter) évoquant le mallberg, "la colline au discours" sur laquelle les anciens réitéraient la coutume, le mallus est à l'époque du Haut Moyen Âge l'assemblée des hommes libres convoquée par le centenier ou le viguier, au sein de chaque pagus ou comté pour trancher les litiges. Présidé par le comte, ce tribunal rend sous la conduite de rachimbourgs désignés par le comte la justice ordinaire publique. Il a une compétence générale, à la fois civile et militaire et est compétent pour tous les habitants du pagus. Le tribunal est itinérant et suit les tournées judiciaires. En son sein, le comte rend une sentence acclamée par l'ensemble des hommes libres assemblés qui sont des juges occasionnels et non-professionnels. Néanmoins, les rachimbourgs vont rapidement devenir de simples assesseurs et le comte va récupérer l'essentiel des pouvoirs judiciaires.

Maison du roi : administration chargée à la cour des services qui entourent la personne royale et ses bâtiments.

Marquis : à l'époque carolingienne et pendant le Haut Moyen Âge, le titre de marquis correspond à un commandement militaire, sur une région frontalière (dite marche ou marquisat). Le marquis, *marchensis* en bas latin, est un comte doté de pouvoirs militaires lui permettant de lever le contingent de l'armée sans en avoir reçu l'ordre du souverain. Cette extension de l'autorité comtale se justifie par le fait qu'il s'agit d'un comté situé à la frontière du royaume et donc particulièrement exposé aux menaces, et qu'en cas d'invasion, une réaction militaire rapide doit être possible. C'est également cette autorité accrue qui permettra au marquis de prétendre avoir un rang hiérarchique supérieur à celui de comte, mais inférieur à celui de duc, puisque celui-ci exerce, au nom du souverain, une autorité militaire et judiciaire sur plusieurs comtés.

Missi dominici : littéralement, les « envoyés du seigneur », les missi sont des envoyés spéciaux des souverains Carolingiens qui contrôlent les représentants du pouvoir royal au plan local. Ils permettent au roi de hiérarchiser son administration, de centraliser le pouvoir et ils expriment une idéologie proprement impériale. Envoyés en collège de deux ou trois, comptant en général au moins un comte et un évêque, ils sont dans un premier temps étrangers au district qu'ils viennent contrôler et administrer. Lors de leurs tournées, ils doivent notamment rendre la justice, faire respecter des droits royaux, contrôler les officiers royaux et en particulier les comtes, recevoir les serments d'allégeance, superviser la conduite et le travail du clergé et vérifier la pratique religieuse au sein de l'Empire.

Municipalité : constituée à partir de la renaissance urbaine du XIIe siècle, les institutions des villes perdent après le Moyen Âge l'essentiel de leur autonomie à mesure que leurs charges deviennent vénales. Elles perdent leurs attributions judiciaires et financières et se recentrent sur la voirie, l'approvisionnement des marchés et l'assistance publique. À partir de Colbert, la pesante tutelle de l'intendant réduit leurs marges de manœuvre financières. Seule la réforme Laverdy de 1764 laisse entrevoir la possibilité d'une unification statutaire de magistrats municipaux élus par la population urbaine.

Ordalie/Duel judiciaire : entre le Ve et le XIIIe siècle, l'ordalie est un mode de preuve utilisé en parallèle des preuves rationnelles pour établir la culpabilité des accusés à l'occasion des procès. Faute d'un pouvoir d'enquête reconnu au juge sur le modèle romain, chaque partie a vocation à apporter ses preuves de façon accusatoire et à réclamer la vérification des serments prêtés par les parties par l'organisation de cette procédure. En elle-même, l'ordalie est une épreuve physique organisée pour la partie devant établir son droit, sous le regard de Dieu qui tranche de façon irréfragable. L'ordalie unilatérale se distingue de l'ordalie bilatérale ou duel judiciaire. L'ordalie unilatérale par l'eau ou le feu engage le corps (la main) de la partie accusée dont on va surveiller la guérison après avoir subi un fer chauffé ou avoir été plongée dans l'eau bouillante ; la guérison présume l'innocence. Pour l'ordalie bilatérale ou duel judiciaire, plus tardive à se développer (VIIIe siècle), les deux parties ou leurs champions s'affrontent pour établir la véracité des serments. Le vainqueur emporte son bon droit. Le renouveau de la procédure romaine à partir du XIe siècle, avec ses preuves rationnelles et sa procédure inquisitoire, prive l'ordalie bilatérale de sens : les ordalies sont interdites par St.-Louis au XIIIe siècle.

Officier : détenteur d'une fonction publique conférée à vie avec droit de présentation du successeur. L'office est vendu par l'État à partir du XVIe siècle puis transmissible après 1604 moyennant le paiement d'un droit, la paulette, qui ouvre l'accès à la noblesse.

Ordonnance : acte législatif royal général portant sur plusieurs matières.

Parlements : cours souveraines établies pour rendre la justice royale en dernier ressort. Les 13 parlements, à l'instigation de celui de Paris, développent leurs prétentions politiques et législatives sous l'absolutisme.

Plébéien/Patricien/Pérégrin : dès la monarchie romaine, la plèbe est formée des citoyens romains distincts des esclaves. Formée des plébéiens, cette « classe » sociale se définit par opposition aux patriciens ou plus tard à la *nobilitas* et constitue la partie du peuple qui s'oppose à l'organisation oligarchique de la cité. Elle apparaît chronologiquement après les patriciens qui sont des citoyens romains appartenant, de par la naissance, à la classe supérieure (aristocratie) et ont de nombreuses prérogatives. Selon la tradition, ils descendent des cent familles, les gentes, présentes à la fondation de Rome, dont les chefs, nommés *patres*, sont choisis par Romulus et ses successeurs pour former le Sénat. À partir du Ve siècle av. J. C., les plébéiens réclament et obtiennent la reconnaissance de droits politiques qui leur assurent une représentation de poids au sein du Sénat romain et leur ouvrent l'accès aux magistratures. Les pérégrins sont des hommes libres, habitant les provinces conquises par Rome, ne disposant ni de la citoyenneté romaine, ni du statut juridique des Latins. Ils ont un statut juridique (civil et pénal) inférieur à celui des citoyens. Ils servent dans les troupes auxiliaires de l'armée, non en tant que légionnaires. Ils payent plus d'impôts que les citoyens, mais n'ont aucun droit politique à Rome. Ce statut disparait en 212 quand l'édit de Caracalla donne à tous les hommes libres de l'Empire la citoyenneté romaine.

Précédent judiciaire : décision juridictionnelle correspondant à une solution de droit qui, par son antériorité, est prise comme référence dans une situation nouvelle à juger présentant des circonstances semblables aux faits d'origine. Dans certains systèmes de droit, comme le système de Common Law, fortement marqués par le droit coutumier, ce précédent peut avoir valeur d'exemple et faire autorité. Les tribunaux rendent de ce fait des décisions conformes aux décisions antérieures au motif qu'elles expriment le droit du pays et que les juges assermentés se doivent de dire ce droit. Dans les pays de tradition romano-germanique davantage marqués par la norme légale, une pluralité de décisions judiciaires cohérentes sert avant tout à construire une jurisprudence constante. L'autorité de celle-ci est renforcée auprès des juges de première instance par la hiérarchie existante entre les différents degrés de juridictions.

Préfet : fonctionnaire politique placé par le pouvoir central au chef-lieu de chaque département, en charge de la surveillance des services de l'État, de l'exécution des décisions gouvernementales et de l'exercice de la tutelle administrative.

Prélat : haut dignitaire de l'Église catholique, évêque ou abbé, membre du haut-clergé.

Préteur : la fonction de préteur fut créée vers 366 av. J.-C. pour alléger la charge des consuls, en particulier dans le domaine de la justice. Magistrat de la Rome antique, le préteur est élu pour un an par les assemblées des comices. Le rôle de ce magistrat gagne en importance à partir du moment où il se voit confier la charge d'organiser les procès à partir du IVe siècle av. J.-C. Intervenant dans une phase préalable au jugement par un juge, il est chargé de vérifier que les plaintes des justiciables entrent bien dans les formes imposées sous peine de nullité par la loi romaine. Au gré de l'évolution de la procédure judiciaire, son rôle se révèle considérable jusqu'à l'avènement de l'Empire romain dans l'assouplissement de ces formalités et l'élargissement des cas d'ouvertures des procès par le biais de ses décisions qui vont former le droit prétorien et assurer la modernisation du droit romain.

Prévôté : tribunal royal de première instance pour la basse justice.

Privilège : faveur accordée à une personne, une communauté, un corps ou un ordre par rapport à la loi commune.

Province : ressort territorial correspondant à un gouvernement et doté d'organes représentatifs, les états provinciaux.

Remontrances : remarques critiques adressées au roi par un parlement mécontent d'un acte à enregistrer.

Seigneur/Seigneurie : le seigneur (tiré de *senior*, supérieur, en latin), dans le cadre de la société féodo-vassalique, désigne de façon polysémique un homme en position de supériorité hiérarchique dans les relations vis-à-vis des autres hommes, du fait soit du pouvoir de ban, pouvoir de commandement, qu'il exerce à leur égard en tant que seigneur banal, soit du fait de ses possessions de terres ou des droits personnels qu'il exerce sur les non libres en tant que seigneur foncier. De ce fait, la seigneurie qui caractérise le fonctionnement du système féodo-vassalique recouvre soit l'ensemble des droits de nature politique qu'exerce le seigneur sur un groupe d'individus donné, résumé sous l'appellation de seigneurie banale ; soit le territoire d'exploitation économique et de vie dont il est le propriétaire et qu'il met en valeur par le biais de ses tenanciers paysans, résumé sous l'appellation de seigneurie foncière. Ces seigneurs apparaissent autour de l'an 1000 avec la désagrégation de l'État et l'appropriation par les chefs locaux des pouvoirs de puissance publique à leur profit dans le cadre d'une société féodo-vassalique fondée sur les liens personnels dans un contexte d'insécurité.

Séparation des pouvoirs : principe constitutionnel qui aménage le régime représentatif dans le but d'assurer le respect des libertés et le bon fonctionnement des services publics. Depuis Montesquieu, la nécessité est soulignée de faire exercer par des organes distincts et indépendants les grandes fonctions étatiques d'élaboration, d'interprétation et d'exécution des lois.

Souverain : titulaire de la souveraineté dans l'État, le roi sous l'Ancien régime, le peuple en démocratie.

Taille : principal impôt royal direct frappant personnellement les roturiers en pays d'élections et réellement leurs biens en pays d'états.

Université : établissement d'enseignement supérieur créé à partir du Moyen Âge et regroupant quatre facultés : les sept arts libéraux, la théologie, le droit et la médecine. Paris, Montpellier, Toulouse, Orléans sont les premières à disposer de privilèges statutaires et d'un prestige international.

Vassal/Fief : la vassalité résulte d'un contrat formaliste oral basé sur le rituel de l'hommage et la foi promise entre hommes libres qui prolonge la *commendatio* mérovingienne. Elle se développe au Moyen Âge pour organiser la structure sociale. Cette vassalité représente dans la société féodale l'élément personnel dans l'engagement d'un homme envers un autre homme ; elle est progressivement renforcée par l'élément réel, le fief, qui vient compléter cet engagement par l'attribution d'un bien (généralement foncier) en contrepartie de la fidélité promise. À l'engagement personnel du vassal envers son seigneur répond alors la protection nécessaire du seigneur à son égard. Le fief introduit comme contrepartie de la fidélité promise apporte une ressource financière au vassal et a pour effet de conduire à une délimitation plus précise des obligations du vassal que le seul dévouement général initialement dû. À partir du XIIe siècle, les liens de vassalité et liens féodaux se hiérarchisent pour placer au sommet le suzerain en la personne du roi et le royaume comme entité imbriquant tous les fiefs. Ce lien de vassalité va par la suite se distendre au fur et à mesure que le pouvoir royal se renforce alors que le fief perdure jusqu'à la révolution comme un ensemble de droits réels au profit de son titulaire fondés sur l'idée d'une concession initiale de la terre de la part du pouvoir.

Vengeance privée/Loi du Talion/Compensation pécuniaire : la *faida* est la faculté reconnue dans les tribus germaniques à la famille d'une victime à exercer à l'encontre de l'auteur de dommages un fait dommageable équivalent ou supérieur pour obtenir réparation, quelle que soit la nature ou l'importance du dommage initial. La loi du Talion vient tempérer cette vengeance en imposant l'équilibre entre le dédommagement et l'agression subie « œil pour œil, dent pour dent ». La composition pécuniaire, quant à elle, constitue la somme d'argent versée par la famille de l'agresseur pour éteindre ce droit à la vengeance de la victime ou sa famille et éviter ainsi la multiplication de guerres privées. Les différentes lois barbares, la loi Salique notamment, vont tarifer ces indemnités en fonction de l'infraction réalisée, au cas par cas, et limiter autant que possible le recours généralisé à la vengeance.

Table des textes

Bibliographie

BABOT (A.), BOUCAUT-MAÎTRE (A.), DELAIGUE (P.), *Dictionnaire d'histoire du droit et des institutions publiques*, Paris, Ellipses, 2e éd. 2007.

BASDEVANT-GAUDEMET (B.), GAUDEMET (J.), *Introduction historique au droit, XIII e- XXe siècles,* Paris, LGDJ, 3e éd. 2010.

BREGI (J.-F.), *Introduction historique au droit,* Paris, Ellipses, 2e éd. 2009.

CARBASSE (J.-M.), *Manuel d'introduction historique au droit,* Paris, PUF, coll. Droit fondamental, 3e éd. 2009.

CASTALDO (A.), *Introduction historique au droit,* Paris, Précis Dalloz, 3e éd. 2006.

GASPARINI (E.), GOJOSSO (E.), *Introduction historique au droit et aux institutions,* Paris, Gualino éditeur, 3e éd. 2009.

GAUDEMET (J.), *Les naissances du droit,* Paris, Montchrestien, 4e éd. 2006.

GILISSEN (J.), *Introduction historique au droit,* Bruxelles, Bruylant, 1998.

HILAIRE (J), *Introduction historique au droit et histoire des institutions publiques* (XIe-XIXe siècle), Dalloz, 2010.

LECA (A.), *La genèse du droit, Essai d'introduction historique au droit,* PU d'Aix-Marseille, 2002.

LOVISI (C.), *Introduction historique au droit,* Paris, Cours Dalloz, 3e éd. 2007.

RIGAUDIÈRE (A.), *Introduction historique à l'étude du droit et des institutions*, Paris, Economica, 3e éd. 2006.

ROULAND (N.), *Introduction historique au droit,* Paris, PUF, coll. Droit fondamental, 1998.

SOLEIL (S.), *Introduction historique aux institutions*, Paris, Flammarion, Champs-Université, 3e éd. 2010.

THIREAU (J.-L.), *Introduction historique au droit*, Flammarion, Champs-Université, 2009.

Index

IMPRIM'VERT
Votre imprimeur agit pour l'environnement

Imprimé en France - JOUVE, 1, rue du Docteur Sauvé, 53100 MAYENNE
N° 2110334M - Dépôt légal : août 2013